Ending the Management Illusion

How to Drive Business Results Using the
Principles of Behavioral Finance

管理错觉

情绪和直觉如何影响
企业决策

〔美〕赫什·舍夫林（Hersh Shefrin）著
贺学会 译

北京市版权局著作权合同登记　图字：01-2008-5950

图书在版编目(CIP)数据

管理错觉：情绪和直觉如何影响企业决策/(美)舍夫林(Shefrin, H.)著；贺学会译. —北京：北京大学出版社，2010.3
　ISBN 978-7-301-16508-9

Ⅰ. 管… Ⅱ. ①舍… ②贺… Ⅲ. 企业管理 Ⅳ. F270

中国版本图书馆 CIP 数据核字(2009)第 231011 号

Hersh Shefrin
Ending the Management Illusion: How to Drive Business Results Using the Principles of Behavioral Finance
ISBN: 0-07-149473-1
Copyright © 2008 by Hersh Shefrin.

Original language published by The McGraw-Hill Companies, Inc. All rights reserved. No part of this publication may be reproduced or distributed by any means, or stored in a database or retrieval system, without the prior written permission of the publisher.
Simplified Chinese translation edition jointly published by McGraw-Hill Education (Asia) Co. and Peking University Press.

本书中文简体字翻译版由北京大学出版社和美国麦格劳-希尔教育(亚洲)出版公司合作出版。未经出版者预先书面许可，不得以任何方式复制或抄袭本书的任何部分。

本书封面贴有 McGraw-Hill 公司防伪标签，无标签者不得销售。

书　　　名：	管理错觉：情绪和直觉如何影响企业决策
著作责任者：	〔美〕赫什·舍夫林(Hersh Shefrin) 著　贺学会　译
策划编辑：	张　燕
责任编辑：	张　燕　任旭华
标准书号：	ISBN 978-7-301-16508-9/F·2403
出版发行：	北京大学出版社
地　　址：	北京市海淀区成府路 205 号　100871
网　　址：	http://www.pup.cn
电　　话：	邮购部 62752015　发行部 62750672　编辑部 62752926
	出版部 62754962
电子邮箱：	em@pup.pku.edu.cn
印　刷　者：	北京飞达印刷有限责任公司
经　销　者：	新华书店
	787mm×1092mm　16 开本　17 印张　230 千字
	2010 年 3 月第 1 版　2010 年 3 月第 1 次印刷
印　　数：	0001—8000 册
定　　价：	36.00 元

未经许可，不得以任何方式复制或抄袭本书之部分或全部内容。
版权所有，侵权必究
举报电话：010-62752024　电子邮箱：fd@pup.pku.edu.cn

Ending the Management Illusion

译者序

这是我第二次执笔翻译舍夫林的著作。五年以前,他的行为金融学权威著作《超越恐惧和贪婪》(*Beyond Greed and Fear*)中文版问世,在国内引起较大的反响。不过,这次,原作者将行为金融学的触角扩展到企业管理领域,颇有些金融学帝国主义的味道。

一

舍夫林用行为金融学的视角来看待企业管理问题,似乎有些越俎代庖。不过,如今,企业管理,特别是财务管理,已经越来越金融化了,这是一个不争的事实。可以说,在这个意义上,舍夫林的著作正可谓得风气之先。金融正成为企业当中越来越重要的领域。

在过去一年中,我在给企业财务或管理人员作财务管理领域的培训时,一些学员在得到讲义后往往认为,老师准备的金融知识太多、太专业,不像是财务课程。然而,在听完课程后,他们当中多数都能转变观念:公司财务真的应该译作"公司金融"(corporate finance),因为,离开金融,企业注定要成为市场中的弱势群体!

以往，我们总认为，金融活动的主体是金融机构，金融机构所在的行业被称为"金融业"。很长一段时间以来，人们不理解，为什么在西方语境中把我们所说的金融业称为"金融服务业"？其实，这涉及一个基本的问题：谁是金融活动的主体？

顾名思义，金融是指资金融通。广义一点说，采用陈志武教授在《金融的逻辑》中的定义，金融是指一切跨时间和跨空间的配置。显然，我们的储蓄行为是在进行跨时间的资源配置，资金的跨境流动则是跨空间的资源配置，两者都属于金融活动。这一活动的主体是谁？当然是微观经济主体：企业和家庭（个人）。离开金融机构，经济中是否存在金融活动？答案无疑是肯定的：商业信用属典型的金融活动，股票和债券发行与投资均毫无例外地可归入金融活动之列！

这样，我们就可回归到对金融活动的本源理解：金融活动的主体是微观经济主体，即企业和家庭。只要存在微观经济主体的资金融通行为，即有金融活动的存在。那么银行和证券公司，抑或其他的金融机构，又在扮演什么角色呢？无疑，它们正是所谓的"金融中介"，或者称为金融服务机构。它们的使命在于为其他微观经济主体的金融活动提供中介或咨询服务，以便提升金融活动的效率，自己也从中找到生存的空间。

正本清源，我们知道，"金融服务业"代表了对金融概念的正确理解，而企业作为市场上最重要的金融活动主体，它们必须理解金融产品，理解金融活动的机制，从而为实现自身的价值最大化作出正确的决策。

由此可知，从金融的角度来研究企业管理问题，可谓牵住了企业管理的牛鼻子。对于严重缺乏金融观的中国企业来说，这一视角无疑更具有特殊的意义。

二

在一个分工越来越细的时代，企业员工是否都要理解会计原理？他们是否都要了解财务规划和激励机制设计的细节？他们是否需要将自己掌握的信息与别人进行共享和交流？这是一个问题。

为了解决这个问题，我们必须了解，有一类知识是属于制度层面的知识，它们应该成为"公共知识"，以区别于每一个工作岗位所需要的特殊技术知识。会计、财务、激励制度和信息共享这四驾马车所涉及的知识就属于这一类。一个普通工人应该掌握一些基础的会计和财务知识。只有这样，他才能理解自己所做的事情对企业的重要性，它会如何影响企业产品的成本？自己的工作带来的财务后果是什么？如果公司财务出现了问题，自己的岗位可以作出什么样的调整，以便为企业的财务状况改善作出应有的贡献？

这一切，都是舍夫林在《管理错觉》一书中所张扬的"开卷式管理"的一部分。会计、财务规划、激励机制和信息共享是开卷式管理体系中的四驾马车，而最终，它们要"浑然一体"，充分整合，只有这样才能实现企业的良性运营。

这一观念在某种意义上说，具有革命性的冲击。原本人们都认为会计是会计部门的事儿，财务是财务总监的事儿，而现在，这些事儿竟成了大家都应该了解的公共知识。虽然斯塔克他们早有开卷式管理的实践，而且这一实践也在《伟大的商业游戏》中得到了实录，但上升到理论层面，构成一个完整的体系，则无疑是舍夫林在本书中最重要的贡献。用行为金融学的观点来看待开卷式管理体系，实际上就是将开卷式管理看做是纠正直觉驱动偏差和框架依赖的过程，从而实现企业管理的理性化，提升企业管理的效率。

在会计部分，作者用通俗的语言解释了企业经营活动记录的全过程，让每一个非专业人员都能理解会计报表的形成过程和原理。在规划方面，作者居然当了一回编剧，在一个设定的舞台上让环保材料公司的五位管理者演示了如何将决策偏差幽灵拒之门外的实战技巧。在激励机制方面，舍夫林又将参与约束和激励相容约束的道理讲得明白透彻，大量的正反案例让人感同身受。而在信息共享方面，作者又以细腻的笔触分析了信息共享的难点，特别是参与信息共享者的心理偏差。躬身自省，我们是否存在这些偏差，从而使自己沦为信息壁垒制造者之列？

克服偏差幽灵的关键一击在于，要把会计、财务规划、激励和信息共享四驾马车整合起来，浑然一体，才能实现开卷式管理的最佳效果。在最后一章，舍夫林毫无保留地奉献了自己在教学中所使用的模拟案例，让每一位教师可以复制他的成功教学，也让每一个学生可以隔海完成与行为金融学巨匠的教学互动。

三

知识是没有国界的。舍夫林在本书中所述及的问题，对于中国企业来说无疑具有重要的借鉴意义。但必须意识到，由于中国企业管理和文化的特殊性，很多问题远不像书中所写的那么简单。虽有"拿来主义"之便，但中国企业的管理之路，也许注定要经历更长时间的探索。

中国的企业管理中，隐性规则与显性规则似乎同等重要。这就使得"开卷式管理"在很多企业的员工眼中成为一种奢望。管理者共享信息的意愿似乎是一个问题。如舍夫林在书中提到的，拥有信息就意味着拥有了权力。如果信息共享了，也就意味着将权力拱手交了出去，那么，领导的权威何在？权力和座次又有什么意义？在比照行政级别确定座次的国有企业中，这一问题无疑是极端重要的。

虽然如此，本书仍是一个良好的借鉴范本。对于一些希望改进管理透明度、提升管理效率的管理者而言，本书显然是一个易懂、易学、易复制的读本。退一步说，如果能让企业管理者和员工学会从金融的角度看待管理和财务问题，或者用该书奠定学习行为金融学的基础，则对译者而言，当是一个极大的安慰！

自2000年与舍夫林接触，至今已有10年。2007年10月，在中国股票市场疯狂的顶峰，作为第四届中国金融学年会的主要组织者，我曾邀请他来中国为大会作主题报告。在会上，他用一系列数据直陈上海股票市场的"非理性繁荣"，令人难以忘怀。作为一个学者，他的严谨、深度和社会责任感实为本人所仰视。这些特征在他的著作中得到了全面的体现。尤其令人印象深刻的是，舍夫林将环境保护问题作为贯穿本书的一条红线，不仅使本书成为一个普及行为金融学和开卷式管理的通俗读本，而且借助一切机会宣传环境保护，这无疑使本书实现了效用最大化，也充分体现了一个知识分子的良知，实为吾辈学习之楷模！

是为译者序，愿与诸君共勉！

贺学会
2009年1月于上海

Ending the Management Illusion

序言

在我的一生中，我一直与管理错觉相生相伴。当我还是个孩子的时候，我就游走于我们的家族企业中，目击了管理错觉。在我朋友的父母经营的企业中，我同样见到了它。在我的想象中，如果是大公司，情况会有所不同。

多年以后，像其他教授们一样，我做咨询。我发现管理错觉仍然存活着，而且同样活在大公司中，甚至还在政府中。但我一直希望这些错觉会自动消失。

它从来没有消失过。因此，我最终决定写这本书。

我感谢我的编辑珍妮·格拉瑟，她花了几年的时间说服我写这本书，最终她成功了。在写作过程中，她还持续给我支持，并提供了很好的建议。如果没有这些建议，本书可能没有这么具有可读性。

我要感谢很多人，是他们多年来一直与我分享他们的深刻洞见。我最大的感谢要送给商业包装公司的CEO比尔·帕尔默先生，感谢他的慷慨。比尔曾到我的课堂上来作过关于开卷式管理的演讲，邀请我的学生去参观他的公司，为我提供数据，并与我分享他对于开卷式管理的公司一些现实做法的洞见。我感谢博·伯林厄姆与我在圣克拉拉大学利维商学院的本科生和MBA学生分享了他的精彩故事和对开卷式管理的洞察力。我感谢杰克·斯塔克帮助我更深入地理解了开卷式管理，完全超出了我的预期。我感谢丽塔·贝莉，她的敏锐视角成功地书写了西南航空作为一家成功企业的传奇。我感谢特拉维斯·彼得森花时间为我详细解释西南航空在培训项目中是如何使用模拟游戏的。

最后，我感谢我的妻子阿娜，她的鼓励、评价和耐心一直伴随着本书写作的全过程。

赫什·舍夫林
2008年1月

Ending the Management Illusion

目 录

第一章　心理学与成功 1
　　　　北电：过犹不及 / 3
　　　　一般心理特征 / 5
　　　　糟糕的心理，灾难性决策 / 7
　　　　银行史上最大的魔鬼交易损失 / 9
　　　　心理学与环境恶化 / 12
　　　　纠偏游戏 / 18
　　　　管理错觉 / 20
　　　　改进空间 / 23

第二章　行为智慧：筹资与支出的最佳做法 25
　　　　未琢之玉 / 25
　　　　开卷式管理 / 29
　　　　通晓财务：财务标准的主心骨 / 30
　　　　都尼利公司：数字中的故事 / 32
　　　　现金流：正确的做法 / 32

估值：正确的做法/37

风险与收益：正确的做法/43

市场有效性/47

资本支出、收购与项目选择/47

将净现值纳入公司价值/50

计算动态市盈率/52

资本结构/54

红利支付政策/56

文化、流程与公司金融/57

第三章 行为公司金融：偏差幽灵在作怪 59

花旗集团：成本沙皇？/60

12步项目/62

现金流幽灵/62

风险和收益幽灵/67

估值幽灵/67

资本预算幽灵/69

市场有效性/79

资本结构幽灵/80

下面还有什么？/83

第四章 会计：打造通晓财务的高效团队 85

联合航空：不识财务走悬崖/86

会计偏差/89

恐惧和希望/90

以环境为主线/91

环保材料公司简介/94

2010年末的资产负债表/96

2011年损益表背后的故事/101

2011年损益表/102

2011年资产负债表/107

直觉推断法与财务标准/108

财务比率/111

培训/114

第五章　财务规划：从一般战略到财务细节 117

理解规划谬误/119

空客A380：完美规划的谬误/122

行为的群体偏差/123

环保材料公司的规划会/125

第六章　激励：胡萝卜与大棒的选择 157

达美航空：亡羊补牢/159

这是一个多大的挑战？/161

理论/162

实践/165

人力资源的统率作用/166

奖励计划：最佳实践案例/168

股权激励/172

全食公司的经典案例/175

另一个例子：PSS /180

奖励与情绪/182

第七章　信息共享：看透奖金背后的故事　183

心理、关系与信息共享 / 184

福特：信息壁垒主义者 / 187

SRC：聚首的艺术 / 189

商用家具公司：一个最佳实践案例 / 191

瑞银：试水纠偏 / 205

你们、我们和次级偏差 / 210

我们共享了什么？ / 212

第八章　浑然一体：心智企业的行为之道　215

西南航空：他们是如何做到的？ / 217

管理错觉并不是错觉！ / 225

使用模拟游戏 / 230

模拟规划 / 242

模拟的财务标准 / 245

模拟薪酬 / 251

模拟信息共享 / 254

秘密已水落石出 / 257

第一章 心理学与成功

行为金融学的发展，已经能够影响到商业和金融世界。这实在是太美妙了！我这样说不仅是因为我个人一直在积极努力以促使这种改变发生，还因为行为金融学为全世界的商业人士提供了极其重要的经验教训，这些经验教训可以帮助他们作出更好的决策。

行为金融学是一门研究人的心理如何影响金融决策的学问。在心理对金融与经济决策的影响这一领域，我一直努力地研究了三十多年。回溯20世纪70年代，我的学术同行们对行为主义理念的应用基本持拒绝态度，甚至带有毫不掩饰的敌意。在我的记忆中有不止一次的咆哮式的交手。哈，现在，这一切都过去了。随着时间的推移，我很高兴地告诉各位，这种拒绝已开始融化。今天，整个金融研究的范式都已经开始转向行为主义方向。

十年以前，我感觉到行为金融学像一个秘密：它是一种急需共享的重要的东西。你知道"秘密"的定义吗？它就是指你一次只告诉一个人的某种东西。因此，我决定写一本书，以便一次与一位读者分享这个秘密。这本书就是《超越恐惧和贪婪》(*Beyond Greed and Fear*)。这是第一本关于行为金融的综合性论著，也是为金融从业人员就这一主题所写的第一本著作。①

我很高兴地报告,《超越恐惧和贪婪》正在将行为金融的理念传播给金融决策者们。我不知道该书在南极是否有人阅读,但我能证实,在其他各大洲都有人在使用这本书。

《超越恐惧和贪婪》一书的副标题是"行为金融学与投资心理诠释"。说实话,《超越恐惧和贪婪》的目标读者群是投资者而不是企业管理者。我撰写手上这本书的目的则在于向企业管理者直陈行为金融学提供给他们的价值信条。这种价值信条的核心就是如何运营一个富有心智的企业。人类心理既有正面作用,亦有负面作用。富有心智的公司知道如何管理其正面性和负面性。事实上,富有心智的公司会在其发展过程中进行投资,以便有效驾驭这两个方面。

如果你翻开一本关于心理学的入门教科书,你就可能会发现关于错觉的讨论。这其中的大部分是指视觉层面的错觉。关于视觉错觉的一个非常著名的例子是,圣·路易斯的大拱门看起来高度大于宽度。而事实上,大拱门的高度与宽度是相等的。现在,心理学家们已经将他们对错觉的研究从视觉层面扩展到了更广泛的其他方面。

荣获 2002 年诺贝尔经济学奖的心理学家丹尼尔·卡尼曼(Daniel Kahneman)是将认知偏差作为错觉进行研究的先驱。他与已过世的阿莫斯·特沃斯基(Amos Tversky)的工作为行为金融学提供了心理学支柱。在本书中,你将读到很多由卡尼曼和特沃斯基引入的概念,如可得性偏差和锚定偏差等。

实际上,有些行为偏差已经以错觉来命名了。如"控制错觉"和"有效性错觉"就是例子。在本书中,我将就影响公司管理者的一系列偏差进行完整的论述。我将这一系列偏差统称为"管理错觉"(the illusions of management)。

偏差既有正面意义,也有负面意义。乐观主义和自信的人群可能会创造奇迹。一般说来,乐观主义和自信属于好的品质。但是,过犹不及。人们也可能

---

① 该书全名为《超越恐惧和贪婪:行为金融学与投资心理诠释》,中文译本由贺学会主译,上海财经大学出版社 2005 年版。——译者注

会有不切实际的乐观主义和过度自信。企业管理者也是人。而不切实际乐观和过度自信的管理者很容易制造出灾难。在本书中，我将与你分享几个灾难性的故事。不切实际的乐观主义和过度自信就是"行为偏差"。基本上，行为偏差是一种倾向于犯错误的性情。公司管理者需要知道的是如何创造出一种能够直面偏差的——并能处理它们的富有心智的企业。

减少偏差的行为被称为**纠偏**(debiasing)。可以说，纠偏对大多数读者来说是一个新名词，对这一点我感到非常自信。如果你怀疑我不仅是自信，而且是过度自信，那说明你阅读本书已经有了一个良好的开端。纠偏是一个非常重要的词语，它处于行为主义的企业心智的核心地位，也就是说在富有心智的企业运行方式中非常重要。我将在本书中与你分享的秘密就是纠偏的秘密。努力将**纠偏**这个词刻入你的脑海里。将这个词大声说五遍，每一次重复中间停顿十秒。用一张纸将它写下来。在你下一次与人说话时，将它用到句子中。让它成为你的咒语！

在我的职业生涯中，我做过足够多的咨询服务，因而看到过很多有害无益的心理偏差发生作用的第一手资料。根据我的经验，大多数公司都能意识到偏差给它们带来的问题，但却不知道如何处理它们。无法有效处理偏差的代价是执行力低下。或者换句话说，提高执行力的路径是纠偏！

与一个运动队一样，一个企业要成功，就必须有超强的执行力。在运动中，坠球、换人以及不必要的受罚都是获胜的障碍。在企业中，有缺陷的产品、延期交货和过高的成本都是成功的大敌。知易行难，将犯错率控制在最低限度是一个巨大的挑战。在本书的字里行间，你将会看到企业领导人在应对纠偏挑战时可以采用的实际步骤。我还将为你提供大量的实例。

北电：过犹不及

我可以用抽象的术语为你描述偏差，那样的话，你可以对这一概念的意义和它对决策如何产生负面影响得到一个总体概念。如果我用实例来说明，你甚至将能得到一个更清晰的印象。如果是第一手经验呢？好了，在你自己所处的环境中目睹正在发生的偏差可能是一把双刃剑。一方面，直接的观察可以提供最深入的学习机会；另一方面，那将是无尽的痛苦……

这里有一个偏差决策的典型例子。2007年1月2日，《华尔街日报》刊登了一个关于迈克尔·扎夫罗夫斯基(Michael Zafirovsky)的头条故事。他是一家通信公司——北电网络(Nortel Networks)的首席执行官(CEO)。

我们先来了解一下背景。北电是一家总部位于多伦多的加拿大公司。2000年8月，它的市值达到2 428亿美元的峰值，在多伦多股票交易所指数值中居于主宰性地位。然而，随着科技泡沫的破灭，其市值出现大幅下滑，2002年9月到达谷底时，其市值仅21亿美元。2004年，公司受到一桩会计丑闻的冲击。它被发现存在操纵财务报表的行为，其目的是欺骗投资者，并为管理层获取大额的、没道理的奖金。

迈克尔·扎夫罗夫斯基于2005年11月接管了北电的控制权，此时，其市值已反弹至139亿美元。《华尔街日报》对他个性的描述是乐观而富有自信。文章指出，他是一个"强烈乐观主义"的信徒，他对公司的未来前景非常乐观，同时，他相信自己能将公司带入那个美好的未来。

表现出不切实际乐观主义的人容易比他们所预期的经历更多的失望。表现出过度自信的人则容易比他们所预期的经历更多的意外。在掌舵北电的第一年中，扎夫罗夫斯基经历了一系列的失望和意外。一个主要的失望是北电的经营利润率。扎夫罗夫斯基曾预测2006年利润率将得到改善。然而，事与愿违，不断加剧的竞争导致公司的利润率在该年的前三个季度反而下降了。一个主要的意外是，由于内部财务控制不够，北电必须重新报告其2003年以后的财务结果。市场的反应是负面的。2006年，标准普尔500指数回升了15.2%，而北电的股票却下跌了12.6%。

失望和意外是不切实际的乐观主义和过度自信的标志。经常发生的情况是，当媒体将一个特定的 CEO 描述为具有乐观主义和自信特征的时候，真实情况极有可能是，该 CEO 其实是不切实际的乐观主义和过度自信者。这并不是说这些 CEO 们不聪明。他们中的大多数都是非常聪明的。我们只是说一位过度自信的 CEO 其实并没有他或她自己所想象的那么聪明。

没能按预期计划那么快速地扭转北电的形势的事实虽然并没有让北电的董事会感到意外，但却让迈克尔·扎夫罗夫斯基深感意外。失望和意外的混合对他产生了很深的个人影响，他上足了发条，睡得更少，却担忧得更多。在他担任 CEO 的第一个年头，他每晚大约仅睡四个小时，其间还充满着忧虑。他每周的工作时间膨胀到 100 个小时。他发现在午夜至凌晨 6 点之间发送的电子邮件比他在正常情况下要多得多。他只有很少的时间与家人在一起，而当他和家人一起度假的时候，他惊讶地发现，自己其实还在花一半的时间用电话来处理与工作相关的危机事项。

一般心理特征

不切实际的乐观主义、过度自信和会计处理不当，是北电案例中表现出来的强烈特征，也是本书中讨论的核心问题。前两个方面是心理特征，而会计则是一个企业职能。在后面的几章中，我将对会计问题作较多的讨论。这里，我想对心理方面的特征作一些额外的评论。

一般来说，人类很容易陷入不切实际的乐观主义和过度自信。在作规划时，这些特征特别重要。事实上，人们在作规划时会遇到太多的困难，以致心理学家对这一现象给出一个特殊的名称：**规划谬误**（planning fallacy）。规划谬误之所以成为一种谬误，不仅仅是指规划做得不好。它是指这样一种事实：大多数人会意识到过去他们规划得不好，但却相信自己将来能够作出成功的规划。

过度自信是有害的，而且会受到其他心理特征的强化，这些心理特征通常会让我们的判断带上颜色，或者说有偏。例如，**证实偏差**（confirmation bias）就是其中的一种。

如果一个人表现出证实偏差，他会对那些证实他们自己观点的信息给予过大的权重，而对那些和他们观点相左的信息则不予重视。如果你愿意，叫他们固执也可以，或者更糟。然而，有很多人表现出证实偏差，而其中的一些人却很成功。

还有一种对过度自信具有强化作用的特征是**控制错觉**（illusion of control）。具有控制错觉的人们会作出想象，认为自己能比实际情况施加更多的控制。多数情况下，其结果是运气和技巧的混合体。有些人会运用大量的技巧，但最终却时运不济。而另一些人没什么技巧但却很幸运。想想"新手好运"这一俗语吧！

同时具有证实偏差和控制错觉的人会表现出特别的过度自信。想想青少年驾驶员出事的比率。你知道年龄在16至19岁间的驾驶员每英里出事的概率比年龄更长的驾驶员高出四倍吗？你知道美国青少年的头号杀手是交通事故吗？

你认为如何才能解释这些统计数字？是缺乏驾驶经验的结果？还是因为青少年驾驶员更加过度自信地认为自己比实际情况更加运筹帷幄？

为了找到答案，我建议你去问一下青少年驾驶员的父母。一段时间以来，人们认为青少年汽车事故的罪魁祸首是饮酒。然而，根据美国全国公路交通安全管理局的数字，近年来青少年饮酒的现象已经有了大幅度下降。今天，手机驾车（cell driving）已经代替酒后驾车而成为导致大多数青少年汽车事故的头号因素（手机驾车是指一边开车一边打手机）。

关键问题是分散注意力。一边开车一边打手机是很容易分散注意力的。我们还知道，青少年们在开车的同时玩掌上游戏、用iPods听音乐，或者发送短信。如果还有其他青少年在车上，这也会分散注意力，具体来说，会将致命事故发生的可能性提高至2倍（车载1名乘客）或5倍（车载2名以上乘客）。你认为青少年驾驶员会在扎堆的时候表现得更加自信吗？想找到答案，去问一下这些青少年司机的父母吧！

证实偏差与控制错觉加在一起，会导致自我膨胀的效果。当事情的结果不太理想的时候，人们倾向于将结果归咎于运气不佳，而不是认为他们自己的技术有问题。当事情出现正面结果的时候，人们则会将结果归功于自己的技能而不是好的运气。这种组合还有一个名字，叫做**基本归因偏差**（fundamental attribution error）。

糟糕的心理，灾难性决策

犯错误的代价可能是非常高昂的。20世纪90年代和21世纪初的互联网泡沫及其崩溃在很大程度上是因为不切实际的乐观主义和过度自信。AOL（美国在线）对时代华纳的收购已经被认为是历史上最糟糕的并购案例之一，它对股东价值所造成的损失高达约2 000亿美元。2006年7月，在查理·罗斯的电话访谈节目中，AOL的首席执行官及其共同创办人史蒂夫·凯斯为这一桩并购进行了道歉。他们说："我们为做了这次并购交易而感到抱歉。"

不要认为只有公司管理层会受到不切实际的乐观主义、过度自信、证实偏差和控制错觉的影响，也不要认为只有管理者会出现规划谬误和基本归因偏差。我们所有人都难以幸免。甚至连为这些问题撰写著作的作者们，或者是政治家们，也难以逃脱。一些大国的总统及其内阁成员亦是如此。

在2006年出版的新书《否认之国》（State of Denial）中，作者罗伯特·伍德沃德对美国总统乔治·布什及其国防部长唐纳德·拉姆斯菲尔德在伊拉克战争的管理中所犯下的严重错误进行了描述。书名"State of Denial"当然是一个双关语，因为"state"既可以指一个国家，也可以指心理状态。从心理学上说，处于否定的状态中对应的是证实偏差，亦即对那些与自己看法不吻合的证据不予重视或者干脆忽略的倾向。

不仅仅是共和党总统的决策会受到心理现象的笼罩。在《超越恐惧和贪婪》一书中，我描述了民主党总统比尔·克林顿和第一夫人希拉里·克林顿在一系列事件的判断中所犯下的重要错误。这些事件后来被称为"清水园事件"（Whitewater）。他们的问题源于一种被称作"确定性损失厌恶"的心理现象。确定性损失厌恶意味着人们愿意进行一些高风险的不良赌博。这些赌博会存在一个更深损失的可能性，但也提供一种微薄的机会可以摆脱厄运从而避免确定的损失。

在克林顿夫妇的案例中，确定性损失来自一个叫做清水园的房地产开发项目的投资。当清水园开始失败的时候，克林顿夫妇就必须面对他们可能会亏钱的严峻事实。克林顿夫妇现在面临一个机会，那就是卖出这些头寸，从而控制住那些损失。这样做就意味着必须向这一笔确定的损失作出妥协。他们拒绝这样做，反而希望有办法可以扳回到盈亏平衡——如果实在不能赚到他们原先所预期的收益水平的话。这是一个糟糕的赌博，给克林顿夫妇带来了更大的损失。

从那一时刻开始，损失加深了。克林顿夫妇失去了更多的钱，他们还失去了一位朋友——他们指派来负责照看清水园项目财务记录的文森特·福斯特，他自杀了。对这一自杀事件的调查导致政府专门指定了一位独立律师肯尼思·斯塔尔，他不仅调查清水园，还负责调查克林顿与波拉·琼斯和莫尼卡·莱温斯基的关系。

波拉·琼斯控告克林顿总统，宣称他在担任阿肯色州州长期间对自己进行了性骚扰。在希拉里的说服之下，克林顿经过考虑，拒绝了和波拉·琼斯进行庭外和解。和解就会给他们带来确定性损失，而这正是他们俩都非常厌恶的。在这一案例的处理阶段，在宣誓后，他被问及与莫尼卡·莱温斯基的关系，问他和莱温斯基是否存在以性接触为特征的关系。在那一时刻，他可以选择接受一个确定性损失，承认这种关系的存在；也可以作出一个糟糕的高风险赌博决策，希望来避免确定性损失但有可能将自己暴露在一个深得多的损失之中。由于存在确定性损失厌恶，他试图挑战命运。最终，他输掉了这场赌博而遭到了国会的弹劾。尽管他没有被迫从总统职位上辞职，他仍然付出了惨重的代价，包括在全世界人面前丢丑、时间上的浪费、诉讼费用，以及与第一夫人之间高度紧张的关系。

对确定损失的厌恶还有一个名字叫"投入升级"（escalation of commitment）。这一术语可用于分析林顿·约翰逊总统在20世纪60年代对越南战争的处理。尽管美国军方已经警告约翰逊总统越战不可能打赢，美国应该减少对那场战争的投入，但总统不能接受其中发生的确定性损失，相反，他通过增加美国兵力的规模而追加了投入。

历史总是以某种方式进行重复。让我们从20世纪60年代快速移动至2006年。在2006年11月的中期选举中，美国公众对伊拉克战争的管理方式表现出不悦，或者用我的话说，是管理不当。就在选举后不久，罗纳德·拉姆斯菲尔德就辞去了国防部长的职务。布什总统承诺要对这场战争采取一种新的战略。他的确这么做了。2007年1月，他宣布向伊拉克增兵2万人，从而增加了美国对这场战争的投入。这被称为"增兵行动"。投入升级的人群中仅有很少的人最终会获得运气，成功地战胜了命运。但他们的确需要运气站在自己一边，因为技术上并无优势可言。对于这次增兵行动，时间会告诉我们，运气会对总统战略给予支持的力度。

银行史上最大的魔鬼交易损失

2008年1月，魔鬼交易员柯维尔给法国兴业银行造成了49亿欧元的损失，大约相当于73亿美元。在此之前，还从来没有一个魔鬼交易员给银行带来如此巨额的损失。兴业银行灾难的核心问题是什么？不良心理的影响。

在此次灾难发生之前，兴业银行一直以自己的交易声誉为傲。的确，该银行通常都是从法国顶级大学中去招录最优秀的交易员，寻找"数量专家"，也就是那些数学技巧超强的人。在兴业银行，数量专家们形成了一个精锐团队，他们负责对复杂衍生品进行交易。

柯维尔并不是数量专家，这一事实构成了此次灾难的核心点。相反，他曾在二流的大学中学习会计专业,学习如何做好一名后台总管。他的资历使他在兴业银行的后台获得了一份工作。但是,他总梦想着成为一名交易员!

2005年,柯维尔的梦想部分地变成了现实:银行将他从后台提升至一个交易大厅。这是好消息。然而,银行并没有将他分配进入精锐数量团队,而是置入一个声望上与之相去甚远的工作团队。柯维尔的团队负责的是根据市场的方向进行一些简单的低风险对冲交易,而不是与使用高能量衍生品相关的复杂交易。

在心理层面上,柯维尔意识到自己在进行亏损性的操作。他的主要亏损并非与其金融头寸有关,而主要来自他的野心。柯维尔将自己看作与数量专家们处于同一水平上。记住,如果人们意识到自己在进行亏损的操作,他们会更倾向于接受高风险赌博,以期通过努力来回避确定性亏损。

如我在前文中所提到的那样,对确定性损失的厌恶使克林顿总统遇到了严重的麻烦。确实,同样的心理现象也使尼克·里森受到驱使,他是此前魔鬼交易记录的保持者。里森不能接受他在巴林银行交易中的确定性亏损,他为避免那些亏损所作的高风险努力最终使巴林银行走向崩溃。

柯维尔应该接受兴业银行给他提供的角色,继续从事低风险交易。但这就意味着他必须接受确定性的损失,从而使他的野心受挫。他反其道而行之,选择了一条高风险路线。他找到了一个可以在未经授权情况下建立巨量非对冲头寸的方法。通过这样的举动,他希望自己可以咸鱼翻身。

在他的无对冲交易头寸中,柯维尔取得了某个维度上的成功。这一成功使他壮起胆子索要了一笔超过60万欧元的奖金——相对于其5.5万欧元的底薪来说,这是一笔了不起的数目。呵呵,他的交易利润并没有为他赢得他不顾一切所要寻求的承认。但这的确提高了他的自信心,使他可以壮起胆子来持有更大规模的头寸。

由于他在后台工作期间所积累的知识,柯维尔找到了向银行隐藏其真实交易头寸的更聪明的办法。这些交易头寸是一个上下震荡的复合体。在2006年的某一时点，他的头寸上升了 16 亿欧元，大约相当于该银行全年净利润的三分之一！在 2007 年春天的另一个时点，他的头寸却下跌了 22 亿欧元。几个月以后，他的头寸又再次回升了 5 亿欧元。

向上巨额波动是一把双刃剑。柯维尔体验到了由此带来的成就感，但他却不能将这一巨额利润平仓兑现，因为他害怕这会暴露他的交易策略未得到授权。结果，他进行大额头寸交易只是为了满足其实现自我价值的心理需求、一种战胜数量专家的自豪感。

直到 2008 年 1 月，兴业银行才发现柯维尔到底走了多远。当他们搞清楚事实真相时，他们才知道柯维尔的交易头寸规模大到有可能使银行面临高达约 500 亿欧元的损失，这一数额已超过银行的净值！此时，他的头寸价值已下跌了 15 亿欧元。为了降低风险暴露程度，兴业银行管理层决定以最快的速度将柯维尔的全部头寸立即兑现。不幸的是，完成这一行动的市场条件却远非理想。兴业银行最终承担了 49 亿欧元的损失。

不良的心理并不仅仅是控制了柯维尔的行为，它也控制了兴业银行管理层和经理们的行为。他们将柯维尔的形象固化为一个没有复杂头寸管理技巧的交易员。他没有与他们心目中的复杂交易员的形象相吻合，但却恰好与一名非复杂交易员的形象相吻合。心理学家用"表征推断"这一术语来描述这种过度依赖成见来进行判断的现象。在这一事件中，当银行管理层最初收到关于柯维尔持仓的消息时，他们的反应是绝对的不相信，他们问的问题是：这怎么可能？

在事情败露后，柯维尔表示，他的上司对他进行风险交易的资金数额视而不见。他有效地指控了他们的证实偏差。为什么？因为他们应该能意识到，他从小额对冲性头寸中不可能报告出巨额的交易利润。

事实上，银行的风险管理系统已经对柯维尔的交易头寸发出了几次警告。但柯维尔总能够为此提供一些解释，从而阻止了进一步的调查。他还宣称他通过很少休假而破坏了一条主要的内部控制纪律。具体来说，在 2007 年，他很少休假，从而使他的上司很少有机会对他的工作记录进行近距离的审视。他对此进行的合理化解释是，工作可以帮助他减轻其父亲最近离世所带来的痛苦，而他的上司接受了这一解释。

兴业银行的管理层表现出明显的过度自信。2005年，他们曾自夸地说，他们的银行表现良好，强于整个行业。特别是，他们强调自己具有高质量的风险控制体系。他们指出，在过去的15年间，他们在股票衍生品交易中没有发生过重大的事故。在柯维尔事件爆发后，该行的董事会主席和共同执行总裁丹尼尔·鲍顿面临辞职的压力，如坐针毡。但银行的董事会表示对他的领导仍有信心。

在柯维尔的交易活动被发现之后一个月，兴业银行发布了一份初步报告，详细记载了其风险控制的崩溃。报告显示，在2006年7月至2007年9月间，柯维尔的交易至少触发了24次警报。然而，负责对这些警报进行调查的总管们在错误地理解他的解释后，就终止了调查。报告批评风险控制单元没有将工作完全进行到底。在这一点上，风险控制单元显然已将这些警报归因于将操作数据输入银行电脑系统中所遇到的常见问题。谈论的正是证实偏差！

这份报告还包括一个对后台员工的特别有趣的评估。报告显示，后台职员都按照他们的职位描述履行了其职责。因此，报告的结论是，后台员工没有过错，尽管他们掌握着足够的信息，本可以发出进一步的警报。这一事件对于"框架过窄"这一心理学概念而言给我们上了重要的一课，它还向我们展示了通过帮助公司所有人员看到问题的全景来解决框架过窄问题的重要性。

心理学与环境恶化

不要认为只有美国总统、首席执行官和青少年驾驶员的判断才会受到人类心理偏差的影响。下面，请让我更进一步，用几页纸来讨论一个有些信马由缰的话题。

全球变暖已无可争议地代表了本世纪以来我们这颗行星最重要的环境威胁。而很多有识之士却低估了这一威胁。为什么？简单的回答是因为心理偏差。

这是很严重的问题。这些偏差可能会给我们带来致命的后果。如果我们不激起群体的意愿来控制大气中的二氧化碳排放量,那么我们将遭受的可能就不止是头疼和咳嗽了。如果我们将所有已知的煤炭和石油储备都转化成能源,那么科学可以很好地证明,我们将无法在不遭受严重脑损伤的情况下呼吸空气。正如我的一位大学同事喜欢说的那样,在耗尽能源之前,我们会先耗尽健康的空气。这是一种让人清醒的思维方式。

环境问题在本书中居于突出的位置,这并不仅仅是因为这些问题在以往的政策辩论中扮演着重要角色,还因为在私人部门企业寻求应对环境挑战的对策的过程中,环境问题将会变得更为重要。说到这一点,我真挚地希望在那些寻找环境问题解决方案的企业中工作的管理者们能够有缘读到这本书。他们是我们的希望所在。但是,他们也一样容易受到心理偏差的影响。如果他们能够学到如何经营富有心智的企业(psychologically smart businesses),我们所有人都会受益。

在后面的章节中,我将讨论心理问题如何影响环境战略的执行。在本章,我想帮助你们理解这些偏差在过去的辩论中所发挥的作用——同时我希望可能,仅仅是可能,我们能够从过去中吸取教训,以便未来可以进行一些严肃的纠偏。我还将就全球变暖问题作一些论述,这不是因为我爱走极端,而是因为这一问题实在太重要了。

在20世纪70年代,一系列科学研究强有力地证明,氟利昂正在破坏地球的臭氧层。由于臭氧层吸收紫外线,臭氧层的破坏被认为会提高人类皮肤癌的发生率,同时对动植物生命产生负面影响。科学研究还证实,二氧化碳和其他气体,如甲烷会吸收低能射线,从而将热量控制在地球的表面。地球大气层升温被称作"全球变暖"现象。因为大气气体对热量的吸收与温室对气体的吸收相类似,这种现象被称为"温室效应",而与此相关的气体被称为"温室气体"。

当极地臭氧层空洞的严肃证据浮出水面时,国际政治势力开始出面,试图协调解决由氟利昂排放所带来的威胁。在1987年于蒙特利尔举行的一次联合国会议上，一项阻止氟利昂排放的条约签署了。随着这一条约的成功通过，国际社会又燃起了将注意力转向解决温室效应的希望。

此时，我怀着极大的兴趣阅读《华尔街日报》上的社论立场。为了便于说明问题，我将集中讨论该报社论中的立场。1988年的夏天酷热难当。此时，一些环保主义者认为，炎热的夏天可能是温室效应的一种信号。然而，在1988年7月25日的一篇题为《政治辐射》的社论中，《华尔街日报》的编辑们认为，温室效应"很可能没什么大不了的"。

全世界的科学家最终得出的结论是，1988年的酷暑并不是温室效应的表现。然而，这一结论并不意味着温室效应真的没什么大不了的。事实上，社论的立场引发了一系列强烈的反应。

1988年8月8日，一封由世界能源研究院院长格斯·史佩斯写给该刊编辑的信挑战了《华尔街日报》的立场。他指出，在20世纪，矿物燃料的燃烧和森林砍伐一起导致大气中的二氧化碳浓度提高了25%。然后，史佩斯陈述道，每一个研究全球变暖的科研机构得到的结论都是一样的，即认为这一问题需要得到非常严肃的对待。

随后，该刊编辑还收到一些接踵而至的函件。1988年8月17日，大众能源批评性研究项目的负责人肯·波森格将《华尔街日报》社论的立场描述为"简直令人难以置信"。该社论的立场即使不是胡说八道的话，至少也是没有什么价值。有人可能会说，这反映的是过度自信。然而，以格斯·史佩斯所论及的大量证据来看，单纯用过度自信还不能概括它。这里的问题在于证实偏差，即将与自己观点相左的信息打了折扣。

到1988年10月之前，环境保护局开始以官方的姿态加入了对全球变暖问题的讨论。美国政府部门发表了一份报告，该报告预测，由矿物燃料消费所引起的全球变暖现象将会引发重要的生态变化，从而带来严重的经济后果。在其后一个月中，能源部也发表了一份报告。该报告认为，如果政府强制采取特定的能源保护政策，与不采用该政策的情形相比较，美国的二氧化碳排放量在

2010年之前可以降低38个百分点。

与证实偏差的特征相一致,这些政府报告好像并没有改变《华尔街日报》的社论立场。1989年11月8日,该报编辑指出,环保主义者们的言论在很大程度上并非受到全球变暖威胁的驱动,其动力主要来自于参加名目繁多会议的机会,以吸收研究经费为自己谋取私利,以提升他们自己的"职业前景、津贴和政治地位"。

1990年2月6日,该刊编辑撰文认为,全球变暖的威胁类似于石棉的威胁——都是言过其实了。1991年1月11日,《华尔街日报》的编辑有效地使用证实偏差指责了公共广播业的环保主义者,因为后者拒绝播出由希拉里·罗森制作的一部纪录片,该纪录片表明,全球变暖的证据日渐增多并不是事实。

1992年6月1日,就牛津大学和戈达德空间研究所的科学家们为环境保护局所作的长期全球变暖的悲观研究结论,该刊编辑提出了挑战。在他们所提出的挑战中,《华尔街日报》的编辑将环保主义者们称作"精英分子"。文章指出,日益增长的二氧化碳排放会导致植物生长更快,从而为日益增长的人口提供更多的食物供应。

在1980年至1992年间执政的罗纳德·里根和乔治·布什两位总统的政府并没有支持削减温室气体的排放。当然,公正地说,乔治·布什的确增加了对环境保护局的预算,这被该局人员看作是一种支持行动。

白宫的态度在1993年克林顿和戈尔的竞选过程中得到了转变。特别是艾尔·戈尔的行动表明,他是一位努力打击温室气体排放的领跑者。

1997年12月10日,《华尔街日报》的编辑高调批评了政府对在日本东京举行的旨在削减温室气体排放的国际谈判的支持态度。《华尔街日报》的编辑们对温室效应的科学基础提出了质疑。他们认为,人类产生的二氧化碳排放量仅占大气层中二氧化碳量的很小一部分。他们认为,对于用降低温室气体排放的好处来证明限制生产所花代价的合理性,这中间还有太多的不确定性。他们指出,克林顿政府其实有一个隐蔽的计划,那就是从能源税中攫取更多的收入。最后,

管理错觉 Ending the Management Illusion

《华尔街日报》的编辑平静地总结道，没有任何一个关于温室气体排放所导致的气温上升的预测会达到灾难性的程度。

1997年，阿尔·戈尔从京都回来后，希望能说服美国参议院批准《京都议定书》。就这一目的而言，他最终没能成功。他2000年的总统竞选也没有成功。尽管如此，戈尔还是不断地为全球变暖问题而奔走。这些努力使他创作了一部题为《难以忽视的真相》的纪录片和书籍。在这些作品中，戈尔描述了全球范围内的气温上升、极地冰川的融化，以及它对南极企鹅和北极熊所带来的显著的负面影响，还有热带风暴活动的增加，像给新奥尔良带来灭顶之灾的卡特里娜飓风。

《难以忽视的真相》认为，继续维持最近的温室气体排放率将会在可预见的未来给我们的星球带来严重的灾难。使真相不再被忽视的第一步是认识到这种真相，一旦认识到真相，下一步就是采取行动！

2007年1月，一个一向以谨慎著称且备受尊重的联合国研究小组发布了关于未来几个世纪气温和海平面上升的一系列预测。值得注意的是，政府间气候变化专门委员会（IPCC）得出的结论是，全球变暖，或者说至少是其中的一部分后果，其主要原因在于人造温室气体的排放，而不是自然原因。其中涉及的后果包括杀人的热浪、特大洪水、破坏性干旱以及越来越严重和频繁的飓风。研究小组强调说，他们预测，即使温室气体排放立即被控制住，气温和海平面仍会有显著的上升。因此，如果不能将排放量控制下来，那将会使问题糟糕得多。

我要向你指出，《不可忽视的真相》这一概念是心理意义上的。证实偏差显得非常强大。它的兄弟，**认知失调**（cognitive dissonance），也同样显得强大。认知失调中的"失调"是指人们认为他们应该做的与他们感觉想做的事情之间的冲突。解决这种冲突的一个办法是，创造一种情景来支撑人们感觉想做的事情，从而消除这种失调。

那些并不希望采取行动来抵制温室气体排放的人们可能会通过创造一些解释来抗击认知失调，即认为降低温室气体排放对于全球变暖的影响有太多的不确定性，或者认为降低温室气体排放的支持者们具有不可告人的动机，或者认为温室气体排放带来的后果其实是相对轻微的。你可能已经注意到,《华尔街日报》的编辑们已经用尽了所有这些解释。

2001年,乔治·布什就任总统。他执掌的政府并不支持《京都议定书》所号召的降低温室气体排放。而这正是阿尔·戈尔在《不可忽视的真相》中所强调的要点。《华尔街日报》的编辑们保持了他们的传统,继续批评美国那些旨在降低温室气体排放的政策。例如,2002年12月9日,编辑们将最近的寒冷天气描述了一番,并指出这样的寒潮构成了那些关注全球变暖立场的反例。证实偏差和认知失调仍在继续。

乔治·布什的俄罗斯对手弗拉基米尔·普京似乎也对《京都议定书》采取了一种反对态度。2003年,他好像说过,综合权衡起来看,遵循《京都议定书》将会影响俄罗斯在未来10年中将经济翻番的能力。他使用了很多《华尔街日报》的编辑们赞成的相同论据。此外,他还增加了一条论据,那就是:全球变暖对西伯利亚来说,绝对是一件好事!哇噻!幸亏这种看法最终并未获胜,俄罗斯于2004年批准了《京都议定书》。

俄罗斯批准《京都议定书》的一个主要的好处是来自于"总量控制与交易制度"(cap and trade system)。总量控制与交易制度中的"总量控制"是指对温室气体排放设置了一个总量上限。"交易"则是指"温室气体排放许可证"的交易。

总量控制与交易是解决污染问题的一种公共与私人部门的混合制度。其主要思想是,公司或国家通过持有许可证来向自然环境中排放污染物。这一许可证的持有人可以自己使用该许可证,也可以在公开市场上将其出售。在《京都议定书》框架下,俄罗斯在20世纪90年代的排放率可以将自己置身于一个有利的位置,能出售许多许可证,从而为自己谋取相当可观的收入。

在推动二氧化碳排放的总量控制与交易制度方面,美国产业界走在了布什政府的前面。在众多采取推动行动的杰出行业领袖中,包括通用电器、杜邦和杜克能源的总裁们。2007年2月,甚至一些严重依赖温室气体排放的煤电厂所属的领先电力厂商也开始表达了他们对旨在限制温室气体的联邦政府行动的支持态度。

2007年12月，阿尔·戈尔和IPCC被联合授予诺贝尔和平奖，以表彰他们为提高对全球变暖现象的认知所作的努力。碰巧的是，在2007年12月中旬，一场关于全球变暖的大型国际会议在印度尼西亚巴厘岛召开。在此次会议上，非常有戏剧性的是，美国正极力抵制欧盟提出的到2020年工业化国家减排25至40个百分点的建议。

为了捍卫自己原来的立场，美国代表团指出，自2001年以来，美国已经花费了370亿美元来治理气候变化，这一费用超过其他任何国家。他们提供了一系列例子，例如对低排放煤电生产设备和低排放汽车的投资等。

这些证据并没有说服环保主义者们。在诺贝尔和平奖的讲坛上，戈尔公开批评了自己祖国的立场。他说："我的祖国——美国，应该对巴厘岛上的进展不顺负主要责任。"面对来自全球社会的无情压力，美国在最后一分钟逆转了自己的立场。

尽管本书并不是一本关于环境政策的著作，但我还是用一根环境主义的主线来贯穿全书。我这样做有三个原因。首先，我认为全球变暖对我们在自己的星球上维持一种有利的气候条件构成了一个巨大的威胁。其次，私人部门具有解除这种威胁的潜在能力。最后，心理障碍在对这一威胁作出合理反应的过程中起着重要的作用。

《彭博资讯》2006年8月号的封面文章为风险投资和环保企业的成立敲了一个警钟。该文指出，那些寻找新型环境技术的公司将会重复互联网公司的历史，即重蹈其疯狂投资、过高估值泡沫和随后泡沫破灭的覆辙。

纠偏游戏

20世纪90年代后期互联网公司过高估值泡沫产生的一个重要原因，在于投资者和管理者们的估值是基于心理层面的，而不是基于公司基本面的。简单地说，大多数投资者和公司管理者都不太善于估值。由于这一原因，我将估值技术作为企业执行力所需工具的一部分。这并不是说投资者和管理者们不够聪明。他们中的很多人都很聪明。然而，聪明的人仍然可能受到不切实际的乐观主义和过度自信的困扰。

那么，有什么办法可以帮助他们减少对心理偏差的倾向性吗？如避免证实偏差和不切实际的乐观主义。简短的回答是可以。但这一回答太简短了。一个更好的回答是：可以，但并不容易。本书的目的就是提供一些公司领导者们可以采取的实用方法，以降低他们所在组织被错误和偏差感染的可能性，尽管这并不容易。

过去的成功往往会导致人们过度自信。想想迈克尔·扎夫罗夫斯基吧！在他成为北电总裁之前，扎夫罗夫斯基已经是一名成功的高管，先是在杰克·韦尔奇的通用电气，然后是在摩托罗拉，此时他在公司已坐上了第二把交椅，仅次于公司 CEO 克利斯·加尔文。此外，《华尔街日报》曾将他描述为极具竞争意识，说他曾经跑过七次马拉松，并完成了铁人三项。

尽管人们是通过学习而变成过度自信的，但人们也可能通过学习而降低他们对过度乐观主义和过度自信的易感染性。他们可以玩纠偏游戏。在扎夫罗夫斯基刚到北电的第一年，他开始自己玩纠偏游戏。他经常向自己提出如下一类问题：我的决策都是正确的吗？还是这些决策已经误入歧途了呢？我得到了我所需听到的信息吗？还是我只是收到了人们认为我喜欢听的信息？我是过度乐观主义者吗？我忽略了重要的警告信号吗？

无论人们是作为个体在行动，还是作为群体成员在行动，他们都会犯错误。在组织中，通常都是群体在作大多数主要的决策。那么组织应该设置什么样的纠偏游戏呢？

设定组织纠偏游戏的起点是要认识到，由心理引致的错误与成瘾性疾病高度类似。行为错误与成瘾性疾病的相同之处是习惯化。心理错误就像是对酒精、食物、违禁药品、尼古丁和强制赌博上瘾一样，成为根深蒂固的习惯。所有的习惯都是很难戒除的。

对于如何对待成瘾性疾病，我们已经知道了一些方法。我们知道，12 步计划就是一种真正帮助过许多人战胜成瘾毛病的群体计划。实际上，第一步就是承认问题，在由心理引致的错误中，就是要承认我们对证实偏差和过度乐观主义等现象的易感染性。第二步就是承认在涉及权力方面，我们并不是头儿。这种认知有利于战胜过度自信。确切地说，纠偏并不要求对所有传统的 12 步全部用上。然而，对成瘾性疾病有用的许多原则，对于纠偏同样有用。

关于纠偏，现在已经有越来越多的学术文献。这些文献的作者们正在努力完善人们可用来降低对行为偏差易感染性的方法。这些学术研究不仅仅传递了这样一种信息，即改进是可能的，而且他们还为纠偏提供了具体的建议。[①]

管理错觉

我想再用几页的篇幅来发挥一下。我是一个行为公司金融的坚定信仰者，该学科将心理学应用到公司的财务决策中来。此外，我认为富有心智的公司会

[①] 因为本书是为公司管理人员创作的，我并不想提供一份广泛的文献综述。但是，如果读者对这一领域的文献感兴趣的话，你会发现下列文献中有一些有价值的东西：

Feng, Lei, and Mark Seasholes, 2005. "Do Investor Sophistication and Trading Experience Eliminate Behavioral Biases in Finance Markets?" *Review of Finance* 9, no. 3, 305-351.

Kaustia, Markku, Eeva Alho, and Vesa Puttonen, 2007. "How Much Does Expertise Reduce Behavioral Biases? The Case of Anchoring Effects in Stock Return Estimates." *Financial Management*, 即将刊出。

Kraya, Laura, and Adam D. Galinsky, 2003. "The Debiasing Effect of Counter-factural Mind-Sets: increasing the Search for Disconfirmatory Information in Group Decisions," *Organizational Behavior and Human Decision Processes* 91, 69-81.

Lovallo, D., and D., kahneman, 2003. "Delusions of Success," *Harvard Business Review*, 56-60.

Russo, J. Edward, and Paul Schoemaker, *Winning Decisions*, 2002, Doubleday-Currency.

Srivastava, Joydeep, and Priya Raghubir, 2002. "Debiasing Using Decomposition: The Case of Memory-Based Credit Card Expense Estimates," *Journal of Consumer Psychology*, 12(3), 253-264.

Soman, Dilip, and Wenjing Liu, 2006. "Debiasing and Rebiasing: The Illusion of Delayed Incentives," working paper, Rotman School, University of Toronto.

利用行为公司金融原理进行决策。关于这一点，存在一个很好的理由。

企业管理者必须知道如何记分，就像运动队的队员必须知道如何记分一样。如果你不会记分，你就不能辨别自己是赢是输，是成是败。如果你不会记分，你就会被管理错觉所困扰。在商业世界中，财务和会计就提供了记分的方法。

我也可能受到一些我自己的偏差的影响。在过去的几年间，我曾写过一篇文章和一本教科书，题目都是《行为公司金融》。你应该不会感到奇怪，我在本书中吸收了所有这些著作中的研究成果。与此同时，这些作品面向的是与本书完全不同的目标读者群。那篇文章的目标读者是财务经理。那本教科书的目标读者是大学商科项目的学生。本书的目标读者则是那些对管理富有心智的公司感兴趣的管理者。

大多数员工对于他们工作的公司的财务状况能了解到什么程度？了解得不会太多，我想。有多少公司会对其未来现金流作出无偏的估计，从而作为贴现现金流分析中的输入值？也不会有太多，我想。然而，财务知识和无偏的现金流估计对公司的稳健经营来说至关重要。当论及纠偏时，还有很多工作要做。这些工作中的大部分都是以如何更好地利用公司金融技术为中心的。

如果你想建立一家富有心智的公司，你必须面对四个主要的挑战。这些挑战都与公司财务前景的预测过程密切相关，主要集中在决定公司业绩的关键指标、激励人们正确行动的激励方案和广泛地共享信息等方面。换句话说，主要的挑战涉及的是无偏差的会计、规划、激励和信息共享过程。

一些读者可能会觉得我所说的这些因素听起来很琐碎。毕竟，不是大多数公司都已经做了这些事情吗？是的，如果你忽略"无偏差"这一定语的话，的确如此。在实践中，偏差是正确处理这四个过程的最主要障碍。

会计方面：随着《萨班斯-奥克斯利法案》的通过，上市公司都显著地加强了它们的财务控制。这在很大程度上是在该法案404条款的压力下发生的，该条款主要强调公司内部控制、财务报告和外部审计的充分性。然而，看起来良好到位的控制体系并不一定意味着它们在公司内部真能按照标准得到充分有效的运用。

许多在会计和财务领域之外的商界人士容易被会计吓到。这很不幸，因为会计和财务是对一家公司运营状况进行记分的工具。记住，如果你不记分的话，你就会受到管理错觉的困扰。你就会分不清自己到底是赢还是输，是成还是败。这就好比，如果一个人想减肥，但又不愿意站上体重秤，那么他就会无法实现目标。在这里，标准就是衡量经营业绩的财务目标。

规划方面：大多数人都会发现，要将规划做好是一个巨大的挑战。很多人都不能恰当地规划他们的圣诞购物计划，也没有留出足够的时间来完成家务活。而且，他们认识到这样的情况之后，仍不能从过去的事情中吸取教训。他们存在的一种错觉是：尽管过去他们的规划不够理想，但将来他们一定能作出合理的规划！大多数人都会将他们家庭生活中同样的行为模式带到工作中来。如果他们在其家庭生活中会屈从于规划谬误，则在其工作中也通常会表现出同样的习惯。

作为一个典型例子，北电网络总裁迈克尔·扎夫罗夫斯基在改造其新公司的规划中表现出了不切实际的乐观，他过分强调了公司的全球覆盖和知识产权。他的规划对北电的内部体系缺陷、无效率的官僚主义和垃圾债的信用评级给予了过小的权重。

再看**激励方面**：对公司来说，最关键的挑战在于要将管理者的利益与所有者的利益统一起来。应对这一挑战要求对公司员工具有正确的激励，激励他们像所有者一样思考、感知和行动。

在涉及激励问题时，偏差同样普遍。制定和实施有效的激励制度绝不是一件容易的事。设计一套好的奖励政策是一件非常困难的事情，这已被大多数从没能实现这一目标的管理者所证实。许多投资者和董事会成员都一度存在一种错觉，认为对高管和董事会成员授予股票期权会将他们的利益与股东利益协调起来，他们按此错觉来进行操作。

这种错觉在2006年被现实劈得粉碎。是年，《华尔街日报》报道，成百上千的公司都存在期权的倒签现象(options backdating)。倒签是一种为提高期权价值而回头变更期权授予日期的行为。倒签行为不仅没能将管理层与股东的利益对接起来，反而构成了一种彻头彻尾、毫无根据的将财富从股东向高管转移的行为。如果你愿意，完全可以叫它盗窃。

最后，来看一下**信息共享**：在这方面，偏差同样普遍存在。公司的组织结构并不倾向于鼓励有效的信息共享。原因是复杂的。有些原因是出于自利；其他原因是心理方面的，并涉及群体动态。有很多因信息共享不畅而导致高昂代价的例子，这种信息共享不畅导致了一种被称为"有效性错觉"的现象。

我在后面章节中用到的一个例子涉及飞机制造商空客（Airbus）。当空客在开发其迄今仍为最高档的飞机 A380 时，公司经历了一系列严重的困难。然而，公司内部员工之间彼此未能就这些困难进行信息共享。结果，空客的生产被严重阻滞，从而为其竞争对手波音公司让出了巨大的销售份额。

改进空间

我还在长篇大论地借题发挥。起支配性作用的管理错觉是，认为拥有一支通晓财务的劳动力、进行无偏差的规划、构造明智的激励体系，以及有效地共享信息没什么价值。

会计、规划、激励和信息共享对很多公司来说是面包与黄油一类的必须解决的问题。诚然，这些主题已成为每一家主要商学院教学计划的一部分。但是，在我看来，公司在从事这些活动时至少在两个方面还存在巨大的改进空间。

第一个方面是整合。如果你在一家公司工作，你必须懂得如何将会计、规划、激励和信息共享四大功能整合起来。将你的企业想象成一架马车，而上述四大功能就是拉动企业向前走的马。你要让这些马形成一个团队共同工作。用一个更现代的比喻，我们可以说，我们需要汽车动用所有四个汽缸来一起点火。

在谈及上述四大功能的整合时，大多数企业都不合格。而在教给学生如何整合这些功能方面，大多数商学院也不合格。在本书中，我将讨论一系列经验技巧来介绍能提高公司价值的整合过程。

　　第二个可以有所改进的空间是需要清醒地认识到纠偏的重要性。如同在"12步计划"中一样，如果一个组织的成员想降低他们对偏差的易感染性，他们就需要认识到他们特定的脆弱性和自己过去所犯的错误。消除这些问题需要我们迅速采取行动，并以某种文化为支持。

　　公司文化在纠偏过程中起着关键的作用。将心理偏差的影响最小化的努力必须融入公司文化的构建之中。否则，那些偏差就会继续保持活力。对会计、规划、激励和信息共享四大功能进行整合的过程也是如此。整合，也就是理清头绪，是一个必须融入公司整体文化的因素。头绪从来不会自己理清的！

　　管理错觉就是管理者相信即使是拥有一群不懂财务的劳动力，他们不能有效规划，缺少成功的激励，也没有足够有用的信息，而自己仍然能够成功地经营一家公司。简单地说，管理错觉就是指管理者们认为即使他们没有作此努力，他们也能够打造出富有心智的公司。

　　运气是靠不住的，有时候人们运气很好，有时很糟。一个人可能做得无可挑剔，但结果却是时运不济；而另一个人可能做法不对，但运气很好而遂其愿。理性的人会努力做正确的事情并希望苍天有眼。除了死亡和税收，世界上没有确定的事情。

　　在本书中，我将提供一些具体做法，以帮助你建立一家富有心智的公司。不言而喻，我提供的是一种帮助你作出更好的决策的整合过程，但并不能保证你取得成功。但我必须说的是：控制错觉总是在寻找新的受害者。

Ending the Management Illusion

第二章
行为智慧：
筹资与支出的最佳做法

  行为智慧是指运营一家富有心智公司的能力。现在，富有心智的公司是人工打造的，而不是与生俱来的。这是好消息。因为这意味着公司可以通过学习而变得更具行为智慧。通往行为智慧之路是一次大开眼界的旅行，它总是始于足下。而足下的第一步就是，找到一些富有心智的公司，然后复制它们的最佳做法。

未琢之玉

  识别公司领导人和富有心智公司的一个重要资源库是《公司》(*Inc.*)杂志。《公司》的读者群主要由小企业业主和企业家构成。《公司》杂志是由出版商伯尼·戈德赫什创办的，总部在波士顿。该杂志于1979年4月创刊，每月出版一期。

  我想和你分享一个关于《公司》杂志在识别成功的企业管理因素中所起作用

的精彩故事。① 这是一个关于如何发现一块璞玉的故事。故事开始于20世纪80年代初，当时《公司》杂志的执行主编是鲍·伯林厄姆(Bo Burlingham)。当时，鲍·伯林厄姆正在主导一场对公司管理层薪酬的调查。《公司》杂志希望收到公司管理者们的回应，并从中筛选出那些特别有趣的内容。那些提供了最有趣回应的管理者们随后会被邀请到波士顿来参加一个关于薪酬的圆桌会议。他们的说法将作为该杂志一篇以薪酬为主题的文章的素材。

鲍·伯林厄姆专门指派了一名实习生来筛选这些薪酬调查的回应。她被一份回应震撼了。这份回应来自春田再造公司(Springfield Remanufacturing Corporation，即现在的SRC控股公司)的总裁，名叫杰克·斯塔克。他的公司是一家从事柴油机制造的小型私人公司，位于密苏里州的斯普林菲尔德。

在公司管理中，斯塔克大量使用奖金，不仅仅针对高级管理层，而且针对整个劳动力队伍的薪酬。他的调查回应描述了一系列与游戏和目标有关的技术，正是这些打动了这位《公司》杂志的实习生，被她认为是极其不俗的。

当你碰到极其不凡的回复时，有两种处理方式。第一种是丢弃它，第二种是拥抱它。实习生以极大的热情拥抱了它。她试图说服鲍·伯林厄姆将杰克·斯塔克纳入波士顿薪酬圆桌会议团队的邀请名单。幸运的是，她成功了。

杰克·斯塔克参加圆桌会议时，谈到了当SRC在濒临破产边缘时，结构性激励计划是如何帮助公司实现华丽转身的。他还隐隐约约地提到了会计、规划、激励和信息共享的整合过程。但是，这些观点就像是一块未经打磨的璞玉，很多人都错过了其中的大部分。然而，他们并没有错过关于精心构造的奖励和目标有效性的要点。杰克·斯塔克的观点引起了共鸣。

《公司》杂志的作者们对此印象深刻，深刻到他们将杰克·斯塔克和他的讲话都排除在了对此次会议的综述文章之外。是的，你并没有看错，他的讲话没有被收录进来。为什么？因为他们认为，他的观点太有趣了，值得用一篇单独

---

① 素材来自鲍·伯林厄姆于2006年3月13日在圣克拉拉大学(Santa Clara University)的演讲。

的文章来大书特书。

鲍·伯林厄姆派遣了两位作者到 SRC 公司，给他们分配的任务是搜集材料为杰克·斯塔克和他的公司专门写一个故事。而完全意想不到的是，他们被自己观察到的情况再一次打动了。他们观察到一种类似游戏的氛围，公司食堂内挂有排行榜，上面闪现着公司的劳动利用率和相关的劳动力数据。斯塔克将 SRC 的行为比拟成拉斯维加斯凯撒宫殿赌场的行为。

《公司》杂志的两位作者感到非常吃惊。然而，他们对于如何描写他们在 SRC 的所见所闻却存在不同的看法。一位作者认为他们的故事应该强调他们所看到的游戏一样的氛围，另一位作者则认为将企业写成一个类似于游乐场的方式是不妥的。

皮球踢到了执行主编鲍·伯林厄姆那里，他要在这两种对立的观点中达成一种平衡。他确实做到了这一点。结果，关于杰克·斯塔克和 SRC 的文章取名为《华丽转身》，发表于 1983 年 8 月号。通常情况下，8 月是商业出版物的淡季。很多忠实的读者都在休假，不会关注商业出版物。因此，这一期关于 SRC 的杂志变成了一个很大的惊喜，因为这篇文章为《公司》杂志创造了一个创纪录的市场反应。

鲍·伯林厄姆本人并没有亲自参加那次杰克·斯塔克出席的圆桌会议。实际上，他直到 1985 年才与斯塔克见面。两人之间的这次见面是在一次《公司》杂志主办的会议上。这次会面的原因是，鲍·伯林厄姆对于 1983 年 8 月号杂志出版后 SRC 公司有何进展感到好奇，因而邀请斯塔克来发表演讲。

斯塔克是上午在会议上发表演讲的，这场演讲对听众而言犹如电击。他演讲的时候，演讲厅内座无虚席，门外的走廊上都站满了人，大家都竖起耳朵倾听他讲的每一句话。

上午会议结束后的午宴充满祥和的气氛。鲍·伯林厄姆邀请杰克·斯塔克加入自己那一桌。在他俩中间坐着哈丽雅特·鲁宾，她是一位知名而成功的作家和出版商，于 1989 年创立了 Currency 公司。

鲍·伯林厄姆和斯塔克谈论着《华丽转身》一文以及读者对它的反应。鲍·伯林厄姆告诉斯塔克，这篇文章得到了巨大的反响，那是他自己最喜欢的《公司》杂志文章。他问斯塔克 SRC 公司是否也经历过类似的反响。斯塔克回答说，是的，反响是如此强烈，以致他们都难以再召开一次员工会议，因为来 SRC 公司学习其管理方法的来访者太多了。

此时，哈丽雅特·鲁宾转向鲍·伯林厄姆，建议他写一本关于 SRC 的书。鲁宾曾出版过很多著名高管、经济学家和管理顾问的著作。

鲍·伯林厄姆的第一反应是指出他在《公司》杂志中已经有一个执行主编的全职岗位。但是，他越是考虑这个想法，就越是开始理解 SRC 发生的一切就是一块未经打磨的璞玉。打磨一下这块玉石绝对是有价值的！他意识到斯塔克是特殊的，他在 SRC 所做的一切也是特殊的，如果得不到帮助，他在密苏里州的斯普林菲尔德发展起来的这些方法只会是一种纯粹的地方性现象，它甚至永远不可能跨出斯普林菲尔德这座城市。

因此，鲍·伯林厄姆决定从他的《公司》杂志执行主编的职位上走下来，和斯塔克合作撰写一本书。最终产品的确是一块亮晶晶的玉石，它就是由杰克·斯塔克和鲍·伯林厄姆合撰的《伟大的商业游戏》一书，由 Currency Doubleday 于 1992 年出版。

使《伟大的商业游戏》变成一块精磨玉石的原因是，该书集中讨论了如何将四匹马组织成一个团队：会计、规划、激励和信息共享的整合过程。因为他强调对于实现特定目标应得相应报酬的游戏，杰克·斯塔克将他的方法称为"伟大的游戏"。

鲍·伯林厄姆就像一位专业珠宝商，他将杰克·斯塔克发展的原始的"伟大的游戏"方法打磨得清晰具体、玲珑剔透。10 年以后，原班作者推出了本书的续集《伟大的商业文化》，对这一主题进行了进一步的打磨。

在《伟大的商业游戏》和《伟大的商业文化》中，你看不到对于规划谬误、不切实际的乐观主义、过度自信和确定损失厌恶背后的心理分析。这些问题都是隐含在其中的。要点在于，会计、规划、激励和沟通的整合过程是纠偏的主要手段。

杰克·斯塔克构造了一个更好的捕鼠器，引发人们挤破头地走向他公司的大门。这些人不仅仅是他的客户，还有其他公司的管理者。在人们对 SRC 方法的兴趣增长之际，斯塔克作出的回应像是一个老练的资本家。他在 SRC 设立了一个咨询部门，从而使那些其他公司的高管变成了他的客户。当使用他们方法的其他公司发展到一定数量时，SRC 创办了一个年会，称作"全国游戏年会"。

现在已有有了很多开卷式管理的公司，规模有大有小，产权有公有私，如：哈雷-戴维森、全食食品、商用家具公司和西南航空等。所有这些公司都为最佳操作实务提供了宝贵的经验教训。

开卷式管理

《公司》杂志在 SRC 方法的扩散和推广过程中发挥了关键性作用。20 世纪 90 年代，杂志编辑们得知，还有一些并非"全国游戏年会"成员的其他公司也在使用与 SRC 高度相似的方法。尽管这些公司的管理者们并没有使用游戏的语言来描述他们的做法，但鲍·伯林厄姆敏锐地观察到，有一种结构松散的运动正在展开。他决定将这场运动写进《公司》杂志。

一位名叫约翰·凯斯的作者接到了负责撰写这场运动的任务。凯斯认为这场运动需要一个名字，于是取名为"开卷式管理"。凯斯将他所有的发现写进了《公司》杂志，这成为与这场运动关联最密切的商业出版物。此外，他还写了其他一些文章，其中有一篇上了《哈佛商业评论》。他还自己写了一本书。

开卷式管理中的"卷"指的是公司的财务簿记资料，这一概念强调了财务标准的重要性，这也正是会计、规划、激励和信息共享中的第二项要素。开卷式管理的核心是一种理念，即公司的劳动力队伍成员要具有将其工作决策建立在公司财务报表基础上的知识和信息。这种知识和信息有助于公司职工监控成本和控制费用。

通晓财务：财务标准的主心骨

是什么因素使 SRC 控股公司这样的企业产生了行为智慧？这是一个大问题。答案要以通晓财务为起点来揭晓。

具有行为智慧的公司会训练他们的职工，使他们通晓财务。一个通晓财务的职工团队能够在公司制定以主要会计指标为关注点的财务规划时起到实质性的作用，他们也会以这些指标来衡量公司业绩，从而以此为基础得到报酬，并依据这些指标对当前的业绩进行持续的沟通。

1995 年，《财富》杂志组织了一篇文章来介绍 SRC 方法。该文挑选了一名 32 岁的 SRC 机械工程师克雷格·海霸格为例子。文章指出，海霸格已接受了相关训练，以理解他的工作所涉及产品的相关成本，包括需分摊的管理成本。这种训练使他能够在涉及财务问题时作出明智的选择。

以我的经验来看，克雷格·海霸格这样的人只是例外而不是通例。我的经验告诉我，财务与会计确实让大多数人望而生畏。如果你不是财务经理或会计师，我怀疑你可能就是这些被吓倒的人当中的一位。我的判断正确吗？

让我告诉你一个秘密。基本的财务与会计知识并不是火箭科学。但很多商业人士对财务和会计的反应，就好像它们是火箭科学一样。为什么？我认为问题在于财务和会计缺乏一种用户友好的界面。

看看，真正的事实是，大多数人都能通过接受教育来理解并使用财务和会计。想想那个 SRC 的机械工程师克雷格·海霸格吧！他告诉《财富》杂志，如果你给他和他的同事一张损益表，隐去其中几个项目，他们都知道如何将它填上。这并不是那么困难的事。

传统的公司财务学是围绕一系列听起来技术性很强的概念来构建的：现金流、估值、风险与收益、市场有效性、资本预算、资本结构和股利分配政策。

为了直观地解释这些概念，我想选取一家具体的公司为例，来讨论它所需要的各类财务决策问题。

有些人认为财务过于专业，对那些关心公司整体管理的人无关紧要。我的看法是，如果不通晓财务知识，任何人想要在商业上取得成功的话，你最好是祈祷自己好运相随。

如果你确实已经掌握财务技术，你可能会考虑跳过本章的后续内容。但我认为那会是个错误的决策。在本章中，你想学到的是通晓财务所需要的基本知识。这是非常重要的，因为下一章要讨论的是导致许多组织处于财务盲点状态的心理障碍。

现在又到了我展开话题的时间，至少有一段篇幅。通晓财务要求我们目标清晰地集中关注现金流，即钱是从哪里来的，又花到哪里去了。通晓财务要求以现金流为基础，并使用现值方法来为企业估值。通晓财务要求我们理解一家公司的投资者为补偿其风险所要求的收益率。通晓财务要求管理者们知道何时应该相信市场价格，何时不应该相信。通晓财务要求我们将项目上马的决策建立在该项目能为公司投资者带来多少财富附加值的基础上。通晓财务要求我们找到债务和股权之间的适当平衡。通晓财务要求公司的红利支付水平要能满足投资者的需要。

要达到通晓财务的境界，我们需要知道的东西很多。或者用另一句话说，不识财务导致不良决策也有很多种方式。一家公司的职工所受的教育越多，公司流程就会变得更有行为智慧，公司作出正确决策的可能性也就越大。

通晓财务是有程度差异的。富有心智的公司会意识到，不同的人要达到不同的财务通晓程度。它们为此而努力。你不一定要记住你在这里所读到的每一句话才算通晓财务。但阅读本章的余下部分会帮助你领会到大多数公司面临的财务问题的范围。我们会先谈及通晓财务的基础级问题，它们构成了具有行为智慧的组织所需财务知识的共同标准。其后涉及的内容是每一个人都可以理解的有用知识点，但财务总监和总裁则必须掌握。

你还记得关于水门事件的电影《惊天大阴谋》中那句跟随金钱脚步的台词

吗？本章就是谈论跟随金钱脚步的问题，涉及钱从哪里来、到哪里去的决策。在本章的余下部分，我们会用一个例子来说明一个通晓财务的员工队伍是如何跟随公司的金钱脚步的。

都尼利公司：数字中的故事

都尼利（R. R. Donnelley）如果不是世界最大，也是美国最大的商业印刷公司。它的一些部门正好采用了开卷式营运方法，所以我选择了它来说明其中主要的理念。我将带领你对都尼利公司作一次财务之旅，以帮助你用通晓财务的眼光来看清这家公司。

我们从公司的概况开始。都尼利公司创立于140年前。公司总部位于芝加哥，雇用了6万人，在5个国家拥有120家印刷厂。都尼利印刷的东西遍布各地，并不只是因为该公司印刷了《哈利·波特》系列图书。它还印制了克林顿总统撰写的《我的生活》，以及《纽约时报》、《体育画报》、《读者文摘》和《电视指南》。我猜想，你可能就是都尼利的至少一种产品的消费者。

都尼利公司有三个不同的业务部门，它们是：（1）出版和零售服务部；（2）一体化打印与整体解决方案部；（3）表格与标签部。前两个部门的规模大致相当，共占据了都尼利公司约80%的销售额。总体上，三个业务部门涉及的领域包括财经印刷、直邮、标签、表格、在线服务、电子照片和色彩服务。都尼利的主要客户包括下列行业中的企业：出版、保健、广告、技术和金融服务。

现金流：正确的做法

都尼利从哪里筹集资金？钱又花到了哪里？一个通晓财务的人知道如何找到这一问题的答案。实际情况是，都尼利的大部分资金来源于销售：所有《哈利·波特》系列图书、《体育画报》的发行以及印刷金融募股书。公司要花钱来印制所有这些材料。它有6万员工要拿薪酬。有些钱花在了纸和墨等材料上。运行印刷设备还需要缴纳电费。

要对都尼利公司的花费相对其销售额的情况有一个直观的印象,请看图2.1。这幅图显示了都尼利公司1988年至2005年间销售额和净收益的时间轨迹。

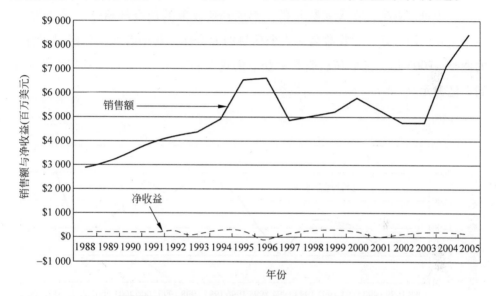

图2.1 都尼利公司的销售额与净收益:1988—2005

在图2.1中,顶部的实线代表销售额,底部的虚线代表净收益,也就是盈利。如你所看到的,当都尼利公司支付了工资并承担了所有其他费用之后,销售额已所剩无几。

销售额所剩无几的部分原因是,印刷行业的竞争非常激烈。该行业还有一个特点是比较分散,也就是说都尼利不只是与其他大的印刷公司竞争,它还要与一大群小规模印刷公司竞争。例如,2003年,商业印刷行业全年销售额累计达到1 600亿美元,而都尼利在其中的份额不足5%。

通晓财务的人士会理解净收益与经营现金流之间的差异。杰克·斯塔克首先要教给SRC员工的事情之一,就是理解一家公司的两项最重要的活动。你知道这两项活动是什么吗？赚钱以及获取现金。赚钱与净收益有关，获取现金则与经营现金流有关。

净收益是一个平均值，它衡量的并不是公司从其业务经营中实际得到了多少金钱。图2.2对比了都尼利公司从其业务经营中所获取的现金和它的净收益。你从图中可以看到，在大多数年份，都尼利所获取的现金都超过了其净收益。一个重要的原因是，净收益是一个个项目的混合体，其中有些项目经过了仔细的调整。2005年，都尼利从业务中获取的现金将近10亿美元，而其收益则不到2亿美元。

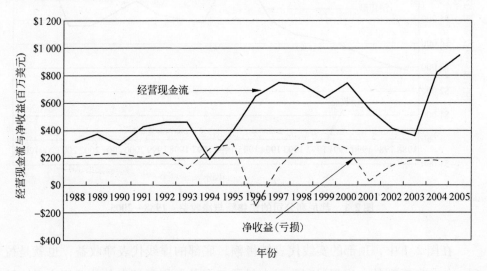

图2.2　都尼利公司的经营现金流与净收益：1988—2005

除了支付劳动力和原材料费用外，都尼利公司还要花钱购买新设备。公司还要花大价钱收购其他的公司。2007年第一季度，都尼利公司最终敲定三桩大的收购事宜，一共花掉公司大约19亿美元。被收购的三家公司是班塔公司、佩里·株德控股公司和威胜所属霍夫曼公司。在这三桩收购中，班塔一家就占到了13亿美元的份额。

2005年，都尼利公司作了一笔价值9.9亿美元的收购，买得英国公司阿斯特朗集团。该公司主营印刷、邮递服务和营销支持。都尼利公司2005年花费在收购上的总金额仅略低于12亿美元。2003年，都尼利以28亿美元的价格购得摩尔·华莱士公司。并购活动创造出一个年销售80亿美元的印刷业巨无霸，名列美国第一。所有这些并购活动都需要花钱，除非是用换股的方式进行支付，就像摩尔·华莱士的收购一样。

都尼利从业务经营中获取现金，然后将其花在投资上，如新资本设备、收购和其他类似行为。考虑一下公司在扣除投资方面的花费之后，其经营现金流还剩下多少。图2.3显示了这一余额在1988年至2005年间的时间轨迹。

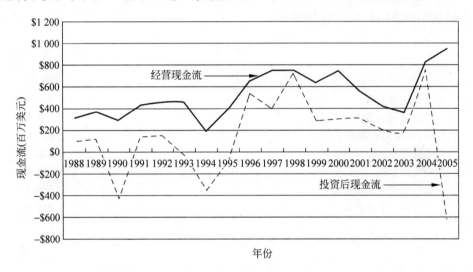

图 2.3　都尼利的投资前和投资后的经营现金流

看一下图2.3。你会注意到，随着时间的推移，投资后剩余现金流也像经营现金流一样上下波动。然而，剩余现金流有时为负值，特别是2005年公司花费巨资进行并购的时候。这一负值就是公司的一种赤字，需要从其他某个地方拿现金来弥补。但问题是从哪里拿？这些钱来自何处？通晓财务的人知道这一问题的答案。

如果你的收入和支出模式与都尼利公司相类似，那么，在2005年当你的支出超过你工资卡里收到的钱时,你会从哪里弄来现金?一般来说,你会有三个选择。第一,如果你过去存了一些钱,你可以将这些储蓄中的一部分或者全部拿出来用;第二,你可以卖掉你的一些财产;第三,你可以筹资,例如,借一笔贷款。

2005 年,都尼利的支出比它从经营中获取的现金多出 6.55 亿美元。为了弥补这一赤字,它从自己原来持有的现金中支出了 2.751 亿美元,再通过新的融资筹集了 3.799 亿美元。公司没有出售任何资产来筹集资金。

表 2.1 对我们刚才讨论的都尼利公司筹资和支出情况提供了一个概览。表中提供中的金额数据均指 2005 年。

表 2.1   (单位:百万美元)

都尼利公司的现金筹集与支出项目	2005 年
经营活动现金流	947.5
投资活动现金支出	1 602.5
赤字(如果为负则为盈余)	655.0
用库存现金弥补赤字金额	275.1
出售资产金额	0.0
新融资活动筹集现金流	379.9
筹资弥补赤字总金额	655.0

表 2.1 中的信息是通过公司的现金流量表来传播的,现金流量表是公司财务报表的一部分。表 2.2 提供了都尼利公司 2005 年现金流量表的一个简略版。

表 2.2   (单位:百万美元)

都尼利公司的简略版现金流量表	2005 年
经营活动现金流	947.5①
投资活动现金流	-1 602.5
融资活动现金流	379.9
净现金流	-275.1

① 原文此处为 -947.5,疑误。——译者注

估值：正确的做法

通晓财务意味着要懂得估值方法。告诉你一个秘密：很多人听起来好像对财务很懂行，但其实并没有很好地掌握估值的要领。甚至一些开卷式管理的专家都是如此。是的，这是真的，我并没有夸张。没错，我又开始借题发挥了！那么，让我和你分享关于估值的几个烦人的细节，这些细节可能会造成赚几十亿美元还是亏几十亿美元的天壤之别。

内在价值评估是以现金流为基础的。融资活动现金流指的是公司从外部投资者那里筹集的资金数额，外部投资者包括贷款人、债券持有人和股东。2005年，都尼利公司从外部投资者处筹集了3.8亿美元。那么，外部投资者如何来评估他们把超过3.8亿美元的自有资金交给都尼利是否是一笔合算的交易呢？通晓财务的投资者会使用以现金流为基础的估值公式来做到这一点。

从原理上讲，估值并不复杂，它是以现值的概念为基础的。现值中的"现"指的是"现在"。现值是指某一样东西现在值多少钱。一项交易的内在价值是指你指望从这笔交易中提到的现金的现值。这句话听起来很容易，但你在财务数据的迷宫中迷失估值的基本原理也一样容易。

我们用三个简化的贷款案例来解释这些基本原理。在第一个例子中，假定都尼利公司要你按照每年5%的利率为它提供一笔1 000美元的一年期贷款，5%是一个有竞争性的利率。都尼利公司现在就需要这1 000美元，因此，该笔贷款的现值是1 000美元。由于利息的原因，你作为放款人将来收到的还款会超过1 000美元。具体来讲，你会收到50美元的利息，因为1 000美元的5%正好是50美元。此外，你收到利息的时间是年末，此时你还会收回你的本金1 000美元。你现在借给都尼利公司1 000美元，此后一年，你将一共会收到1 050美元的还款支票。

我想要你理解的是，这里有一个关键要点值得注意。作为一名投资者，你为一笔今天的交易所提供的价值是以你预期在未来会收到的现金流为基础的。这一点听起来无关大局,再简单而又清楚不过了。但是,很多投资者却因为看不到这一点而陷入严重的麻烦。在我们的例子中,你今天放了一笔贷款,一年后你将从都尼利收回1 050美元,该笔贷款对你的价值就是1 050美元的现值。在5%的利率水平上,其现值就是1 000美元。

第二个例子,假定都尼利向你要求一笔利率为5%的1 000美元两年期普通贷款。在这种情况下,你将收到两笔付款:一年后收到50美元的利息;两年后收到1 050美元。该笔贷款的现值仍是1 000美元,正好等于你现在贷给都尼利公司的数目。

第三个例子,假定都尼利公司要你按5%的利率借给他一笔1 000美元的两年期零息票贷款。"零息票"的意思是,都尼利公司想避免在第一年末向你支付50美元的利息,而只在第二年末作一笔一次性支付。那么问题就来了:你应该要求都尼利公司那时付给你多少钱呢?回答这一问题涉及一个简单的公式:

$$两年后支付金额 = 1\,000 \times 1.05 \times 1.05 = 1\,102.50(美元)$$

公式背后的逻辑很简单。在5%的利率下,一年后,你的1 000美元价值为1 050美元,即$1\,000 \times 1.05$。这1 050美元在第二年又应该赚到5%,从而增长至$1\,050 \times 1.05 = 1\,102.50$美元。

在前两个例子中,你的1 000美元投资给你挣到的收益是你每年收到的利息50元,这一数目是除你本金1 000美元之外的部分。在第三个例子中,由于存在零息票,收益率仍是5%,但你在收回1 000美元本金时,会收到隐含其中的102.50美元的额外收益。

估值的任务就是要把现值的概念逆转运算。例如,假定都尼利公司承诺两年后付给你1 102.50美元,竞争性利率为5%。都尼利提供的这笔报价,其价值是多少?答案是1 000美元,即利率为5%的两年期零息票贷款的现值。进行这笔计算所需用到的公式只不过是把前面的公式重新整理一下即可:

$$现值 = \frac{1\,102.05}{1.05 \times 1.05}$$

一般来说,要计算 t 年后收到的一笔钱的现金,只要将该数目除以(1 + 竞争性利率)^t,即(1 + 竞争性利率)的 t 次方。

现在给你一道概念测验题。一笔利率为 5% 的两年期贷款,其 1 000 美元本金的现值是多少?要得到答案,只需将 1 000 美元而不是 1 102.50 美元代入上面的公式中就可以了。答案是 907.03 美元。

你的本金偿还所需等待的时间越长,该笔本金的现值就越低。如果你要等待 10 年,则其现值为 613.91 美元。如果你要等待 100 年,其现值将为 7.60 美元。对于长期贷款,其偿付的本金与利息相比会无足轻重。

股票(stock)被误导性地叫做股权(equity),它像是一笔非常长期的贷款,你必须等待非常长的时间才能收回你的本金,长到该笔本金的现值已经不值一文了。因此,股票的整个价值来自其经过新股发行调整后的现金支付,其实现手段包括红利或股票回购。

图 2.4 显示了都尼利公司在 1988 年至 2005 年间的红利支付。注意,这些红利支付额的运行轨迹通常是向上的,但却很难预测。红利支付没有利息可靠,

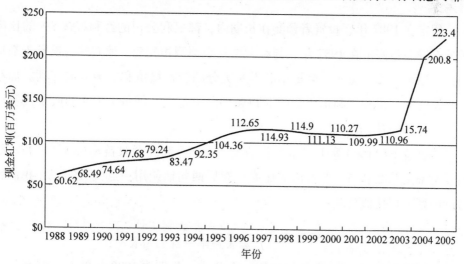

图 2.4　都尼利公司的现金红利:1988—2005

因而风险更大。因为这一原因,投资者持有股票时倾向于比持有债务要求更高的回报率。

你应该如何开始进行都尼利公司股票的估值?很自然的起点是其红利流。那么,红利流的现值是多少呢?

假定在1987年底,股东对都尼利公司未来的红利情况有一个很好的判断,如图2.4中显示的数字那样。假设股东对持有都尼利公司股票的竞争性回报率判断为12%。如果"现在"指的是1987年12月,那么都尼利公司自1988年开始的未来红利流现值公式为:

$$\frac{60.62}{1.12}+\frac{68.49}{1.12^2}+\frac{76.74}{1.12^3}+\frac{77.68}{1.12^4}+\cdots$$

一般来说,假定你能够像图2.4所显示的那样预测到未来红利每年的上下波动,是不现实的。因此,教科书一般转而重点考虑预测红利的未来增长率。在1985年至2005年间,都尼利公司的红利平均每年增长大约8%。信息来源充足的投资者可能会预测到这种情况,这比预测实际红利流的精确轨迹要现实得多。

假定在1987年,投资者预测在长期内,都尼利公司的红利将按8%的比率增长。进一步假定在1987年,与红利增长率预测相配套,他们预测投资于都尼利公司股票的每1美元将会每年取得8美分的资本增值和3美分的红利。加在一起,资本利得和红利每年会产生11%的总收益率,即每1美元的股票投资可产生11美分的回报。

总收益率(11%)等于资本利得收益率(8%)和红利收益率(3%)之和。红利收益率是总红利与股票价值的比率。对后两句话使用一点代数知识,我们就可以得到下列估值公式:

$$未来红利现值 = \frac{下一年红利支付}{总收益率-红利增长率}$$

为了说明在1987年末如何使用这个公式,我们取1988年的实际红利支付(6 062万美元),将其除以3%(11%-8%),可得到大约20亿美元。换成大白话，都尼利公司未来红利流的现值是20亿美元。对比一下就知道，都尼利公司当时的实际市场价值是25亿美元，比其理论价值高出20%。

红利只是股票估值的一个起点。在这种特殊情况下，都尼利公司没有回购发行在外的股票，也没有发行新股，红利就成为公司股东从公司取得的唯一一类现金流。然而，都尼利公司通常会做上述这两件事情。当一家公司回购股票时，它会向股东支付现金来交换他们手里的股票。而发行新股时，公司又会收到来自股东手里的现金。

为了搞清楚股东实际上到底得到了多少现金，你必须加上公司回购的数量，减去新股发行的数量。① 这一总数量被称为**股东净现金流**(net cash flow to equity)。1990年，都尼利公司既发行了新股，又回购了股票。但它回购的数量超过了发行的数量，因此股东收到的现金达到8 600万美元，超过了公司支付的红利数7 464万美元。在此前的两年，即1988年和1989年，情况则刚好相反。

债务净现金流是指贷款人和其他债务持有人收到的现金数。它包括利息支付和本金偿还，再减去新债发行的数量。股东净现金流和债务净现金流之和称为**投资者净现金流**(net cash flow to investors)。

如果投资者净现金流为正，说明投资者从公司收到了现金。如果净现金流为负，说明投资者为公司提供了现金。与公司的股票价值和债务价值相对比，公司的总价值是其预期净现金流的现值。

自由现金流可以定义成投资者净现金流加上公司现金头寸的变动。注意，这意味着公司的价值等于公司自由现金流的现值减去公司现金变动的现值。我希望你能够理解到，如果假定公司最终会将其所有的现金都分配给投资者的话，公司现金流随时间所发生的变动的现值应该正好等于其初始现金头寸的负值。因此，公司的价值等于其自由现金流现值减去初始现金持有量。

---

① 你还可能要对其他融资行为作出调整。

图 2.5 显示了都尼利公司在 1988 年至 2005 年间的投资者净现金流和公司的自由现金流。在大多数时间，都尼利的自由现金流都接近于其投资者净现金流。然而，在 2004 年和 2005 年，两个数据序列分道扬镳了。2004 年，都尼利建立了 5.81 亿美元的现金头寸。结果，在那一年中，公司的自由现金流比其投资者净现金流高出 5.81 亿美元。

图 2.5　都尼利的投资者净现金流及公司自由现金流：1988—2005

应该指出，还存在定义自由现金流的其他方法。我将在第三章中讨论其中的几种替代方法。

有些公司具有很高的盈利，但在很长时间内却并不打算支付红利或者回购股份。在这种情况下进行公司估值在实践上是很困难的，因为要预测其未来自由现金流的额度是非常困难的。处理这种情况的一种方法是进行一些代数运算，计算出所谓的**经济增加值**（EVA）。在 20 世纪 90 年代中期，都尼利公司开始以经济增加值为基础进行估值。

经济增加值是一种经济剩余。它度量的是公司实际利润与对投资者承担风险足额补偿所需利润之间的差额。下面的例子可以说明这一概念。1988年，都尼利的实际利润（息前税后利润）为2.25亿美元。这一利润要用来支付利息和红利，因此，它由都尼利公司的债务持有人和股东联合享有。1987年，都尼利公司资产的账面价值为21亿美元。为了保持计算的简化性，我们假定1988年，都尼利投资者需要10%的收益率才会感觉到承担都尼利的投资风险物有所值。那么，他们会要求公司1988年实现2.1亿美元的利润，即21亿美元资产的10%。公司1988年的经济增加值为1 500万美元，因为公司2.25亿美元的实际利润比投资者要求的2.1亿利润高出1 500万美元。

公司股票的估值公式是两项之和。第一项是在估值时点上公司的股东权益值。第二项是公司预测经济增加值的现值。

风险与收益：正确的做法

一个通晓财务的人会理解收益和风险之间的关系。跟你说句实话，这个问题可以问倒大多数人。但它的确是非常重要的，因为如果你不能理解这一点，你就不会知道何时承担风险是合理的，而何时是不合理的。

在前面的例子中，我们假设股东因为持有都尼利的股票而要求11%的收益率，才会感到其风险得到了适当的补偿。假设你在1997年12月花1 000美元购买了都尼利公司的股票，并将股票一直持有至2005年12月。在这18年中，你的1 000美元投资应该增长至3 352美元。这可计算出每年6.95%的年收益率，大大低于你所要求的11%的收益率。作为一名股票持有人，你应该会感到失望。然而，承担风险就意味着有些时候结果会比你所预料的要糟。你可能会要求11%，并将它作为平均意义上将会发生的一个最好的猜测，但你应该承认，风险就意味着没有保证。

教科书告诉我们，一只股票的风险程度可以通过它的波动性来度量。图2.6显示了都尼利公司股票和标准普尔500指数的波动性在1985年至2005

年间是如何变化的。① 你能指出1987年股票崩溃的波动性拐点吗?

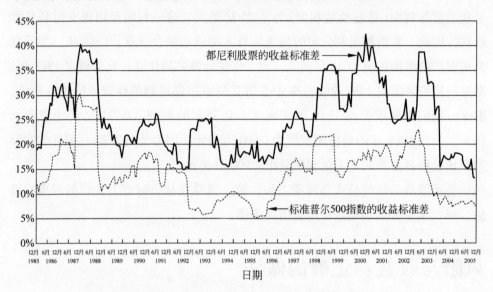

图2.6　都尼利的投资者净现金流及公司自由现金流:1988—2005

注意,都尼利股票比标准普尔500指数的波动性要更大一些。然而,都尼利股票的波动模式在大部分时间都与标准普尔500指数的波动模式保持一致,尽管并不是所有时候都如此。实际上,你可以说持有都尼利股票的大部分风险看起来都是由股票市场整体情况所驱动,而不是受与都尼利相关的特定事件所驱动。例如,在20世纪90年代经济繁荣时,都尼利的产品销售也呈繁荣景象,一如标准普尔500的指数值。在2001—2002年的衰退中,都尼利的销售额下滑,因为对新招募说明书的印刷需求下降了,此时标准普尔500指数的值也一样下降了。

教科书上对风险的度量使用的是一个被称为贝塔(beta)的变量。在2006年末,都尼利股票的贝塔值是1.5。这意味着当标准普尔500指数变动10%时,都尼利的股票平均将变动15%。

---

① 这里,波动性被度量为移动平均收益的标准差。

贝塔仅集中关注由标准普尔500指数所驱动的波动性。它忽略了都尼利公司特定事件所产生的波动性。教科书的逻辑是，投资者仅仅将都尼利股票作为自己分散投资组合的一部分，从而消除了对特定事件的风险暴露。然而，分散化并不能消除他们对市场整体风险的暴露，即贝塔风险。

持有标准普尔500指数意味着承担了风险。这些投资者本可以持有国库券，从而在实质上不承担任何风险。假定国库券提供的收益率为3.5%。决定持有标准普尔500指数的投资者必须问他们自己：他们需要在3.5%的基础上增加几个百分点才值得承担相应的风险，如图2.6所示。假定答案是5%，这就被称为**市场风险溢价**(market risk premium)。

股东在其分散化投资组合中持有都尼利股票需要多少收益率呢？为了得到答案，教科书给出的技术是，认识到1.5的贝塔值意味着都尼利股票比标准普尔500指数的风险高出50%。因此，如果投资者要求5%的市场风险溢价，他们就应该为持有都尼利股票而要求7.5%的风险溢价：7.5% = 1.5×5%。如果国库券的收益率为3.5%，则都尼利股东就会将11%作为其必要收益率，因为投资者要求在3.5%的基础上有7.5%的增量。

都尼利公司的债务比其股票的风险要小。因为这一原因，持有都尼利债务的投资者所要求的收益率应该小于11%。例如，都尼利债务持有人可能会要求7%的收益率。假定都尼利的融资结构中25%是通过债务融资，75%是通过股票融资。在这种情况下，25%的都尼利投资者要求7%的收益率，75%的投资者要求11%的收益率。因此，投资者平均要求10%的收益率，因为当权重分别为25%和75%时，7%和11%的加权平均值为10%。10%被称为都尼利公司的**资本成本**(cost of capital)。

都尼利公司的资本成本反映了公司的潜在风险，这一风险是通过贝塔来度量的。公平地说，都尼利公司的贝塔值在1988—2005年间并不都是1.5。图2.7显示，都尼利公司的贝塔值几乎在整个区间内都是低于1.5的。事实上，在大部分时间内，公司的贝塔值都是小于1的。因此，都尼利股票的收益率保持低位就很可能是非常合理的。

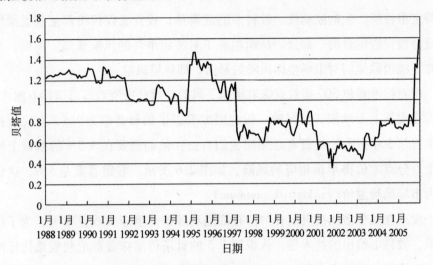

图 2.7　都尼利股票的贝塔值：1988—2005

对都尼利股票在整个期间内的收益模式进行仔细观察后，我们可以得到一些额外的结论。图 2.8 显示了都尼利股票和标准普尔 500 指数的累计收益。

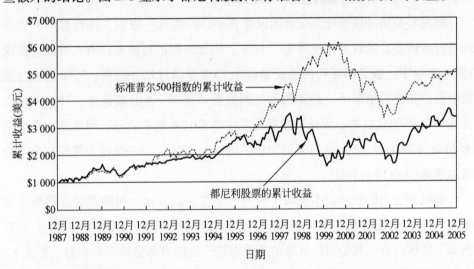

图 2.8　都尼利和标准普尔 500 指数的累计收益：1988—2005

累计收益显示了在这两个品种上 1 美元的投资如何随时间而增长。注意，直到 1995 年，都尼利的股票一直都和标准普尔 500 指数的表现一样好。然而，在 1995 年以后，该股票的表现就持续不及标准普尔 500 指数。显然，这发生在该股票贝塔值处于低位期间。

市场有效性

你知道说一个市场有效是什么意思吗？尽管这一术语在流行的金融出版物中的出现频率好像很高，但大多数人并不知道市场有效到底是什么意思。但这能怪他们吗？许多教科书并没有将这一概念解释得特别透彻。它存在着好几种定义。

这里给出一个对市场有效性的有用定义。如果一个市场是有效的，则其市场价格正确地反映了基本面价值。在一个有效的市场上，都尼利公司的市值应该正确地反映了其预期的股东自由现金流现值。在一个有效的市场上，公司管理者应该相信市场价格。在一个有效的市场上，投资者也应该相信市场价格，因为此时，所有证券都是公平定价的。

资本支出、收购与项目选择

在富有心智的公司中，管理者进行决策的基础是创造价值。要做好这件事情，要求有足够的财务智慧，必须了解如何让决策创造价值。公司所作的非常重要的决策之一就与资本支出有关。

资本支出（CAPEX）是资本性支出（capital expenditures）的简称，意指公司购买新资本性设备所花费的金额。**收购**（acquisitions）这一术语指的是一家公司用来购买其他公司所花费的金额。2005 年，都尼利在收购上的花费比资本性支出多出 2.5 倍。公司疯狂的收购行为在 2006 年和 2007 年前期中一直持续着。

迈克尔·科蒂（Michael Corty）是晨星公司的一位跟踪都尼利的分析师。2007年2月，他对都尼利的收购战略发表了一些悲观看法。他的悲观论调是以前五年中都尼利投资资本的回报率和资本成本的比较为基础的。科蒂指出，在这几年的每一年中，公司的实际收益均低于其资本成本。图2.9讲述了这一故事。

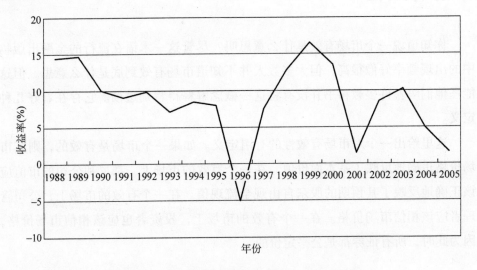

图2.9　都尼利的投资资本收益率：1988—2005

一家公司进行资本设备的支出，不管是作为资本支出的一部分，还是作为一项收购活动，其合理性应该如何分析？例如，2006年11月，都尼利宣布将花费13亿美元收购班塔公司。班塔是一家印刷和数字影像解决方案的提供商。传统教科书对这一类交易的估值是如何论述的？

传统教科书告诉我们，现金流和估值是进行资本投资支出和收购决策的核心。传统的教科书方法要求都尼利的管理层扪心自问：收购班塔公司将会对公司的整体现金流产生什么影响？例如，如果都尼利需要在2006年年底支出13亿美元来收购班塔，那么公司2006年度的投资活动现金流将会因此而提高13

亿美元。这13亿美元就是一个增量的现金流出。为了完成分析，都尼利的高管们还需要预测班塔收购项目将会在未来年份中给公司经营活动现金流带来什么样的影响。

下面用一个简单的例子来说明其中的要点。你可以看到，2006年，投资活动现金流为−13亿美元，表明都尼利用来收购班塔所花费的现金流出为13亿美元。表2.3提供了一个都尼利管理层可能作过的一个假想的预测，这些预测给出的是收购班塔会如何影响公司在2006年至2012年间的现金流。表格中的数据显示，预测的都尼利2007年经营活动现金流比都尼利不收购班塔的情况下高出2亿美元（表中的0.20）。此外，经营活动现金流增量其后在2012年之前都将保持15%的增长速度。除此之外，我们还假定都尼利计划在2012年底将班塔进行分拆，其估计价值为20亿美元。

表2.3中的最后一行列出了在2006年至2012年间的增量现金流。这其间正是都尼利拥有和经营班塔的年份。都尼利管理层在2006年评估班塔收购项目时应该问到的关键问题是：如果我们继续进行对班塔的收购交易，当前（2006年）它对我们投资者财富的影响是什么？我们投资者的财富会发生多大的变化？

表 2.3 （单位：10亿美元）

都尼利的增量现金流	2006	2007	2008	2009	2010	2011	2012
经营活动现金流		0.20	0.23	0.26	0.30	0.35	0.40
投资活动现金流	−1.30						2.00
筹资活动现金流							
净现金流	−1.30	0.20	0.23	0.26	0.30	0.35	2.40

为了回答这些问题，都尼利管理层必须使用现值。假定与班塔所带来的增量现金流相关的必要收益率也与都尼利的资本成本相同，都是10%。那么，从班塔收购活动中产生的都尼利总体现金流变动的价值就是：

$$-1.30 + \frac{0.20}{1.1} + \frac{0.23}{1.1^2} + \frac{0.26}{1.1^3} + \frac{0.30}{1.1^4} + \frac{0.35}{1.1^5} + \frac{2.40}{1.1^6}$$

经过计算，其结果是10.5亿美元，这被称为**净现值**（NPV）。这意味着在2006年年底，收购班塔增加了都尼利股东的财富，增加额度为10.5亿美元。2007年至2012年间预计产生的额外现金流23.5亿美元除了弥补收购班塔的支出（13亿美元）外，还产生了额外的效益。

假定都尼利管理层使用净现值分析法来作出是否收购班塔的决策。那么，一个正的净现值就表明进行这样一桩收购对公司投资者来说是一件好事，因为它增加了投资者们的财富。如果收购班塔的净现值是一个负数，则都尼利管理层就会被建议放弃收购班塔，以免降低其投资者的财富。

将净现值纳入公司价值

通过将公司所有投资活动的净现值进行加总，你就能度量出公司的总体投资政策创造出多少价值。一个具有正净现值的公司在其投资中所获取的收益高于投资者所要求的最低期望收益率，即高于投资者足以补偿他们所承担风险的收益率。回想一下我们前面对经济增加值的讨论。当实际收益率超过投资者要求的收益率时，经济增加值为正。①

如果一项投资活动的净现值为零，这并不是什么值得羞愧的事情。一项净现值为零的投资并不仅仅是做到了盈亏平衡。相反，零净现值项目是那些预期会实现其必要收益率的项目，因此，它们并不创造经济增加值。

负的净现值并不一定意味着该项目在未来必定亏损。它只是说公司的投资者并没有赚取到竞争性收益率，在都尼利的例子中这种竞争性收益率就是10%。这将我们带回到晨星分析师迈克尔·科蒂对都尼利收购策略的顾虑之中：如果过去是一个序幕的话，它预示着这些收购活动将不能够赚取其必要收益率。结果，科蒂担心的是，都尼利的收购活动可能会汇总成负的净现值投资项目，

---

① 假定资产的账面价值为正。

从而产生负的经济增加值。

一家公司的内在价值等于其资产负债表上度量的资产总值加上其未来预期经济价值的现值。正是经济增加值的现值抓住了公司投资政策的净现值这一核心。例如，2007年2月16日，都尼利的市值为83.4亿美元，其股东权益大约为40.2亿美元。其中的差额43.2亿美元即代表了市场对都尼利净现值的一个总体的大概估计值。值得注意的是，市场似乎并不认同迈克尔·科蒂对当时都尼利整体净现值为负值的估计。

有能力赚取更高收益的投资活动一般会造就成长更快的公司。考虑1美元的资产。假定在下一年中，这1美元的投资可产生20%的收益率，公司又将这些收益的75%再投入到公司资产中。在这种情况下，1美元的资产会增长15%，即20%的收益率与75%的再投资率的乘积。因此，投资的回报率越高，其内部产生的成长性越好。

高速成长的公司往往与高估值密切相关。为了说明原因，我们考虑前面讨论过的估值公式，其中公司股票的价值可用其一年后预期红利除以必要收益率与预期增长率之差来度量。在其他条件相同的情况下，更高的增长率意味着更高的估值。

考虑一家预期未来按固定比率增长的公司。假定该公司整体投资政策的净现值为零。前面的讨论表明，该公司股票的内在价值可简单地计算为其下一年度预期盈利与该股票必要收益率之比。

净现值就是在零净现值情形基础之上的增加值。因此，一家公司的股票价值就是其净现值加上下年度预期盈利与公司股票必要收益率之比。

下面是一个简明的计算示例，可以将上面讨论的许多概念概括在内。假设我们想估计都尼利公司2007年2月的净现值。在2月16日，都尼利的市值为83.4亿美元。分析师预测公司2007年的盈利将会在6亿美元左右。如果市场是有效的，都尼利83.4亿美元的市值就应该提供了都尼利股票市值的最佳估计值。为了得到都尼利股票当时的必要收益率，我们使用的参数包括它的贝塔值、国库券利率以及市场风险溢价。当时，国库券利率为5.2%，都尼利的贝塔值为1.5。给定5%的市场风险溢价，这意味着都尼利股票的必要收益率就是12.7%。①

现在，我们已处于计算都尼利净现值的最后阶段。如果我们计算一下都尼利盈利估计值与其必要收益率的比值，可得到该比值为47亿美元。因为都尼利股票的价值等于该比值与都尼利净现值之和，可知都尼利的净现值一定等于36亿美元，即83亿美元和47亿美元之差。表2.4给出了上述计算的简要步骤。

表 2.4 （单位：10亿美元）

都尼利公司	2007年2月16日
市值	8.3
盈利估计	0.6
国库券利率	5.2%
市场风险溢价	5.0%
贝塔	1.5
必要收益率	12.7%
盈利估计/必要收益率	4.7
整体净现值	3.6

请注意，对都尼利公司净现值的估计值36亿美元与根据其未来经济增加值所作出的43.2亿美元的估计还是比较接近的。

计算动态市盈率

市盈率，简称P/E，是一个大家熟悉的概念。它看起来非常容易，甚至不值一提。但它又是一个极具欺骗性的一个指标，至少在你希望以具有财务智慧

---

① 12.7%系由5.2%加上1.5×5%所得。

的方式来使用它的时候是如此。

动态市盈率(forward P/E)是下一年的预测盈利与公司股票当前价格之间的比率。传统的金融学教科书都认为一家公司股票的动态市盈率反映了其投资的净现值。一家公司投资项目的净现值越高，其股票内在的动态市盈率也越高。

一家公司的基准市盈率可以在该公司投资净现值为零以及公司预期增长率为常数的情况下来求得。在这种情况下，公司的市盈率就是其股票必要收益率的倒数。原因在于公司股票的内在价值就是其下一年度预期盈利与其股票必要收益率的比值。

当净现值不为零时，市盈率反映的是净现值与股票价值之比。姑且将这一比率称为"净现值相对贡献"。做一点代数运算就可以得知，市盈率就是一个乘积的倒数——股票必要收益率与1减去净现值相对贡献的乘积。如果你再思考一下，你就能看到净现值越高，净现值相对贡献也越高；而净现值相对贡献越高，内在的动态市盈率也越高。

下面的例子可以让这些概念更为具体。2007年2月16日，都尼利的动态市盈率为14.09倍，也就是其市值与分析师对其2007年盈利平均估计值的比率。表2.5说明了数字14.09为什么可以通过必要收益率和1减净现值相对贡献的乘积来计算。

表 2.5

都尼利公司	2007年2月16日 动态市盈率分析
市盈率＝市值/盈利估计	14.09
净现值相对贡献	44.1%
1－净现值相对贡献	55.9%
必要收益率	12.7%
上两项乘积	7.10%
乘积的倒数	14.09

资本结构

技术上，资本筹集是指筹集那些不必在一年之内归还给投资者的货币资金。一家公司的资本结构是指其长期债务和权益融资的组合。

一家公司应该如何对债务和权益融资结构作出正确的决策？传统金融教科书告诉我们，选择正确结构的标准与选择资本性项目的标准一样——都是最大化公司的价值。

在极大程度上，一家公司的价值是以其经营活动现金流和投资活动现金流为基础，而不是以融资活动现金流为基础的。因此，资本结构应该是无关紧要的，除非它影响价值。

一家公司的自由现金流在技术上讲是属于公司投资者的。那些投资者通常就是债务持有人和股东的某种组合。一般来说，资本结构就是一个关于这些现金流如何在债务持有人和股东之间进行分配的问题。债务持有人索取现金流的渠道是利息支付和本金偿还。股东则是以红利和股份回购的方式来获取他们的现金流。当公司需要筹集新资本的时候，两个群体都会提供资金支持。债务持有人会发放新的贷款或者购买新发行的债券。股东则购买新发行的股票。新资本也是自由现金流的一部分。

融资的形式可能会影响公司的价值。当考虑到公司税收时，利息支付就享受着与红利不同的待遇。利息支付是可以免税的，而红利却不能。结果，如果公司使用债务融资而不是权益融资，则公司会得到一种税收上的利益，被称为**税盾**(tax shield)。债务的增加也可能会增加公司破产的几率，而破产是最昂贵的代价。破产成本会降低公司的价值。新融资活动还会随之带来一些额外的成本，如发行成本，即支付给投资银行的费用。

公司财务教科书认为，公司应该通过权衡不同资本组合所对应的利益和成本，以最大化公司整体价值的观点来选择其资本结构。资本结构对公司价值的影响仅限于额外融资成本的数目。

必须铭记的一点是，改变公司的资本结构会自动改变其股票的贝塔值。一家公司的债务权益比越高，其贝塔值就越高。一家没有任何债务的公司，其股票的贝塔值会比该公司有债务情况下的值低。当然，更高的风险意味着更高的收益。一家公司如果将其债务权益比提高10%，你将会发现其股票的必要收益率也会相应上升，上升的幅度为10%与公司风险溢价的乘积。公司的风险溢价是指其资本成本和国库券利率之差。

一个更高的债务权益比也会提高公司的预期每股盈利（EPS）。传统金融学教科书警告股东们不要对这一事实感到过分激动。与更高的每股盈利相伴而来的是更高的风险。二者对内在价值的合并影响仅限于融资成本的大小，而不会有任何其他的影响。

除了融资成本之外，改变资本结构还会影响公司价值在债务持有人和股东之间的分配方式。这是关于馅饼的分割问题。

这里存在一个经典的教科书问题。假定一家公司原先没有任何债务。现在，该公司决定借钱来回购其30%的发行在外股票。如果不存在值得关注的税收效应，并且财务困境的成本很小的话，那么这对剩余的发行在外股票的内在价值在整体及每股的意义上会产生什么影响？

简短的回答是，剩余的发行在外股票的价值将下降30%，但每股的价格将保持不变。原因在于公司作为一个整体，其内在价值是不变的，因为这一点金融工程的伎俩并不会改变其内在价值所依赖的未来现金流。然而，这些现金流价值的30%应该属于新的债务持有人。毕竟，如果这些债务持有人是理性人的话，他们将会至少要收回他们所投入的部分。而股东是不会同意给他们超过30%的份额的。

这件事的结局是，那些不愿意将其持有的股票卖回给公司的股东将会继续持有公司内在价值的70%。随着持股数量下降至以前数量的70%，其每股价格将以内在价值为基础而保持不变。

如果公司回购股票的现金来自公司本身而不是来自贷款，股票回购的故事会发生什么变化呢？此时，公司资产的价值将下降30%。股票的总体价值将下降30%。股票的数量将下降30%。每股价格仍将保持不变。

红利支付政策

一家公司可以用以下两种方式中的一种来向其股东支付现金：红利和股份回购。传统金融学教科书认为，支付政策会影响到公司的价值，其原因除了税收以外，还包括一些管理层知道而股东们不知道的事情，以及股东们是否信任管理层。

如果红利相对资本利得被课以重税的话，则公司可以通过不支付红利而为其股东谋取福利。毕竟，如果一家公司经过很长时间的等待后向其股东支付现金，而不是现在就向他们支付一系列稳定的红利流，那又有什么关系呢？答案的决定因素在于，如果公司持有这些现金而不是将其分配出去，是否可以预期能为股东赚取相同的风险溢价？如果答案是肯定的，则教科书认为避免支付红利并不会付出什么代价。

一家真正具有重要投资机会的公司可能会比股东收到现金后再投资赚取更高的收益率。这说明此时不支付红利是明智的。然而，这一结论可能下得有点草率。如果一家公司真正拥有好的投资机会，它可以向外部融资来为这些投资机会提供资金，而仍然向其现有股东支付现金。

假设股东们并不相信公司的管理层会最大化公司价值，相反，还怀疑他们利用公司的现金为自己谋取利益。在这种情况下，股东可能会偏好于将公司的现金以红利的形式分配给他们，而不会被公司管理层滥用。当然，在这种情况下，管理层是不愿意支付这些红利的，从而促使不满意的股东用脚投票，并因此而压低股票价格。

如果公司打算支付红利，那么公司应该知道，股东对红利政策具有一致性的预期。一致性可能以每股红利为口径，也可能是盈利的红利发放比率或者红利增长率。股东对红利增长的公告会作出正面反应，而对红利下降的公告作出极其负面的反应。因此，考虑增加公司红利的高管们应该会感到很自信，他们这样做不会导致其决定被推翻。

当资本利得所涉及的税率比红利更低而公司管理层又想支付现金的时候，股份回购可能是一条更好的途径。实际上，自20世纪70年代以来，公司股份回购已经变成了一种比向股东支付红利更为流行的选择。回购的不足之处在于，它不能像红利一样常规化和持续化。美国国家税务局（IRS）将常规的回购看成是红利，并当成红利来处理。

文化、流程与公司金融

金融一部分是科学，但另一部分是艺术。传统教科书教授其科学性。然而，实践在很大程度上依赖于其艺术成分，结果是很容易忽略其科学性。

本书的一个重要主题是关于建立和培育一种正确践行公司金融进程的公司文化。正确践行公司金融意味着以一种系统和透明的方式来处理现金流。它意味着要识别公司的风险，并找到其相应的必要收益率。它意味着以现金流和必要收益率为基础的估值。它意味着以净现值为基础来进行资本支出和并购的决策。它意味着要通过与投资机会的净现值相联系来确定公司股票的内在市盈率。它意味着选择合适的资本结构来最大化公司的价值。它意味着要以价值最大化为指导思想，以前瞻的眼光来选择公司的红利政策。

简而言之，正确践行公司金融是打造行为智慧型公司的题中之意。要成为一家具有行为智慧的公司，必须将其行为智慧的过程植入整个公司文化的构建之中。而这只有在公司提高了其员工的财务认知度的情况下方可实现。

第三章

行为公司金融：

偏差幽灵在作怪

偏差幽灵在每一个组织中都在努力工作，它们非常勤奋，试图把事情搞得一团糟。这些幽灵通过利用人们容易陷入心理偏差的特征而发挥作用。这就是我将它们称为偏差幽灵的原因。它们像细菌一样存在：它们无处不在，它们隐身于无形，它们可以造成各种各样的损害——从小的不愉快到死亡。

你知道路易斯·帕斯特和马克斯·冯·彼特恩科夫的故事吗？路易·帕斯特是法国科学家，是他认定细菌为疾病的根源。马克斯·冯·彼特恩科夫是一名德国科学家，他完全不相信细菌的存在。为了证明帕斯特是错误的，冯·彼特恩科夫向帕斯特要了一杯装有他认为最恶劣的细菌的水。帕斯特提供了一杯装满霍乱菌的水，而冯·彼特恩科夫将其大口吞下。冯·彼特恩科夫是幸运的，他非常幸运地在他的这一小实验中生存下来，因为现在，我们都知道，细菌是存在的，而霍乱菌足以致命。

像冯·彼特恩科夫一样，有些组织忽略了偏差幽灵，却依然生存了下来。组织可能做错了事，却依然得到一个幸运的结果。但富有心智的公司往往并不想指望靠运气来获得成功。

偏差幽灵起作用的方式是通过将偏差植入数字中，让这些数字看上去像是说谎。这些幽灵会想方设法地让经理们将目光集中于除真实数字之外的一切。幽灵们喜欢分散注意力。它们喜欢戏剧性事件。它们喜欢不同意见。它们喜欢杂乱无序。它们特别喜欢冲突所带来的兴奋感。幽灵们有一句名言："时间是有限的，而有待损毁的价值是无限的。"如果你放任它们，它们会毁掉你的企业。

你必须以像考虑战胜细菌同样的方式来考虑战胜偏差幽灵的问题。你通过过一种健康的生活来战胜细菌。你养成了吃、喝、运动、远离那些对你不利的东西以及通常会对你有好处的积极习惯。

类似的说法可用到公司上。公司需要养成良好的习惯来打败偏差幽灵。你知道好的习惯能起到什么作用吗？它们会帮助人们纠正偏差！记住我在第一章中告诉过你的：纠偏在一个富有心智的公司中处于核心位置。

花旗集团：成本沙皇？

开卷式管理的公司非常清楚的事实是，好的数字从不说谎。这些公司会形成一些围绕数字的好习惯。闭卷式管理的公司则正好相反。闭卷公司为偏差幽灵的发展壮大提供了肥沃的土壤。

对于未能保持开卷式管理的公司所发生的事情，已经有了太多的例证。典型情况如，闭卷管理的公司经理对于支出的水平通常会感到极为震惊。请不断地提醒你自己第一章中所提出的关键信息：具有不切实际乐观主义和过度自信的人们会比他们所预期的更频繁地经历一些负面的意外冲击。

下面的例子可用来说明闭卷式管理的公司和费用问题。2006年12月，花旗集团任命了一名新的首席运营官。该首席运营官有一个非正式头衔叫"费用沙皇"，或者如果你喜欢的话，叫他"成本沙皇"也可以。现在我问你：为什么花旗集团突然需要一位成本沙皇？

我现在为你解释原因。2006年，花旗集团的营运费用上升了15.2%，而收入仅增加了7.1%。投资者注意到了这些数字。他们关注到了。结果，花旗集团的股票表现输给了市场平均水平。自公司CEO查尔斯·普林斯2003年10月开始履职至2006年12月间，该银行的市场价值上涨了20%，这大大低于同期道琼斯威尔士尔美国银行指数34%的涨幅。

花旗集团成本的井喷至少部分原因在于一场闹剧，其看点在于公司喷气式飞机的使用、极度豪华的办公室以及一些对部分花旗管理层个人有利但却很难用价值底线的标准加以合理解释的推广活动。

据推测，"成本沙皇"的工作就是监督并避免这些类型的费用支出。有趣的是，这一故事中的罪魁祸首曾经坐过公司财务总监（CFO）的位置。

在我看来，直到2006年12月之前，对于花旗集团的费用是否在可控范围之内，查尔斯·普林斯是极端乐观和过度自信的。事实上，毋庸置疑的是，花旗集团并不是沿着开卷式管理的路线在发展。为什么是毋庸置疑的呢？原因就在于，在一种开卷式管理的文化中，整个员工队伍都有成本沙皇的头脑。

在第二章中，我曾讨论到克雷格·海霸格——SRC的机械师。经过训练后，他已能理解自己工作所涉及产品的成本。当然，这些知识本身并不能保证像克雷格这样的工人一定会做出成本最小化的选择。实际上，更符合克雷格最佳利益的可能是放慢工作节奏并同时与兄弟们交谈，而不是埋头苦干。你说对吗？

这就是我们四驾马车中的两驾，即激励和信息共享进入我们研究视野的原因。如果克雷格选择高成本的路径，他的奖金就会很低。此外，他的高成本行为还会降低他的同事们的奖金。由于信息在SRC公司通过有效的沟通渠道而得到了广泛的共享，过不了多久，克雷格就必须就自己的高成本问题向其他人作出解释。那些其他人每人都拥有成本沙皇的头脑，因此都将起到监督者的作用。

12步项目

偏差幽灵不想让公司成功地执行自己的战略。那不是它们的使命。它们的使命是让人们忽略对数字的认知。那么，应该怎么办？

记住，你用来对付偏差幽灵的方法是培养能提高纠偏能力的良好的组织习惯。这听起来有点深奥，因为组织是由人组成的。因此，要澄清这一点，一个更好的说法是这样的：你对付偏差幽灵的方法是帮助组织中的人们来培养一些有助于纠偏的良好的集体习惯！

这就像一个12步项目。12步项目在帮助集体中的人们培养健康的习惯方面已经有了很长的历史。

12步项目中的第一步是承认确实存在问题。如果人们不承认他们身上的幽灵，那就谈不上让这些人们齐心协力来打败这些幽灵。是的，他们身上的幽灵！

行为公司金融告诉我们，幽灵在促使经理们在各种数字上犯错误方面是非常娴熟的。这些数字包括：现金流、估值、投资和并购活动的净收益，以及融资结构。这些错误的根源在于在第一章中介绍的心理学概念。记住，其中处于最重要位置的是不切实际的乐观主义和过度自信。它们与证实偏差、控制错觉和确定性损失厌恶等交织在一起。

可以肯定地说，还有其他的偏差幽灵也在勤奋工作，诱使人们作出不良的决策。在前进的道路上，你还将遇到一些新的幽灵。不管怎么说，你在本章后面的内容中所学到的东西都是关于这些偏差幽灵是如何让数字说谎的，以及你该如何战胜偏差。

现金流幽灵

你还记得我们在第二章中是如何定义自由现金流的吗？你知道自由现金流

的其他定义吗？自由现金流是一个能把很多人弄糊涂的棘手概念。如果你对上述第一个问题的回答是否定的，你就承认了自己不记得第二章是如何定义自由现金流的。如果是这样，谢谢你的诚实。

如果你对第二个问题作了肯定的回答，这就基本上说明你对自由现金流的处理有一些经验，知道这一术语是如何定义的。如果是这样，你知道的东西对计算自由现金流来说足够了吗？如果你认为足够了，这里有一个简单的自测。表3.1为你提供了从英特尔公司2005年现金流量表中摘录的一些信息。你能使用这些信息计算出英特尔公司2005年的自由现金流吗？

表 3.1

（单位：百万美元）

英特尔公司简化现金流量表	2005
收益、折旧和其他非营运资本项目	13 316.0
净营运资本变动（负号表示增加）	1 507.0
经营活动现金流	14 823.0
资本性支出	5 818.0
投资中的非资本性支出现金流	544.0
投资活动现金流	6 362.0
融资活动现金流	-9 544.0
净现金流＝现金头寸变动	-1 083.0
利息支付	27.0
所得税支付	3 218.0

如果你阅读《股票诊所》中关于自由现金流的内容、网站 http://freecashflow.com，或者德意志银行的分析师报告，你很可能会知道，自由现金流就是公司经营活动现金流减去资本性支出。如果你真是使用这个公式来计算的，你应该会算出英特尔2005年的自由现金流为90.05亿美元，即148.23亿美元与58.18亿美元之差。实际上，这正是在德意志银行分析师报告中出现的英特尔2005年自由现金流的数字。

这很容易，不是吗？你并不需要英特尔现金流量表中的所有数字。你仅需要其中的两个。可是问题在于，这一答案是错误的：英特尔2005年的自由现金流并不是90.05亿美元,尽管德意志银行的分析师说是这个数字。为了说明为何如此,我们使用表3.2来对都尼利公司做同样的自由现金流计算。

表 3.2 （单位:百万美元）

都尼利公司简化现金流量表	2005
收益、折旧和其他非营运资本项目	966.3
净营运资本变动(负号表示增加)	-18.8
经营活动现金流	947.5
资本性支出	471.0
投资中的非资本性支出现金流	1 131.5
投资活动现金流	1 602.5
融资活动现金流	378.5
净现金流＝现金头寸变动	-275.1
利息支付	129.2
所得税支付	162.7

从都尼利公司数据中取类似的项目,经营活动现金流(9.475亿美元)和资本性支出(4.71亿美元),然后将第二项从第一项中减去,得到4.765亿美元。唯一的麻烦在于,这一数字与我们在第二章图2.5中所看到的都尼利公司2005年自由现金流的数字并不相等。

图2.5中显示的自由现金流的数字是-5.258亿美元,投资者获得的净现金流是-2.507亿美元。2005年,自由现金流低于投资者获得的净现金流,因为都尼利公司使用了2.751亿美元的现金。

看,4.765亿美元的自由现金流与-5.258亿美元的自由现金流相去甚远。你使用德意志银行的公式所得到的自由现金流与都尼利投资者2005年实际得到的现金流相差超过10亿美元！这绝不是微不足道的。而自由现金流是计算都尼利公司基本面价值的基础。我们不能让幽灵获胜！

那么,德意志银行计算自由现金流的公式背后的逻辑是什么？一家公司从经营活动中得到现金流,它至少在理论上是可以用来支付给其投资者的。然而,它首先必须花钱来购买新的资本性设备。因此,经营现金流只有在支付了设备购买之后剩余的部分才能用来支付给投资者。逻辑是很简单的。它本质上也是符合直觉的。问题在于它过于简单了。正因为它是符合直觉的，而直觉的一个大问题就是，容易掩盖偏差幽灵。

该进行我们的第一场纠偏游戏了：正确计算自由现金流。下面我就来解释仅使用经营活动现金流和资本性支出来计算自由现金流的逻辑错误。

自由现金流是所有投资者（包括债务持有人和股东）获取的净现金流之和，再加上现金持有的变动。现在，经营活动现金流是仅与股东相关的现金流，并不包含债务持有人。因此，你必须将利息支付考虑进来。下一步，你就必须将所有投资性支出都考虑进来，而不仅仅是资本性支出的部分。

该怎样做才能纠偏？如果你使用经营活动现金流，那就加上利息支付，减去投资活动现金流，你应该就可以得到自由现金流。你可以用都尼利公司2005年的自由现金流来检验一下这一算法。如果你将9.475亿美元和1.292亿美元相加，再减去16.025亿美元，你将得到-5.258亿美元，这正是正确的答案。

这就是第一个纠偏的游戏：从表中拿出三个数字，知道哪个该加，哪个该减就行了。这有多难呢？

容易的部分是算术。难的部分则是要打破旧的不良习惯。一个不良习惯是使用错误的公式。另一个不良习惯是相信你在金融出版物中所看到的一切。从《吉林普个人理财杂志》中，你可能已经了解到，自由现金流就是净收益加上非现金费用，再减去资本成本。你在《澳大利亚CFO》中可能已经学到如何使用经营活动现金流减去资本支出和营运资本变动之和的计算公式。从《信贷投资新闻》中，你可能已经知道都尼利公司2005年的自由现金流是2.5亿美元。

如我在前文所述，12步项目的第一步就是承认存在问题。如果你相信《吉林普个人理财杂志》或《澳大利亚CFO》对如何定义自由现金流的论述，如果你相信《信贷投资新闻》所给出的数字，或者如果你相信德意志银行的分析师，那么你就是在回避12步中的第一步。

有两个与现金流幽灵有关的心理学问题。第一个被称为"框架透明度"

(framing transparency)。框架与描述是同义语。第一步问题是，对自由现金流的定义的描述缺乏透明度。缺乏透明度的原因是因为它将关注焦点放在公司获取的现金上，而不是投资者收到的现金上。如果没有对它所度量的对象的清晰感知，我们就很容易陷入多重定义的状态，每一种定义看起来都蛮像回事儿。

下面是一种有助于解决自由现金流框架问题的好方法。如果你从公司自由现金流中减去其现金变动额，你应该会得到投资者净现金流：红利与利息之和扣除新发债务和股权。2005 年，都尼利公司这一数字为 2.507 亿美元。这一数字的意思是说，在 2005 年，都尼利公司的投资者根本没有从公司得到一个子儿。相反，他们还向公司支付了 2.507 亿美元！

记住，一家公司的价值是其投资者未来预期可得到的净现金流的现值。负 2.507 亿美元并不能有助于产生价值！因此，不要被所有这些对自由现金流的竞争性定义所蒙蔽，紧紧盯住投资者净现金流（NCFI）。你将会仅通过将现金变动加入 NCFI 就可以得到自由现金流！

第二个偏差幽灵是"可得性偏差"（availability bias）。这一概念的意思是说，相对于那些不容易得到的信息，人们对容易得到的信息会给予过高的权重。在这个例子中，容易得到的信息就是金融出版物中那些对自由现金流的错误概念。

可得性偏差是有害无益的。为了理解其危害的严重性，考虑下面的问题：对于 2006 年全世界范围内死于鲨鱼攻击的人数，你的最佳估计是多少？考虑一下你的答案，然后再继续向下读。你可能还会给出一个最低的估计和一个最高的估计，以便你有 80% 的信心使正确答案处于你预测的范围之内。

鲨鱼攻击在媒体中得到了广泛的报道，因此，关于鲨鱼攻击的信息是容易得到的。因此，在回答关于鲨鱼攻击的频率问题时，你很容易受到可得性偏差的影响。从方向上看，这一偏差倾向于产生一个过高的估计数字。正确答案是，2006 年共有 4 人死于鲨鱼攻击。你的答案接近于此吗？数字 4 处于你所估计的最低值和最高值的区间之内吗？如果没有，说明你也是过度自信的。

第三章 行为公司金融：偏差幽灵在作怪

风险和收益幽灵

要找出并使用正确的贴现率是一个挑战。理论上，使用什么水平的收益率来贴现未来的现金流，取决于这些现金流的风险有多大。

《澳大利亚CFO》中的一篇文章列举了公司在使用贴现率时所犯的主要错误。① 该文讨论了麻省理工学院(MIT)的一位金融学教授汤姆·科普兰的观点。科普兰认为，当经理们在使用我们第二章所提供的贝塔公式时，他们会假定市场风险溢价不会随时间而变动，但实际上，它是变动的。具体来说，他指出风险溢价在随着时间而下降。在澳大利亚，人们所采用的市场风险溢价数字存在着巨大的差异。有些人使用7%的历史值，另外一些人则使用4%。

《澳大利亚CFO》的文章还提供了凯文·瑞福斯的观点，他是普华永道的一位精通财务的合伙人。瑞福斯批评了公司高管们对股权必要收益率年复一年使用相同数字的做法。相反，第二章所描述的教科书方法要求我们变更股权的必要收益率，以便反映债务权益比率、利率和通货膨胀预期等关键变量的变化。

这里涉及的偏差幽灵就是所谓的"安于现状偏差"。这种偏差与惯性有关。通常，人们会感觉到他们应该作出某种改变，但因为缺乏坚定的信念和勇气，担心结果会被证明是一桩错误的举动，因此他们最终并没有采取行动。

估值幽灵

估值是基于贴现现金流(DCF)的。有些财务管理者在估值时会犯一些错误，因为他们依赖于错误的估值公式。另外一些人犯下的估值错误是因为他们对自由现金流形成的预测值是错误的。还有一些人估值时犯错误是因为他们使用了

---

① 参见 Elizabeth Fry, "Hole Numbers", *CFO Australia*, 2005年9月1日。

错误的贴现率。

如果你使用的是对自由现金流进行贴现的方法进行估值,你务必对如何定义自由现金流倍加小心。此前,我曾经指出你不能仅仅使用资本支出而忽略投资活动现金流的其他部分。有些分析师坚持认为,如果以估值为目的,仅使用资本支出就可以了,因为其他投资活动,如收购行为并不会降低公司的价值。这些说辞完全是胡说八道。估值幽灵真的会使一些经理作出降低公司价值的收购行动。

估值幽灵在高科技公司中异常活跃。乔夫利·摩尔曾就高科技企业的营销战略写过几本很优秀的著作。但是,当涉及估值问题时,他犯下了严重的错误。其中最严重的错误出现在他的书《断层地带》(*Living on the Fault Line*)中。在该书中,他认为公司股票的价值是其未来盈利的现值。

你知道为什么摩尔的股票估值公式是错误的吗?它的错误在于,盈利并不纯粹是现金,当然也不会全部支付给投资者。应该使用股东的现金流,即红利而不是盈利,加上股份回购,再扣除新发行,以此来贴现。考虑一家没有任何债务的公司,该公司未来也没有发行新股或回购股份的打算。那么,其股票的内在价值就等于其预期红利的现值。如果公司计划将其盈利的1%作为红利分配出去,而你对该公司的股票估值时使用盈利而不是红利的话,那么你就会高估了该公司的价值,高估的程度是100倍!

当管理者们使用简单的拇指法则——称为**直觉推断法**(heuristics)进行估值时,也会有幽灵存在并起作用。最为流行的拇指法则与市盈率有关。这里,盈利要么被定义为净利润,要么定义成息税折旧摊销前利润(EBITDA)。直觉推断过程是很简单的。预测公司下一年的盈利,确定一个看起来合适的市盈率倍数,然后将二者相乘,即可得到股票价值。

我们看一个例子。2006年春,德意志银行预测英特尔的股票价格将在12到18个月的时间内从20美元升至30美元,升幅达50%。其理论依据是英特尔股票的市盈率已跌至17倍,这一数字低于其历史值,在未来12至18个月内,其市盈率将从 17 的水平回归至大约 25 倍，由此得出 50% 的升幅。

基于市盈率的直观推断法存在的主要困难在于，市盈率是武断地选取的一个数字，而不是像我们在第二章中所论述的基于风险和净现值等方面的考虑。德意志银行关于英特尔的报告中完全没有提及风险或净现值。因此，德意志银行报告中完全没有基于自由现金流的价值计算过程，尽管报告中曾提及自由现金流的数字，而且还使用了不正确的定义。

偏差幽灵还有可能导致管理者们作出错误的现金流预测。汤姆·科普兰认为，许多财务高管们通常会低估他们公司为支撑其未来销售额所需的资本性支出。他宣称，这一问题的部分原因在于高管们不能正确地预测整个资产负债表。这一点他说对了。而这一点同样适用于将自由现金流错误地定义为经营活动现金流减去资本支出。这一定义遗漏了从其他投资项目中得到的现金流和支付的利息。

在考虑使用正确的贴现率进行估值时，各种类型的幽灵都纷纷登场了。没有人能够预测未来。实际的现金流可能与预测的现金流完全不同——有时是更好，有时是更差。实际现金流可能比预测值风险更小，也可能比预测值风险更大。此外，人们面对的现金流风险程度有时在某种程度上是管理者们相机抉择的结果，因为他们在面向未来发展的过程中具有选择权。

因为风险程度因各种情况而不同，所以用来进行现金流贴现的相应贴现率也会各不相同。结果是，你发现你无法使用一个固定的贴现率来对预期的现金流进行贴现。相反，你必须使用期权估值技术才能得到正确的解。这是另一个完整的故事。我非常乐意为你讲这个故事，但如果这样做的话，无疑会使我偏离本书的主题。

资本预算幽灵

资本预算幽灵在公司世界中是非常活跃的。在深入考察个案之前，我们先来看看几个在现实世界中识别这些幽灵的标准测试。

杜克大学与《CFO》杂志一起，定期对财务高管进行调查。调查情况可以查阅网站 http://www.cfosurvey.org/。调查包括10个问题，再加上一些对公司的识别信息。表3.3是根据调查中的第10个问题改编而成。调查中实际使用的问题指向未来，而表3.3中经过修改的问题针对的则是过去的一个时期。请阅读表3.3中的问题。

表　3.3

1955年12月31日，10年期国债的年收益率为2.9%。请回答下列问题：

a. 在接下来的10年间，即1956—1965年，我预测标准普尔500指数的平均年收益率为：

| 最坏情形：有十分之一的可能性，实际平均收益率会低于 ☐ % | 最佳猜测：我预期收益率是 ☐ % | 最好情形：有十分之一的可能性，实际平均收益率会高于 ☐ % |

b. 在接下来的一年，即1956年，我预测标准普尔500指数的收益率为：

| 最坏情形：有十分之一的可能性，实际平均收益率会低于 ☐ % | 最佳猜测：我预期收益率为 ☐ % | 最好情形：有十分之一的可能性，实际平均收益率会高于 ☐ % |

注意，这一问题分为两个部分，a和b。在a中，你的任务是为标准普尔500指数在1956—1965年的未来10年间的收益率作一个猜测。我们的想法是让你在不去寻找答案的情况下来做这些题目。除非你对金融史了如指掌，否则这并不是一个很容易找出答案的问题。这就是你被要求在你的最佳猜测之外再作一个最坏的猜测和最好的猜测的原因。你要选出一个最差的值和一个最好的值，使你感觉有十分之一的机会使你的最差预测值过高了，同时有十分之一的机会使你的最佳猜测值过低了。

请继续向前，回答问题的a部分，写下三个百分比数据，一个是你的最坏情形猜测，一个是你的最佳猜测，还有一个是你的最好情形猜测。

在问题的b部分中，你的任务与上面的相类似，唯一的区别是时间段变更为1956年，而不再是整个10年。请回答b部分。在完成这一问题后，再用1957年来替代1956年重复回答问题b。然后再对1958年做同样的事情，并重复至 1959 年、1960 年……一直重复到 1965 年。

当你完成全部任务后，你应该已经写下 33 个百分比数据。接下来的事情就是检查一下你做得如何。b 部分的历史答案可以从图 3.1 中找到。

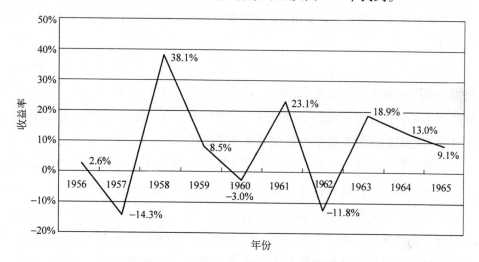

图 3.1　标准普尔 500 指数收益率：1956—1965

对 a 部分的答案是 7.35%。请你检查一下，看看 7.35% 是否在你所给的最低和最高猜测值范围之内。如果在其中，就给自己加一分。否则，就失掉一分。你还可以通过计算你的最佳猜测值与 7.35% 之间的差距来测算你的准确度。例如，如果你的最佳猜测值是 10%，那么你的预测误差是 2.65 个百分点。

如果你的最佳猜测值高于 7.35%，你可能就有点倾向于不切实际的乐观主义。在 1926 年至 2006 年间持有标准普尔 500 的年收益率为 6.2%。在 1926 年至 1955 年间，收益率为 4.8%。

如果你的猜测得到了很好的校准，你应该在 b 部分中有 8 次加分。这是因为，你的最坏情形和最好情形都被设定成只有十分之一的失利机会，则在任何一年中应该一共只有十分之二的失利机会。换句话说，任何一年中都应该有十分之八的获得加分的机会。给定 10 年的预测，加分次数的预期数字就是 8。

如果你获得加分的次数比 8 小很多，例如在 5 次以下，可以很负责任地说，你是过度自信的。如果你有 10 次，你可能是自信不足的。过度自信的人会把他们猜测的范围设定得过窄。自信不足的人会把猜测的范围设定得过宽。只有经过高度校准的人，像《金发女孩》童话故事中一样，才能将猜测的范围设定得恰如其分。

在杜克大学与《CFO》杂志的调查中，管理者们的回应显示，作为一个群体，他们是高度乐观主义和过度自信的。他们所猜测的最佳收益率太高了，比实际值高出 3.8 个百分点。他们获得加分的比率仅有 3.9。他们所猜测的范围很窄，而过窄的范围隐含的是股票市场仅有非常小的风险。[1]

幽灵的影响会产生一些后果。不切实际的乐观主义会导致管理者们形成过于夸张的预测。而过度自信又会导致管理者们低估这些现金流的风险。累加在一起，不切实际的乐观主义和过度自信会导致管理者们高估他们所投资项目的净现值。其结果是，不切实际乐观主义和过度自信的程度越高，管理者们决定上马项目和实施收购的倾向性越大。这并不是毫无根据的猜测，实际证据显示的亦是如此。

下面是一个具体的例子。这个例子被《华尔街日报》在头版进行了报道。[2] 2006 年 4 月，拉里·西格尔时任米尔斯公司的首席执行官。这是一家开发并拥有大型购物中心的房地产信托投资（REIT）公司。

米尔斯于 1994 年成为了一家上市公司。它经营的购物中心被认为是行业中最有创意的部分之一，它成功开拓了融购物与娱乐为一体的营运模式。西格尔的愿景是能整合以折扣价销售名牌产品为特征的名牌折扣店和提供广泛服务——特别是融饮食和娱乐于一体的全功能服务型购物中心。在米尔斯的购物

---

[1] 参见 Itzhak Ben-David, John Graham, and Campbell Harvey, "Managerial Overconfidence and Corporate Policies," Duke University working paper, 2007 年。

[2] 参见 Ryan Chittum and Jennifer S. Forsyth, "Market Decline: How a Glitzy Mall Developer Built Its Way into Big Trouble——Mills Corp. Courted Shoppers with Mini Golf, Massages; Now Banks Crack Down——'Larry, He Is a Salesman,'" The Wall Street Journal, 2006 年 4 月 14 日。

中心，购物者们能找到美食街、滑板公园、按摩院、夜光版小小高尔夫、模拟赛车和立体电影院。

拉里·西格尔担任米尔斯的 CEO 差不多有 12 年。米尔斯的投资者将西格尔的特征概括为"推销员"，认为他的话要适当地打个折扣。为什么投资者要对西格尔的话打折扣？用一个词来回答，就是幽灵。CEO 们都有表现出不切实际乐观主义和过度自信的本领。

让我们来看一下数字。1995 年，米尔斯的净资产收益率（ROE）是 11%。此后，在 1996 年至 2001 年间，公司净资产收益率处于 22% 至 78% 之间，年均达 39%。米尔斯的购物中心对购物者们形成一个很大的冲击。但在 2002 年，公司 ROE 跌至 10%，问题出现了。这些问题与公司的投资政策有关。在 1995 年至 2006 年间，米尔斯新建了 13 家新的购物中心，同时还重组了两家购物中心，以适应新的营运模式。到 2006 年，米尔斯在美国及美国之外一共拥有 42 家大型购物中心。此外，它还扩展了其基于名牌折扣商场的初始愿景，开始在区域性购物中心所占据的领域内开展竞争。公司还进行国际化投资，在新加坡、马德里和苏格兰都有项目。

图 3.2 对米尔斯的命运轨迹提供了一个快照，显示了米尔斯公司 1997 年至 2006 年间的市值。

一般来说，不切实际的乐观主义和过度自信会导致管理者们承担过多的项目，在这些项目上花掉太多的钱，并且低估这些项目的未来现金流，直至这些项目具有负的净现值。米尔斯在 1995 年至 2006 年间的现金流预测就存在大约 20% 的过度乐观成分。一些新的项目实施的结果尤其令人失望。

不切实际的乐观主义及过度自信的管理者会低估风险。在新泽西牧场一个名叫"世外桃源"的项目中，米尔斯公司甚至在赢得这一商业用地的开发权之前就花掉了 1.2 亿美元。如你所看见的那样，米尔斯公司活跃着幽灵忙碌的身影。

西格尔的幽灵诱使他在以极其巨大的规模进行投资。当他的竞争对手们在 100 万平方英尺的土地上建造购物中心时，米尔斯的购物中心往往占据着 150

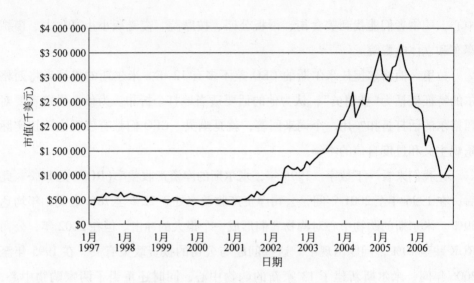

图 3.2　米尔斯公司的市值：1997—2006

万平方英尺以上的用地。证明这些投资规模的合理性所需要的现金流从哪里来？答案是，米尔斯的购物中心必须将 10 至 20 英里半径之外的其他大多数购物中心的顾客拉过来。米尔斯购物中心提供给客户的价值主张是，所有的娱乐设施为那些来米尔斯购物的客户所花费的额外时间和燃油提供了补偿，这比去他们附近的其他商场，如名牌折扣店等更值。

西格尔相信，只要他提供了娱乐设施，公司就会客户盈门，并且出手大方。唯一的麻烦就是娱乐设施所占的空间挤占了一些零售商本来应该占用的空间。此外，顾客发现米尔斯的价值主张并不像西格尔所希冀的那样有吸引力。没有太多人愿意额外花费时间和燃油开车去米尔斯的购物中心。因为这些原因，或者还有别的原因，直到 2004 年，米尔斯购物中心的每平方英尺年销售额实际低于地区性的房地产信托投资（REITs）的平均值。更沉重的打击来自米尔斯新近投资的一些项目——也就是那些对区域性购物中心的投资。而更糟糕的是，这些失望的投资结果竟然发生在一个极端狂热的房地产市场上。

最终，米尔斯过度乐观的现金流预期为公司埋下了祸根。结果，公司只得为"世外桃源"这个新泽西牧场项目冲销了6.55亿美元的损失,该项目被卖给洛杉矶的一家投资公司。2007年2月,由于现金短缺,米尔斯将自己卖给了一家竞争对手——购物中心经营者西蒙物业集团,该集团与他的对冲基金合作伙伴法拉隆资本管理公司一起,以现金的形式支付了16.4亿美元的总价。

幽灵不仅仅会影响这些极端乐观主义和过度自信的管理者们在哪些方面花钱,还会影响他们不在哪些方面花钱。米尔斯在维持现有物业方面没有进行足够的投资,相反却把这些资金投入到新增购物中心中去了。这种错误的代价可能非常高昂,下一个例子将说明这一点。

BP(英国石油公司)是一家总部位于伦敦的全球性石油公司。该公司在美国两处有业务运作:一是墨西哥湾,二是阿拉斯加州的普拉德霍湾。在席卷新奥尔良的飓风卡特里娜中,该公司的油井设备受到了较大的破坏。BP几乎没有什么办法可以避免这场灾难。它在阿拉斯加州的业务也受到了损害,但那种损害是完全可以避免的。要知道,普拉德霍湾是美国最大的石油生产基地。因为没有进行足够的投资来维持其管道的安全,BP为此付出了很大的金钱代价,并且导致了美国石油供给的一次较大面积的中断。

BP在普拉德霍湾炼出来的油通过一条管道运输到市场。随着时间的推移,管道会积累起一些沉淀物,这些沉淀物累积最终会侵蚀管道,导致渗漏和溢出。石油公司会使用一种被称为"清管"的技术来检查管道中沉淀物的积累和可能发生的渗漏。清管工作涉及向管道中注入一种圆柱形清管器。

有些清管器比其他的更聪明。实际上,业内使用专门术语"**智能清管器**"(intelligent pig)来指代那些装有传感器的清管仪器。除了智能清管器之外,石油公司还可以运用像超声波这样的外部检测设备来进行维护检测。尽管没有智能清管器那么有效,这些外部设备却比智能清管器使用起来更为方便,也更加便宜。

2002年,BP公司与阿拉斯加环境保护部发生了一场争端。在那年的7月,双方就解决方案进行了协商。为了解决这场争端,该部要求BP使用智能清管

管理错觉 Ending the Management Illusion

器来检查其管道的渗漏情况，还有一系列其他的任务，并且要缴纳 15 万美元的罚款。然而，一个月后，BP 公司给环境保护部写信说，没有证据表明公司的运输管道除了极少的沉淀物累积外还有别的什么东西，因此，没有必要使用智能清管器。在收到这一信息五天后，环境保护部收回了对 BP 公司进行智能清管的要求。

使用智能清管器是行业的标准做法。BP 公司上一次对阿拉斯加州的管道进行智能清管的时间是在 1992 年，也就是 10 年以前。与 BP 形成对照的是，阿里亚斯卡管道服务公司每隔三年就对其管道进行一次智能清管。该公司还至少一个月进行两次管道清洁。阿里亚斯卡运营和维护着 800 英里横跨阿拉斯加的管道系统。

最终，BP 公司于 2006 年 8 月对其管道进行了一次智能清管，此时距它上一次进行智能清管已有 14 年之久。通过这样做，公司终于像谚语中说的那样，进行了亡羊补牢。严重的管道侵蚀和渗漏问题一起，导致 BP 公司关闭了它在普拉德霍湾一半的产能。

每隔几年就进行一次智能清管，在心理学上是一件明智的事情。等待 14 年才做一次智能清管，在心理学上则是一件愚蠢的事情。特别是当美国的政策正在寻求减少国家对国外石油依赖的情况下，这就显得更加愚蠢。而在 2005 年卡特里娜飓风导致美国墨西哥湾地区的国内石油生产经历过严重中断之后，这样做就尤其愚蠢。问题的根源在于 BP 是一家英国公司，并因而忽略了美国的对外政策吗？还是因为人类的心理因素？

不切实际的乐观主义和过度自信在 BP 的故事中起着非常重要的作用。具有极度乐观倾向的人们会低估不利事件在他们身上发生的概率。过度自信的人们则会低估风险。过度自信的人还会对别人的观点大打折扣。在 2003 年和 2004 年，BP 公司收到了来自本地石油工人或他们的代表发来的信函，警告公司未使用智能清管的危险。

可得性偏差也发挥着重要的作用。你知道"眼不见，心不烦"的谚语吗？好了，这些管道内部的侵蚀当然是看不见的，因此并不构成显著问题，至少在26.7万加仑的石油溢出到地面之前是如此。

BP公司事情弄成这样，其罪魁祸首是一位名叫理查德·伍拉姆的人，他当时是BP公司普拉德霍湾管道腐蚀情况监控的负责人。很难弄清楚他当时的心理状态。正是这位伍拉姆先生在2002年8月带领BP公司努力并成功地使政府解除了智能清管的要求。2006年9月，国会调查了自2005年3月以来的事情，伍拉姆选择了避而不答，以避免自己受到牵连。一般的观点都认为他的主要考虑是削减成本。此外，他似乎参与设计了一系列策略，以威胁BP的员工不要与他们持相反的观点。

尽管伍拉姆是BP的罪魁祸首，但他的行为却并不是孤立的个案。BP公司存在一个根植于其文化深层的系统性问题。BP就得克萨斯某个城市的生产设施实施的一项错误的成本削减决策曾导致2005年的一次大爆炸，最终15人死亡。一位曾在普拉德霍湾和该得克萨斯州城市都效力过的BP员工表示，这种文化可以用一句口号来描述："我们还能把成本削减10%吗？"

假定其他条件不变，低成本肯定比高成本要好。但是，在现实世界中，其他条件不可能相同。成本削减可能会产生某些后果。如果削减成本的后果是会产生负的净现值，那么削减成本的行为就是愚蠢的而不是明智的。

约翰·布朗尼，或者正式地称为BP公司首席执行官布朗尼勋爵，曾花费十年的时间细致地为公司打造一个环境友好的形象。通过这样做，他为自己、也为公司赢得了尊重，包括来自政治领袖的尊重——他们把他视为石油行业的杰出领导者。所有这些声誉在普拉德霍湾石油泄漏事件之后都烟消云散了。我们从中得到的结论是，BP公司的文化是集中关注削减成本和提高利润率，但却不是价值最大化，无论是在私人意义上还是社会意义上均如此。事实上，早在1995年，布朗尼勋爵本人就是将成本削减作为一种生活方式的。

正如我们已经看到的，偏差幽灵可能会导致一些管理者在为公司花钱的方式上变得非常愚蠢，而让另一些管理者在他们应该花钱却不肯花钱方面变得愚蠢。除了这两类行为模式之外，还有一些幽灵会引诱管理者们通过拒绝对失利的项目叫停而把钱打了水漂儿。

公司对项目叫停过晚的例子实在是太多了！1998年，戴姆勒极度乐观和过度自信的总裁乔根·史瑞普在一桩竞标中为克莱斯勒支付了360亿美元，以图使他的公司变成一家全球汽车制造商。2007年，在经过几年的大出血之后，戴姆勒开始寻求出售克莱斯勒。这一年的5月，它最终将其按74亿美元的价格卖给了纽约的泽普世资本管理公司（Cerberrus Capital Management），这是一家专事问题公司重组的私募股权投资公司。

史瑞普的全球化愿景还致使他进军亚洲。2000年，戴姆勒花费了大约30亿美元收购了三菱汽车34%的股权，其后又增持至37%。2004年，戴姆勒-克莱斯勒公司宣布，它最终决定终止对三菱汽车公司的投资。

2004年，传媒公司时代华纳最终决定对CNN财经频道的投资叫停。时代华纳花费了9年时间试图打造CNNfn财经网络，以便成功地与全美广播公司财经频道竞争。但最终还是失败了。

2005年11月，美国铝业公司（Alcoa）宣布，它最终放弃对东部铝业（Eastalco）的投资。这是一家位于马里兰州的成本效益比很低的冶炼厂。东部铝业与阿利根尼电力公司签订了一份长期合约，该合约使它比自己的竞争对手要多付出40%的电力成本。尽管其生产的可变成本很高，但美国铝业公司仍不愿意关闭该冶炼厂。当它最终决定关闭时，一些人将这件事看成是在关闭历史上最昂贵的冶炼厂之一。

有些管理者们认识到幽灵的存在，并进行一些纠偏游戏，以图打败它们。安迪·格罗夫是领导英特尔多年的富有传奇色彩的CEO。他在极富影响力的著作《只有偏执狂才能生存》（Only the Paranoid Survive）一书中为我们提供了一个很好的例子。在书中，格罗夫重述了他与英特尔同事戈登·摩尔之间的一段对话。摩尔是一名管理者，他的名字与被称为摩尔定律的现象联系在一起。格罗夫问摩尔，如果英特尔的董事会要解雇他并引入一名新的CEO，他认为会发生什么事情？摩尔回答说，他认为新 CEO 会终止英特尔对存储芯片业务的投入。

格罗夫的下一句话阐述了纠偏游戏是如何发挥作用的。他说，好的，那么就让我自己解雇掉自己，然后做我的替代者要做的事情。这正是后来发生的事。在象征意义上，他"解雇"了他自己。在字面意义上，他带领英特尔走出了竞争激烈而利润单薄的存储芯片业务，进军到竞争更少而利润更高的微处理器领域。

市场有效性

提醒你一下，市场有效性的要义是说，价格永远是对的。这意味着市场价格对内在价值提供了最为准确的度量。如果市场是有效的，投资者就根本没有可能找到错误定价的证券，从而实现高抛低吸。除非运气好，否则投资者根本不要指望打败市场。投资者预期能赚到的收益率就是正确反映了所担风险的恰当补偿的收益水平。

传统教科书告诉我们，市场是有效的。行为主义观点则有所不同。行为主义的观点是，因为投资者都需要与自己的幽灵进行斗争，所以市场价格并不总是正确的。系统性的错误定价在市场上的确会发生。市场存在着高抛低吸的机会。聪明的投资者是能够获取超过补偿他们所担风险所需的收益水平的。请记住，我说的是**聪明**的投资者：打败市场需要相当的技术。

系统性的定价错误存在着各种各样的模式。在赢家—输家效应中，长期的输家会比长期的赢家表现得更好。在动量效应中，近期的赢家则会跑赢近期的输家。在新股发行效应中，新发行的股票在长期内会表现得很弱势。如果新发行的股票属于首次公开发行（IPO），在股票上市交易的第一天通常会有一个上升，这种效应被称为**新股发行抑价**（initial underpricing）。在回购效应中，宣布回购股票的公司认为，他们相信自己的股票被市场低估了，然后这些公司股票随后会真的存在一个正的超额收益。这些收益不能由对风险的补偿来解释。在收购效应中，从事收购并且其高管同时卖出的公司股票在收购之后会表现不佳。

有些错误定价的模式，例如新股发行效应、股票回购效应、收购效应等，都是与公司管理者有关的。聪明的管理者就可以做到高抛低吸，无论是在公司业务还是在他们自己的个人投资生活中。换句话说，聪明的管理者有能力实现有效的市场择时(market timing)。

资本结构幽灵

资本结构的本质是公司向投资者作出一个收益率承诺，以换取投资者的资金。投资者包括债务持有人和股东，他们以贷款或股权融资的形式向公司提供现金。作为回报，公司向债务持有人承诺支付利息。与此类似，公司向股东承诺支付红利。随着时间的推移，利息与红利就要从公司的业务经营活动、公司资产出售或者公司减持现金等活动中得到的现金来进行支付。

如果你将一家公司的现金来源看作一个馅饼的话，其资本结构就是关于这个馅饼如何分割成债务持有人的、股东的和税收的三部分。在理想状态下，管理者们作出资本结构决策的立足点是实现他们公司价值的最大化。在理想状态下，管理者们能正确地权衡债务相对股权的比例上升的利弊得失。有利的因素是从更高的债务中可得到税收节约，即所谓的税盾。不利的一面是会增加可能的破产风险，也可能因贷款发放和股票发行而导致不同的费用。

管理者们对现有的股东负有信托责任。因此，他们必须对他们公司发行的债务和股票是否被市场正确地定价予以关注。如果管理者们发行的新股被市场低估，则会稀释原有股东的权益。而发行的新股被市场高估的经理们则会达到相反的效果。

幽灵们是如何进入到资本结构决策中来的呢？具体地说，不切实际的乐观主义与过度自信是如何干扰人们作出合理的资本市场决策的呢？至少有两个途径。

不切实际的乐观主义与过度自信影响资本结构的第一条途径关系到一家公

司通过债务来融资的价值占比。考虑那些极度乐观和过度自信的管理者们，他们试图去平衡债务所带来的税盾利益与财务困境的预期成本（特别是破产成本）之间的关系。他们会倾向于低估公司走向破产的可能性，从而低估破产的预期成本。因此，极度乐观和过度自信的管理者们会倾向于借入比恰当水平更高的债务。

回头想想我们讨论过的米尔斯公司和它的极度乐观和过度自信的 CEO 拉里·西格尔。米尔斯决定在圣·路易斯和匹兹堡开设购物中心，虽然这两个地区当时的竞争非常激烈而又没有新的客源。为了给这些项目融资，米尔斯大量借债。2006 年，地区性小房地产信托投资（REIT）的平均债务比率为 53%，意思是说，公司整体市场价值的 53% 是通过债务来融资的。与此相比，米尔斯的债务比率是 72%。米尔斯还通过建立合资企业的方式来为资金提供安全保障，在这些合资企业中，它给予其合伙人优先的收益权。

起作用的还有其他的资本结构幽灵，它们通过使管理者们"只见树木，不见森林"来形成不良的后果。你还记得如果一家公司使用其拥有的现金来回购 30% 的现存股份时，公司股票的内在价值会受到什么影响吗？公司的资产价值将下降 30%。股票的总价值将下降 30%。股票数量也会下降 30%。而每股价格将保持不变。

资本结构幽灵甚至还能影响像杰克·斯塔克这样以精通财务和会计为傲的管理者。[①] 斯塔克讨论了他的公司如何通过回购和注销股份而抬高了其股票价格。这是幽灵的逻辑。因为股票的数量按 30% 的比例下降，而公司的盈利并没有相应减少，这些盈利将在更少的股票当中进行分摊。因此，每股盈利（EPS）就提高了 30%。结果，股票价格也就上升了 30%，因为更高的 EPS 应该乘以相同的市盈率倍数。

幽灵逻辑的缺陷在于，内在价值是由未来现金流决定的，而如果公司原价

---

① 参见 Jack Stack and Bo Burlingham, *A Stake in the Outcome* (New York: Currency Doubleday), pp. 246, 247, 252。

值的30%被以现金的形式支付出去的话,这些未来现金流会相应地减少。将每股盈利乘以市盈率,这仅是一个高度简化的技术,并不是计算内在价值的基础。公司用来回购股票的现金本来也可以用来支付未来的红利,或者用来作为未来投资项目的资金来源,而这些项目将来是会产生现金的。

虽然我们目前讨论的是红利,我却想指出,那些项目具有很高的净现值的公司可以通过维持较低的红利发放水平而将现金用来作为这些项目的资金来源,从而给股东们带来好处。毕竟,高净现值意味着公司有能力通过自己的项目赚取比投资者得到现金红利后投资所得更高的预期收益水平。极度乐观和过度自信的管理者们倾向于高估净现值。结果,这些偏差会诱使他们选择一个较低的红利支付水平。例如,自2003年开始,米尔斯每年减少20%的红利支付。

杜克大学与《CFO》杂志的调查中的一般性证据表明,管理者们不切实际的乐观情绪和过度自信的程度越高,他们采取过度负债的可能性越大。在杜克大学与《CFO》杂志的调查中,平均的债务比率为23%。

假定我们将管理者按照其过度自信的程度分为10组。设想我们为每一组高管们计算一下所效力的公司的平均债务比率。杜克大学与《CFO》杂志的调查结果表明,如果我们逐步从过度自信程度最低的那一组转向过度自信程度最高的组,每次向上移动一组,债务比率将会上升0.5个百分点。

此外,过度自信的管理者倾向于取得期限更长的债务。所调查的公司的债务平均期限为3.7年。然而,过度自信程度最高的组比程度最低的组承担债务的期限要长出大约一年。更长的期限给公司带来的是更低的财务弹性和更多的利率风险。

我还想指出的是,有些管理者会遭遇相反的问题:承担过少的债务。公司如果承担债务太少,则会缴纳更多的不必要的税收。这里起作用的幽灵与产生极度乐观和过度自信的幽灵有所不同。这些另类的幽灵会对债务违约产生太多的预期痛苦。这种心理现象被称为**损失厌恶**(loss aversion)。大多数人都会表现出损失厌恶,因为亏损所带来的心理痛苦是同等规模的盈利所带来的心理愉悦的约 2.5 倍。

极度乐观主义和过度自信影响资本结构的另一条途径与市场择时有关——也就是高抛低吸的努力。极度乐观和过度自信的管理者们特别容易选择在他们认为公司股票被高估的时候发行新股，而在他们认为公司股票被低估时回购股票，并且在他们认为市场低估了违约概率的时候会去承担债务。

2006 年曾经出现过一轮收购活动的狂潮。其中大多数收购的资金都是靠债务提供的。在这些杠杆式收购中，收购方向投资者借钱来购买他们打算接管公司的股票，然后让目标公司来偿还这些债务。关键点在于，这些债务中的大多数都是高收益债券，或者说通常所称的"垃圾债券"。当时的观念是，债务持有人对未来的违约率都是极度乐观和过度自信的，因为近期的违约率确实很低。结果，他们将过去映射到未来，而继续预期一个很低的违约率。

下面还有什么？

在本书的前三章中，我集中讨论了心理偏差在公司财务决策中的作用。到现在为止，你应该对偏差幽灵是什么以及它们如何影响公司决策有了一个大致的认识。你也应该知道，有些公司成功地打败了这些幽灵。

接下来的五章要构造一种纠偏的程序，以用来打败这些幽灵。

第四章
会计：
打造通晓财务的高效团队

不识财务是适合偏差幽灵生存的肥沃土壤。原因很简单。在企业中，管理者和投资者都是使用财务和会计来计分的。财务和会计提供了可度量的目标和指示器，它会告诉管理者企业做得如何。如果没有这些目标，偏差幽灵就会接手这些公司。

管理一家公司就像使用一些仪器和视觉提示来驾驶一架飞机一样。视觉提示能够有所帮助，但是，只有仪器才能充当飞行员决策所依赖的主要设备。正是这些仪器告诉他们自己做得怎么样。如果你把这些仪器拿走，你等于是拿走了纪律，取而代之的就是直觉和情绪。幽灵最喜欢这样的东西了。

通晓财务是使管理者们将注意力集中于业绩考量标准并管理这些标准的基础。通晓财务是让那些需要处于优先位置的因素处在其应有的位置，而不让那些无关痛痒的项目从后面冲到前面去的基础。不识财务是会让公司付出高昂代价的一个重要问题。除了开卷式管理的公司之外，好像很少有公司愿意去面对这个问题，更不用说解决这个问题了。

联合航空：不识财务走悬崖

如果员工不关注会计数字，他们就会放任自己的公司走下坡路。联合航空就是这样的一个例子。为了说明为什么，我将从联合航空的盈利轨迹开始，向你讲述一些该公司的业务史。看图4.1。在数字中你看到的是什么样的发展模式？向下，向上，又向下，再向上，然后跳下了悬崖，是吗？好了，现在让我们来讨论一下这些数字背后的故事。

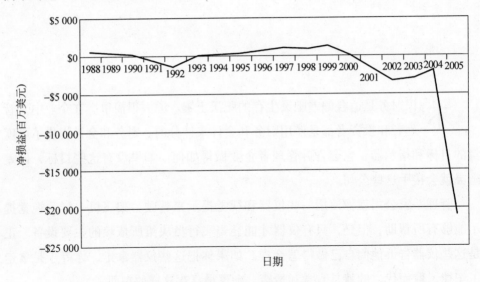

图 4.1 联合航空公司的净损益：1988—2005

联合航空曾经是一家值得骄傲的航空公司。它曾拥有第一家飞越美国所有50个州的航空公司的殊荣。那一年是1984年。但是，一年以后，联合航空的飞行员和管理层之间一场劳工谈判的僵局最终导致了一场罢工。管理层尝试用新手替换这些飞行员，以打破罢工带来的影响。飞行员们最终赢得了这场罢工，但他们受到管理层激进行动的强烈冲击，以至于决定努力在公司中获得一种控制性权益，以避免类似的事情再次发生。

联合航空有一个员工持股项目（ESOP）。在20世纪80年代后期，联合航空的员工队伍开始购买公司股票，以试图把联合航空转变成一家员工控制的公司。在这方面，他们采取的办法是用工资和工作条款上的让步来换取公司的股票。到1995年，他们已购买了公司发行在外股票的55%。这些低工资条款采取的形式是在未来五年（即1995年至2000年）中作出妥协和让步。

在那五年中，联合航空的工资低于行业平均水平。其结果是，公司的盈利以稳健的步伐向前迈进，如你在图4.1中能清晰看到的趋势。在经历了一段以高波动性为特征的时期之后，公司的股票变得很强劲，如图4.2所示。《财富》杂志作了一项关于全美最受尊敬的公司年度调查项目，联合航空名列前十。《财富》调查中有一个问题是让参与者对具有长期投资价值的公司股票进行评估。按这一标准，联合航空仍然名列前十。

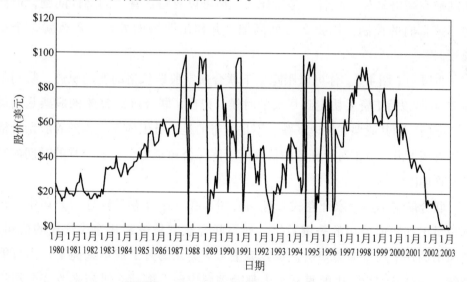

图4.2 联合航空的股票价格：1980—2002

在1998年初，联合航空的股票价格达到顶峰，然后开始回落。尽管联合航空的飞行员们拥有公司很大份额的股票，但他们还是把合同谈得非常有利可图。随着互联网泡沫的破灭和随后于2001年初开始的衰退，航空旅行业开始下滑。此后"9·11"事件发生了。再看一下图4.1，看看在2000年以后联合航空的利润发生了什么变化。公司的赤字迅速累积。联合航空向航空运输稳定委员会申请了一笔18亿美元的贷款担保，但它的申请被拒绝了。于是公司寻求其员工所有者的让步。具体来说，公司要求机械师接受7%的薪水下调，从而可为公司节约7亿美元。机械师（也是所有者）拒绝了这一要求。2002年12月，联合航空宣告破产，成为美国历史上最大的航空公司破产案，而机械师们的股票也变得一文不值。公司在2006年之前都无法摆脱破产的困境。

破产之后，联合航空的财务状态得到了短暂的改善，但随后就自由落体了。图4.1显示了情况有多糟糕。问题的一个关键因素在于它的成本结构。其每客英里的劳工成本为4.6美元，大概比竞争对手西南航空高出60%，比大陆航空高出30%。伙计，是这样的。你可以忽略这背后的会计问题，但你逃不掉它们的控制！你要么直面问题，并作出明智的处理，要么就会全军覆没。

再看一下图4.2。你可以跟踪一下联合航空股票价格的变动轨迹，特别是在2000年以后工资妥协走到尽头的时候。记住，联合航空55%的股票是由员工持有的，而其股票在快速下跌。不足为奇的是，员工的士气也随着股票价格一起大幅下滑。员工对管理层的信任度下降，公司董事会在8个月的时期内曾三易管理团队。

联合航空不是一家开卷式管理的公司。在一家开卷式管理的公司中，每一位员工都知道公司的关键数字。如果联合航空是一家开卷式管理的公司，组织中的每个人就都会知道，每客英里4.6美元的劳工成本太高了，不可能持续。联合航空组织中的每一个人都会理解应该采取什么措施来改变公司的成本结构，使公司在长期内变得更有竞争力。事实上，组织中的每一个人应该在危险时点到来之前很长一段时间就理解这一问题，并且对此采取某些行动。

会计偏差

除了那些在财务和会计部门工作的管理者之外,我想,在企业中都存在着对会计的偏差。我想管理者们会想方设法地避免与会计打交道,而倾向于将会计工作留给会计人员。偏差幽灵在这里确实明显占了上风。如果你把企业看作是一场游戏,那么财务报表就是计分板。然而,还有很多管理者们根本不懂财务报表。如果说不识财务是一种疾病的话,那么它是一种流行病。

流行病比较难以对付,特别是人们都已经学会了与之相处的情况下。那些有很多同病相怜的同伴的人们并不总愿意花费太多气力来解决这些问题。人们很容易就举起双手投降,将问题忽略,希望它能自动消除。处理像不识财务这样的问题需要集体的意志和耐心。这种问题我们无法在一夜之间解决。

在很多方面,不识财务就像是抽烟。在心底,我们都知道它是有害的。我们知道这一点已经很多年了,但采取行动一直很艰难。我们很多年前就知道,心脏病是美国人的头号杀手。2006年版的《美国心脏协会统计数据》告诉我们,除了一年例外,心脏病每年都是美国人的头号杀手,这种状况一直持续了超过一个世纪。唯一的一个例外就是1918年的流感疫情。你知道在谈及心脏病时,哪些是最重要的风险因素吗?答案是高胆固醇、高血压、抽烟及糖尿病。在这些因素中,哪个是可以被控制的?当然就是抽烟了。

另外还存在吸二手烟的问题。美国卫生与公众服务部下设的疾病控制与防治中心告诉我们,每年大概有35 000名非吸烟者因为被动吸烟引起心脏病而死亡,还有3 000名非吸烟者因为吸二手烟而死于肺癌。

虽然缓慢然而却很肯定的是,美国将要面对吸烟所带来的问题。禁烟令正在全国扩展开来。禁烟令正在被许多工作场所、饭店、医院、政府建筑、博物馆、学校、飞机和剧院所采纳。

我想,是该我们面对企业中的不识财务问题的时候了。我想,我们需要大胆迎战问题，直截了当地解决问题。开卷式管理的公司向我们展示了这是可能实现的，并为我们提供了如何做到这一点的范例。早在 1994 年，SRC——提示你一下，它是一家制造业公司——在为其员工开展财务报表培训方面所花费的时间就是在其生产技能培训方面的 6 倍还要多。如果我们能够集中意志力来克服惯性和解决吸烟问题，企业界当然也可以集中意志来消灭不识财务问题。

恐惧和希望

不识财务问题的部分原因是因为恐惧。下面的故事来自鲍勃·撒蒂奇，他在 1990 年至 1995 年间担任瑞侃公司（Raychem Corporation）的主席和 CEO。瑞侃公司使用放射化学的工具来开发一些全新的产品，主要是针对特殊的军事应用领域。撒蒂奇于 1964 年以财务和人事经理的身份加盟公司。那一年，公司的收入是 1 000 万美元。到 1999 年，公司年收入已增长到 18 亿美元，泰科（Tyco）国际公司收购了它。

瑞侃主要是一家工程类公司。撒蒂奇说，公司的工程师们不仅仅是害怕会计，他们简直是被会计吓倒了。当撒蒂奇告诉我这个时，他吃吃地笑，说会计主要不过就是加减运算。他笑是因为工程师们使用的数学复杂程度远远超过加法和减法。这听起来可能会有些搞笑，但撒蒂奇确实讲对了一点。会计容易把大多数人吓倒，不仅仅是瑞侃的工程师们。它吓人是因为它是模糊的而不是透明的。

我认为，让会计变得透明并不是那么困难的事。从这一章开始，我打算和你分享一些秘密，告诉你如何做到这一点。消除不识财务的方法就是为员工设立大的培训项目，然后将会计置于规划、激励和信息共享过程的中心位置。

在本章中，我将论述一些我认为员工在培训项目中应该学习的关于会计的知识，以及他们应该如何来学习这些知识。我认为使会计变得透明的方法就是要把数字与一个好的故事结合起来，并使用很多语言，特别是使用那些以会计数字为答案的问题。

在给出基本的会计知识之后，我将论述如何根据会计信息作出决策。这一讨论会涉及有关财务标准和直觉推断的一些概念。财务标准是我们要实现的目标。直觉推断是关于如何根据一家公司相对于其标准而言的运营状况而采取行动的决策规则。

本章的核心理念是关于如何战胜会计偏差并因此战胜不识财务现象的。纠偏涉及的是培训员工如何将会计问题置于一个透明框架内，这样他们就不仅仅理解这些数字，还能正确地使用它们！

以环境为主线

说起在培训劳动力队伍的财务认知方面，SRC 是领路人。为了让员工们懂得基本的财务报表，SRC 围绕着一个虚构的生产悠悠球的公司来发展出一套教学程序。他们使用悠悠球来讲了一个故事。这个故事对他们很有用，对那些复制 SRC 最佳做法的其他实施开卷式管理的公司也同样有用。它甚至对商学院的学生也同样有用。在这方面我有第一手的资料，因为我已把 SRC 的一些技术应用于我的课堂之中。

在本书的其余部分，我也打算使用虚构公司的技术来讲解培训问题。但与 SRC 不同的是，我不打算使用悠悠球公司。相反，我想使用一家环境类公司，讲述一个环境保护的故事。

我之所以选择一个与环境有关的故事，有几个原因。第一个原因是广泛的环境认知，使我能够借这一题目来发挥。原因之二是环境问题在全球经济中已逐步居于中心位置；如果环境公司能够学会打败它们的幽灵，我们大家就都能得到更好的服务。又到了我借题发挥长篇大论的时间了。我打算继续把话题放在环境问题上，以便为本章中后面将用到的会计例子作一些铺垫。但这种偏离将会涉及数字。因为这些数字不会撒谎。

全球变暖开始在全球范围内引起人们的关注。我们这个行星的气候环境确实在发生变化。国家海洋和大气局(NOAA)报告,在2006年12月至2007年2月,全球陆地和海洋表面的气温达到新高。这使得这一年的冬天成为自1880年该局开始有温度记录以来最暖和的一个冬天。

根据国家气候数据中心提供的数据,2006年是位置较低的48个州历史记录中最暖和的一年。该年温度比平均值高出2.2度,比此前最暖和的年份1998年高出0.07度。2007年冬天是自一个多世纪之前有气象记录以来全世界最暖和的冬天,美国政府中专门跟踪气候的部门2007年3月如是报道。

2007年4月,联合国政府间气候变化专门委员会发表了一份报告,该报告只能被描述成接近警戒的级别。联合国专门委员会由全球范围内依靠同行评议机制从事研究的超过2 500名科学家组成。他们的报告预测,21世纪在世界的一部分地区由于严重的粮食和水资源短缺,以及另一些地区的大范围洪水,将会严重影响超过10亿人的生活。报告还预测数百万的物种将濒临灭绝。同时,由退伍美国官兵组成的一个资深团体发布的一份报告则预测,气候变化会导致大规模的政治不稳定、针对自然资源特别是水资源的战争,以及日益增长的全球恐怖主义。

未来的替代能源将会在全球变暖的科学背景下出现。这种科学的本质并不是非常难以理解,它与红外线有关。在夜晚的篝火照耀我们并使我们保持温暖的同时,我们曾直接经历过红外线。这种照耀就是红外线。

当阳光照耀大地的时候,红外线就产生了。而这种辐射又会向太空反射回去。这些红外线中的一部分会被大气所吸收,这是一种自然现象,它得以使我们的行星避免成为一个接近冰冻的荒原。大气中的温室气体,如二氧化碳和甲烷,对红外线的这种有益吸收起着主要作用。

自从大约1750年左右开始的工业革命以来,大气中的二氧化碳水平就一直在上升,从百万分之280以下升至大约百万分之360。相对于此前的13万年当中二氧化碳的缓慢下降,即从大约百万分之300降至约175,这一次的变化显得有些突然。哥伦比亚大学学者詹姆斯·汉森的预测认为,如果目前的政策继续持续下去的话，到 21 世纪末，二氧化碳水平将会达到百万分之 600。

如果你对本章中所给出的信息视而不见，那正是因为我们需要通晓财务的劳动力队伍，因为他们懂得基本的会计数字。就全球变暖而言，大气中的二氧化碳水平(以百万分之几来度量)就是一个关键的数字！

科学界中有很多人都将 450 的水平看作一个真正的危险点。现在我们所称的全球变暖，那只是好事过了些头，其过高的温度导致了气候的一些较大变化，而这些变化对整个环境具有灾难性的影响：冰川融化、极地冰冠溶解、海洋温度上升、海平面上升，以及绿洲快速沦为沙漠。在北极，你真能看到这种现象，冰块正在以很快的速度变薄。

碳排放量上升的一个很重要的原因是源于烧煤。到 2004 年为止，国际能源机构报告称，全球电力生产中 25% 是用煤生产的，油和气占到 55%，核能占到大约 7%，其他来源或可再生资源占到 13%。

随着全世界人口的增加和各国的工业化，要满足电力的新需求，转向煤的压力越来越大。为什么？因为煤便宜而且量大——便宜是说如果你不考虑环境成本的话。发达国家和新兴国家对煤的依赖程度的提高，可能会成为全球急剧变暖的罪魁祸首。

新的替代能源公司会想方设法以避免向大气中排放大量温室气体的方式生产出电力来。传统的可再生能源包括风力、太阳能、生物质能、地热能和生物燃料。在这些来源中，生物质能是美国最大的可再生电力资源的来源，它生产出来的能源超过风力、太阳能和地热能的总和。

风险资本正在向可再生能源领域作大量的投资。根据研究机构绿色技术风险资本网络 LLC 提供的资料，2005 年，风险资本家向这一领域投入了 7.39 亿美元，这是一个创纪录的数字，在前一年的基础上有 36% 的增长。这一发展趋势是令人振奋的。与此同时，该领域的风险也很高，而人们的心理盲区会导致他们忽略其中的很多风险，就如同在 20 世纪 90 年代发生的互联网泡沫一样。因为这一原因，通过使用一个虚构的环境公司为例，可能既有助于说明一些一般性问题，也能帮助环境公司改进它们的经营绩效，而这在未来将最终使我们所有人从中受益。

环保材料公司简介

在本章的后面，甚至实际上是本书后面的章节中，我都会将叙事的背景置于一家虚构的公司之中，即环保材料公司。我打算将笔墨集中于环保材料公司成立之后的头两年，使用该公司的经历作为工具来解释财务报表。

将会计数字请下神坛的第一步就是要讲一个数字背后的故事。人们能理解故事。下面就是一个关于环保材料公司的故事。我会将数字保留在适当的水平，以方便说明问题为原则。

假设本年度是 2010 年。环保材料公司是一家刚创立的企业，它有五位创业者：伊娃、弗朗辛、迈克尔、奥斯卡和亨利。名字与其头衔是对应的。例如，伊娃(Eve)就是 CEO，而弗朗辛(Francine)就是 CFO。

在一个租金低廉的工业区的一间小厂房中，这些创业者们发明了一种清洁的、效率极高的新型环保型发电机。伊娃和弗朗辛有一个很好的创意和一个初步的商业计划，但没有现金，他们希望能吸引风险投资来支持他们的创业计划。假设他们在第一轮融资中至少希望得到 300 万美元。

创业者们向一系列风险资本家们进行了项目演示。在他们的演示中，伊娃和弗朗辛将他们的初始目标市场描述为地方政府当局和高尔夫球场，因为后者会以割草和砍伐树枝的方式产生大量的植物性废物。他们指出，尽管他们面对的市场目前看起来有点小，但却是由地方政府当局占主导地位，在未来五年中将能增长到 50 亿至 100 亿美元的规模。此外，就目前他们所掌握的情况，还没有人开发出具有可比性的技术。

伊娃和弗朗辛试图给一家风险投资集团留下深刻的印象，那就是 VC 合伙企业。VC 合伙企业对他们的技术表示了兴趣，但他们还想知道创业者们愿意为融资放弃公司中多少份额的股权。伊娃和弗朗辛回应表示,他们愿意放弃20%的公司股权,以换取300万美元的资金。

这里要问你一个问题:如果公司20%的股权值300万美元,那么,伊娃和弗朗辛对他们公司的总体估值是多少?没错,他们是在说,他们认为自己企业的整体价值是1 500万美元,他们自己希望保留其总价值的80%,即1 200万美元。

VC合伙企业对这1 500万美元的估值并不买账。他们反驳说,1 500万美元的估值是不现实的,因此,继续要求超过20%的股份来换取资金。在经过一些谈判之后,VC合伙企业同意提供300万美元作为第一轮融资,并收到40%的所有权作为交换。略微换一种说法,双方进行了一些折中,将公司估值为750万美元:750万美元的40%正好就是300万美元。如果必要的话,两位创始人和投资者都期待一年以后再进行一轮融资。

环保材料公司一共发行了300万股股票。五位创业者一共得到180万股普通股。VC合伙企业得到了120万股优先股,它可以在未来某一日期转换成普通股。VC合伙企业想持有优先股的原因是,万一公司创业失败而必须清算的时候,它可以相对普通股享有优先权。如果那种情况发生,VC合伙企业可以在公司解散处置其剩余财产的过程中处于第一梯队。优先股在治理方面还有一些其他的优势。

在2010年末,环保材料公司完成了融资,并使用这些资金的一部分购买了一些固定资产。创业者们还花费了22.5万美元购置了一块空地,以便为未来的扩张提供一些空间。然后,他们找了一家承包商来建两栋建筑,一栋作为行政办公总部,一栋作为生产厂房。总部大楼的成本为10万美元,生产厂房的成本为25万美元,一共花掉35万美元。环保材料公司全部使用现金来支付这些项目。

环保材料公司的创业者们计划通过购买并转换一种标准型机器(称作环保生产设备)来生产环保发电机。这些机器很容易从供应商那里买到,并略经改装就能适应创业者们的独有技术。每一台环保生产设备的成本是5万美元。公司一共购买了两台环保生产设备,并以现金支付10万美元的货款。一台环保生产设备的正常使用寿命是两年。

除了生产,环保材料公司的创业者们还打算展开广泛的研究与开发(R&D)活动。他们计划将研究力量投入到开发他们产品的未来各代中。他们打算把开发力量投入到提高他们目前生产运作的生产率上,同时还有降低生产成本的目标。因为这一原因,环保材料公司将其生产厂房的一部分拿出来作为研发部门使用,并购买了一间研究实验室。一间单独的实验室成本为15万美元,其正常使用寿命为两年,需占用生产厂房的六分之一。创业者们为一间研发实验室花费了15万美元,但他们要到年底才会支付这笔钱。

环保材料公司的创业者们在花钱购买土地、厂房和设备之后,原来那300万美元的融资还剩下多少?答案是217.5万美元。这一数字是以现金(在银行的支票账户)和可交易证券(支付利息的短期证券)的形式持有的。

2010年末的资产负债表

使会计变得透明的方法就是讲一个好的故事来解释这些数字,并使用平实的语言来提出一些问题,而这些问题的答案就是会计数字。

资产负债表就是一张用来回答两个主要问题的表格。第一个问题是:过去,投资者一共向公司中投入了多少钱?第二个问题就是:这些钱是如何用来购买资产的?

这两个问题可以分别用资产负债表中的两个部分来回答。负债部分为回答第一个问题提供了详细的材料,而资产部分则为回答第二个问题提供了详情。

一个好的培训项目要带领员工浏览整个资产负债表的布局。例如,培训师可能会叫员工从负债开始来看环保材料公司2010年末的资产负债表。这是一个新观点,培训师可据此向员工们解释资产负债表中的负债部分记录的是不同的投资者向公司提供的不同资金的价值。投资者是以很多形式进来的。有些是以短期债务的形式向公司放款，这意味着他们希望这些钱在 12 个月或更短的时间内得到偿还，并且支付利息。另外一些投资者向公司提供的是超过一年的借款。有些投资者则是股东，他们向公司提供资金，换取了一些份额的所有权，意指一些股权份额。资产负债表的负债方显示了公司从其现有投资者中收取的资金总值。

记住，问题要以平实的语言出现，而会计数字就是答案。为了揭开资产负债表神秘的面纱，表 4.1 提供了一个简化的资产负债表，其左栏中是资产负债表项目，右栏是用来描述这些项目含义的相应问题。

表 4.1

资产负债表：负债方	
应付票据	公司借了多少短期内必须偿还的债务？
一年内到期的长期债务	公司借了多少本金必须在接下来的 12 个月中偿还的长期债务？
应付账款	公司欠供应商多少钱？也就是买了东西还没有付账的有多少？
流动负债总额	以上三项小计共多少？
长期债务	公司还有多少 12 个月之内无须偿还的长期债务？
其他债务	公司债务中那些不属于流动负债、长期负债或股权的其他债务的价值是多少？
优先股	公司过去从那些购买公司优先股的投资者手中拿到了多少钱？
普通股	公司过去从那些购买公司普通股的投资者手中拿到了多少钱？
留存收益	公司过去没有以红利形式支付给股东而是保留在公司的净利润中的累计值是多少？
股东权益	以上三项小计共多少？
负债与股东权益总额	公司流动负债总额、长期债务、其他债务以及股东权益总计为多少？

你不可能通过坐在那儿听听就能学会会计。你必须思考。一个很好的思考型练习就是，通过回顾环保材料公司的故事来回答表 4.1 中的问题。如果你愿意，可以试着做一下。这是理解资产负债表中所包含信息的最佳方式。

我们现在来谈谈答案。环保材料公司根本没有借钱。因此，短期贷款是零。

一年内到期的长期贷款也是零。公司已经付清了所有的账单。因此，其应付账款是零。实际上，在优先股一行之前的所有项目都是零。而与优先股相关的问题的答案是 300 万美元。

有些人会在普通股一行中遇到困难，并得出错误的答案。我认为犯错误是极佳的学习机会。我恭喜那些得到了合理答案的人们，即使他们的答案是错误的。得到错误的答案没有什么关系，特别是在学习会计的时候。

关于普通股的问题，答案是零。原因在于，环保材料公司没有以发行普通股的形式从创业者手中得到任何资金。那并不是说创业者的股份是没有价值的。他们的股份确实有价值。实际上，风险投资家和创业者们都已经达成协议，认为公司的总价值是 750 万美元，其中创业者的股份价值是 450 万美元。但资产负债表并不记录他们的股份值多少钱，只记载投资者为获得这些股份而向公司支付了多少钱。

因为公司过去还没有运作，其留存收益也是零。因此，资产负债表最后一行的值是 300 万美元，即等于从风险投资家那里筹资所得到的金额。表 4.2 概括了以上的讨论结果。

表 4.2 （单位：美元）

资产负债表：负债方	2010
应付票据	$0
一年内到期的长期债务	$0
应付账款	$0
流动负债总额	$0
长期债务	$0
其他债务	$0
优先股	$3 000 000
普通股	$0
留存收益	$0
股东权益	$3 000 000
负债和股东权益总计	$3 000 000

现在，我们转向资产负债表的资产方。表4.3 的各行列出了资产负债表项目及定义这些项目的相关问题。资产方需要填充的内容比负债方稍多一些。如果你愿意，可以看看你能否找到这些问题的答案。

资产负债表的资产方描述了环保材料公司一共花费了多少钱来购买它目前持有的资产，减去折旧费用，加上它所持有的包括现金和那些很容易出售以获得现金的任何其他资产。

表 4.3

资产负债表：资产方	
现金及可供出售的证券	公司在当年年末持有的现金和与现金类似的投资，价值一共是多少？
应收账款	公司客户所欠货款是多少？即客户从公司进行了采购但还没有支付的账单是多少？
存货	公司拥有并且暂时还没有出售的原材料、在产品和最终产品的价值是多少？
流动资产总计	以上三项小计一共多少？
物业、厂房和设备	公司过去一共花费了多少钱来购买厂房和设备？
累计折旧	从公司购买这些厂房和设备时起，公司一共从原值中提取了多少折旧费用？
厂房和设备（净值）	以上两项的差是多少？
土地和改良物（净值）	公司一共花费了多少钱来购买土地及对这些土地进行改良？
固定资产总计	厂房和设备（净值）以及土地和改良物（净值）合计值是多少？
其他资产	公司拥有的既不属于流动资产也不属于固定资产的任何其他资产的价值是多少？
总资产	公司流动资产、固定资产和其他资产的合计值是多少？

与第一项相关的问题，其答案是217.5万美元，即公司在花钱购买土地、厂房和设备之后所持有的剩余金额。接下来的两个问题的答案是零，因为公司还没有向客户卖出任何东西，因此也没有任何金额需要收回，也没有任何存货。

与物业、厂房和设备相对应的问题指的是总部大楼、生产厂房、两台环保生产机器和一间研发实验室。公司一共为购买这些项目花费了60万美元：大楼和厂房花掉35万美元，设备花掉25万美元。这就是那一问题的答案。与累计折旧相关的问题，其答案是零，因为设备到年末才安装，还没有提取折旧。

与土地及改良物相关的问题答案是22.5万美元，即土地的价值。没有其他资产，因此，其他资产项是零。将表中的这些信息放在一起，你就得到了环保材料公司资产负债表中的资产方，如表4.4所示。

表 4.4

资产负债表：资产方	2010
现金和可供出售的证券	$2 175 000
应收账款	$0
存货	$0
流动资产合计	$2 175 000
物业、厂房和设备	$600 000
累计折旧	$0
厂房和设备（净值）	$600 000
土地及改良物（净值）	$225 000
固定资产总额	$825 000
其他资产	$0
总资产	$3 000 000
资产负债表：负债方	**2010**
应付票据	$0
一年内到期的长期债务	$0
应付账款	$0
流动负债合计	$0
长期债务	$0
其他债务	$0
优先股	$3 000 000
普通股	$0
留存收益	$0
股东权益	$3 000 000
负债与股东权益总额	$3 000 000

如果你看了环保材料公司的资产负债表，但却不知道它背后的故事，你能看出多少门道？你肯定能猜出它没有借任何贷款，仅依赖于300万美元优先股

的出售来获得融资。你应该还能看出它使用300万美元购买了87.5万美元的固定资产(物业、厂房、设备和土地),而剩余的部分以现金的形式保留起来了。

2011年损益表背后的故事

我们继续讲关于环保材料公司的故事。时间进入2011年,公司提供了一些信息,用以编制公司的损益表。在2011年初,环保材料公司雇用了一批员工,并开始正式运作。这些事务产生了105 863美元的招聘费用。

迈克尔就任首席营销官。在他的带领下,环保材料公司在年初花费了5万美元来对公司的环保型发电产品进行推广。这些努力产生了效果,他们收到了一系列潜在客户的咨询,表现出对公司产品的兴趣。几乎所有这些咨询都来自于被环保材料公司称为"创新者"的客户。创新者们都具有独立的思想,并极度关注产品质量。

亨利领导着人力资源部门。由于受到客户回应的激励,他很快就雇用了两个销售人员、两名从事研发工作的工程师、十位从事环境发电机生产的员工以及两名从事客户支持的人员。全年的工资单合计达到1 758 630美元。其中,生产工人工资为577 435美元,销售人员的工资为200 498美元,工程师的工资为160 399美元,客户支持人员的工资为120 299美元。五位创业者作为公司高层管理者,他们一共收到70万美元的薪水。

奥斯卡是公司的首席运营官。在2011年,他的生产团队生产出224台环保发电机,销售队伍按照每台2200美元的价格成功地销售出其中的220台。未售出的产品被作为产成品置于库存中。

环保材料公司生产环保发电机需要使用原材料。为了使问题得到简化,我们假定仅需要一种类型的原材料(在实践中,可能会需要几种原材料,如水以及各种不同的金属和塑料等)。在2011年,原材料的价格为100美元一个单位。生产小组购买了300个单位的原材料,它们起初被作为库存储存起来。在这一年中，生产团队从库存中领取了280个单位，以满足生产使用需求。结果，公司在年底还剩下20个单位的原材料库存。

环保材料公司需要维护它的机器设备。它还需要支付公用事业费。公司为维护其环保生产设备而花费8 721美元，维护其研发设备又花掉2 907美元。这些机器的正常使用寿命都是两年，研发部门也是如此。公用事业费是2万美元，其中1万美元是总部大楼的，1万美元是生产车间的。

到2011年末，环保材料公司又新建了一处生产厂房，并追加购买了四台环保生产设备和两个研发单元。他们为这些资产所支付的价格与一年以前一样。

2011年，环保材料公司取得了一笔30万美元的三年期贷款。他们没有支付任何红利。公司采用直线折旧法，并享受35%的公司税率。在年底，他们账面上的现金和可供出售的证券累计为533 340美元。其中，25 000美元以现金的形式持有，其他部分是可供出售的证券。在2011年，环保材料公司在其持有的可供出售证券上赚取了340 379美元的利息。

这就是环保材料公司2011年的全部情况。下一步就是要向你展示，如何将这些业务活动反映到它的损益表中去。

2011年损益表

损益表记录一段时间当中（例如一年）公司所进行的业务活动。你也许还能回忆起来，资产负债表反映的是某一个特定的日期（例如一年的最后一天）公司的情况。遵循与讨论资产负债表时同样的思路，表4.5给出了年度损益表中每一行的项目所对应的问题。

先考虑销售额，即公司出售并交付给客户的产品价值。公司按每台2 200美元的价格卖出了220台环保发电机，价值总计484 000美元。说得清楚一点，484 000美元是环保材料公司的客户在这一年中购买的产品的价值。2011年，他们实际上可能并没有对环保材料公司支付购买的全款。

表 4.5

损益表	
销售额	公司出售并交付给客户的产品价值是多少？
销货成本	公司出售并交付给客户的产品按存货方式记录的价值是多少？
毛利	销售额中支付销货成本之后，还剩余多少？
研究与开发	公司在研究与开发上的支出是多少？
销售与一般管理费用	公司在与销售和一般管理相关的活动中的开支是多少？
折旧	公司支付了多少还没有包含在销货成本及研发费用中的折旧费用？
经营利润（EBIT）	毛利中支付研发费用、销售及一般管理费用和折旧之后，还剩下多少？
利息支出	公司支付了多少利息？
其他收益	公司从其他收入来源中赚取了多少钱？
税前利润	经营利润中支付利息并收到其他收益之后还剩多少钱？
减：纳税准备金	公司税率乘以税前利润等于多少？
净利润	公司税前利润扣除纳税准备金之后还剩多少？

损益表的第二行是销货成本，即公司出售并交付给客户的产品按存货口径计价的价值。如果我正在主持一个培训项目的话，此时，我会让员工想办法计算出环保材料公司实际销售的220台产品的存货价值。

培训项目帮助员工理解，产成品项目在存货中的价值是基于生产活动的成本，而不包括那些非生产性活动的成本，如促销、销售人员工资等。生产成本包括支付给生产工人的工资、生产中使用的原材料成本、与生产直接相关的生产厂房所对应的公用事业费，以及环保生产设备的维护成本。

理解成本的一个好办法是从总成本转向单位成本。花在生产性工人上的总费用是577 435美元，这些费用全都用于生产环保发电机。花在300单位原材料上的总费用是30 000美元，其中280件用于生产。因此，用于生产的原材料总值为28 000美元。为了得到单位环保发电机的生产成本，只需将以上的成本数除以生产的环保发电机总产量228即可。按单位环保发电机口径计算，劳动力成本为2 577.83美元，材料成本为125美元。

记住，并不是生产出来的所有环保发电机都已实现销售。在生产的224台发电机中，已销售220台，其余的保留在库存中。存货项目记录了生产的每单位产品价值乘以存货中的产品数量。销货成本则记录了生产的每单位产品价值乘以已实现销售的产品数量。因此，已销售的220台发电机对应的劳动力成本为567 123美元，即2 577.83美元与220的乘积。类似地，与220台销售产品对应的材料成本为27 500美元。

劳工和材料被称为**直接成本**（direct costs），因为它们可以直接追溯到生产过程。生产的其他成本则是间接的，它们构成了生产的日常管理费用：生产厂房的公用事业费、维护成本、生产厂房和设备的折旧。最佳的处理程序是，计算出这些成本汇总的数字，然后再转化成环保发电机的单位成本。

生产厂房的公用事业费为10 000美元，生产设备维护费用为8 721美元，环保发电机生产设备的折旧为50 000美元，这是以2010年末按100 000美元的价格购买两台机器为基础计算的。这都是按照两年使用寿命的假设，用直线折旧法来进行折旧的，因此，100 000美元的原值在2011年应该折旧一半。

生产厂房的建造成本为250 000美元。它有25年的预期使用寿命，因此，在直线折旧法下，每年应该提取的折旧金额为10 000美元。记住，并不是所有的生产厂房都是直接服务于生产。其中有一部分是为研发服务的。因此，并不是生产厂房的全部折旧金额都适用于生产。出于讨论问题的方便，我们假定生产厂房的75%是用于生产，而25%是用于研发。在这种情况下，生产厂房折旧费中适用于生产的部分为7 500美元。因为同样的原因，与生产厂房有关的10 000美元的公用事业费中有7 500美元属于生产活动耗费，而研发活动则占2 500美元。

生产的日常管理费用就是以下项目之和：生产厂房折旧7 500美元，环保生产设备折旧50 000美元，公用事业费7 500美元，以及维护费用8 721美元。这些项目累计为73 721美元。按生产的单位产品计算，生产的日常管理费用为329.11美元。已实现销售的220台产品对应的日常管理费用即为329.11美元和220的乘积，等于72 405美元。

已经出售并交付给客户的产品按存货口径计算的价值是多少？这一问题的

答案就是销货成本。这一数字就是劳动力和材料的直接成本（567 123 美元以及 27 500 美元）和间接成本（72 405 美元）之和。销货成本的总和为 667 028 美元。毛利是指销售额扣除销货成本之后的差额。销售额 484 000 美元与 667 028 美元之差为负 183 028 美元。我们已经知道，2011 年对环保材料公司来说并不是一个盈利年。

下一个项目是计算研发费用。研发的直接费用是工程师薪水 160 399 美元。间接费用包括生产厂房折旧中与研发活动相关的部分（2 500 美元）、相应的公用事业费（2 500 美元）、研发单元的折旧（75 000 美元）以及研发单元的维护费用（2 907 美元）。间接费用累计为 82 907 美元，研发的直接费用与间接费用之和为 243 306 美元。

销售与一般管理费用（SG&A）包括与企业营运相关的所有其他常规的非财务费用。销售费用包括销售人员的工资（200 498 美元）和促销费用（50 000 美元）。一般费用包括客户支持人员的工资（120 299 美元）。管理费用包括招聘费用（105 863 美元）、总部大楼的公用事业费用（10 000 美元）以及高层管理人员的工资（700 000 美元）。加在一起，SG&A 一共为 1 186 660 美元。

折旧栏用以记载那些还没有包含在前述各项目中的折旧费用项目。目前还没有考虑的一个项目是总部大楼的折旧，按 100 000 美元支出和 25 年预期使用寿命来计算，每年的折旧额应为 4 000 美元。损益表中的下一个项目是息税前利润（EBIT），或者称为经营利润。它的值是 -1 616 993 美元，即用毛利减去研发费用、SG&A 和折旧所得。因为除了到年末之外，环保材料公司 2011 年没有负债，所以它无须支付利息。公司从其持有的可供出售的证券中获取了 64 500 美元的利息。因此，它的净利息支付为 -64 500 美元。通常情况下，利息支付栏应该记录这一净额。没有应该被确认为"其他收益"的项目。

损益表的余下部分是显而易见的。税前利润就是 EBIT 减去利息费用并加上其他收益，得到 -1 552 493 美元。净利润就是税前利润减去税收，结果为 -1 009 121 美元。

公司所得税（纳税准备金）是税前利润的35%。在本例中，它是一个负数，即-543 373美元。当然，公司不会支付负的所得税：美国国税局（IRS）并不会因为环保材料公司在2011年亏损就给它寄过来一张支票。实际支付的税收是零。但是，环保材料公司可以将这一亏损向后结转，从而当公司变成盈利状态以后，可抵消其未来税负。因此，损益表向投资者进行报告时，还是以如实反映这一负数为妥。

这种思维方式涉及一种基于假设的故事。从损益表上看起来，好像国税局给环保材料公司寄来的不是一张543 373美元的支票，而是一张价值为543 373美元的税票。税票就像是商店里发放的礼品购物券一样，等到未来某一时间即可兑换成某种有价值的东西。税票的数量以负数的形式进入到纳税准备金项目，就可以使环保材料公司的净利润上升543 373美元。税票的价值是公司的一种资产，它就像公司持有的现金或存货一样，是一种存在价值的东西。在未来某一时间，当公司开始盈利并需要承担纳税义务时，税票就可以部分或全部地充抵现金。

当用来定义损益表的所有问题都得到回答时，2011年的损益表就应该如表4.6所示。

表 4.6

损益表	2011
销售额	$484 000
销货成本	$667 028
毛利	($183 028)
研究与开发	$243 306
销售与一般性管理费用	$1 186 660
折旧	$4 000
经营利润（EBIT）	($1 616 993)
利息支出	($64 500)
其他收益	$0
税前利润	($1 552 493)
减：纳税准备金	($543 373)
净利润	($1 009 121)

2011 年资产负债表

编制 2011 年的资产负债表的原理与编制 2010 年资产负债表时使用的完全相同。表 4.7 给出了 2011 年的资产负债表。这张资产负债表涉及前面所讲的故事，并提供了一些额外的信息。

表 4.7

资产负债表：资产方	2011
现金和可供出售的证券	$60 379
应收账款	$242 000
存货	$14 128
流动资产合计	$316 507
物业、厂房和设备	$1 350 000
累计折旧	$139 000
厂房和设备（净值）	$1 211 000
土地及改良物（净值）	$225 000
固定资产总额	$1 436 000
其他资产	$543 373
总资产	$2 295 879
资产负债表：负债方	**2011**
应付票据	$0
一年内到期的长期债务	$0
应付账款	$5 000
流动负债合计	$5 000
长期债务	$300 000
其他债务	$0
优先股	$3 000 000
普通股	$0
留存收益	($1 009 121)
股东权益	$1 990 879
负债与股东权益总额	$2 295 879

2011年的资产负债表能使员工们依靠前文所没有提供的信息来回答下面的问题：

- 公司在本年末持有的现金和类似现金的投资，价值一共是多少？
- 公司的客户还欠公司多少钱？即它们已经购买产品但还没有支付货款的金额是多少？
- 公司持有的原材料、在产品和未实现销售的产成品的价值是多少？
- 公司所借的在未来12个月中将要偿还本金的长期债务是多少？
- 公司欠供应商多少钱？即公司已购买但还未付款的金额是多少？
- 公司流动负债、长期债务和其他债务，以及股东权益的总和是多少？

直觉推断法与财务标准

要对员工进行会计培训的原因是为了帮助他们作出更好的决策。会计所提供的信息有助于员工们采取正确的行动。大多数人都依赖直觉决策的方法来决定要采取什么行动。**直觉推断法**(heuristic)是行为金融学中一个非常重要的术语，它一般用来指"拇指法则"。

看待直觉推断法有两种方法。第一种方法是将直觉推断法看作是容易使我们罹患各种偏差的简化思维程序。这种看法是一种被称为"直觉推断和偏差"的学派所持有的看法。另一种看法是将直觉推断看作是能帮助我们驾驭复杂而不确定世界的思维捷径。这种看法也形成一种学派，其标志性术语是"快速简便直觉法"。这两种对直觉推断法的看法中，一种看法就像一个半空的玻璃杯，另一种看法则像一个半满的玻璃杯。

在某种意义上，二者都是对的。世界如此复杂，人们需要直觉推断法来使注意力集中于他们周边各种复杂事件中最重要的部分。作为一个物种，人类是聪明的。但人类还没有聪明到懂得他们要处理的所有信息，并以最优的方式来使用这些信息作出决策。许多直觉推断法在一些环境中运作得很好，而在另外一些环境中就不行。实际上,专家与非专家的区别就在于,专家更能将真正重要的东西与那些不怎么重要的东西区分开来。也就是说,很多专家之所以能成为专家,是因为他们比我们中的其他人具有更好的直觉。

在《眨眼之间》(*Blink*)(Back Bay Books,2007)一书中,马尔科姆·格拉德韦尔介绍了学者约翰·戈特曼的工作,此人研究了一桩婚姻成败的决定因素。戈特曼识别和分析了一系列情绪和行为模式在成功和不成功婚姻中起作用的方式。

格拉德韦尔报告说,尽管他本人投入了相当的精力来研究戈特曼的著作,但在实践中,他还是被这一任务的复杂性弄得不知所措。另一方面,戈特曼能将一系列情绪和行为模式浓缩成四个主要因素,即他所称的蔑视、批评、防卫和搪塞。戈特曼将它们看成与《启示录》中的四位骑士相类似。此外,仅依靠几分钟的观察,戈特曼就能使用四骑士方法就一对夫妻关系的健康程度作出一个非常准确的估计。

约翰·戈特曼从四骑士中形成的东西就是快速节俭直觉推断法的线索。线索是形成判断或决策的基础。直觉推断法就是在线索的基础上如何采取行动的规则。依赖他所观察到的线索,戈特曼可以为一对夫妻量身定做一套干预措施,以帮助改善他们的关系。

快速节俭直觉推断法是位于柏林的马普研究院的研究焦点。该研究院的研究方法已写入题为《让我们更聪明的简单直觉推断法》一书中,该书的作者是格尔德·吉格仁泽、彼得·托德和 ABC 研究小组。[①] 这本书描述了如何形成直观有效的规则,以识别线索,并作出能产生更佳效果的决策。

理解快速节俭直觉推断法在商业环境中应用的经典例子可以在杰克·斯塔克和博·伯琳厄姆的书《伟大的商业游戏》中找到。在第二章中,我曾提到过该书。在他们的书中,斯塔克和伯琳厄姆总结了杰克·斯塔克在带领他的公司从破产边缘回到财务健康状态的过程中所学到的主要经验和教训。

---

① Gerd Gigerenzer, Peter M. Todd, and the ABC research Group, *Simple Heuristics That Make Us Smart* (Oxford University Press, 1999).

直觉推断法和线索就在斯塔克学到的众多教训之中。他用到的许多线索仅涉及一些简单的问题。下面有两个例子。公司盈利情况如何？公司运作中产生了多少现金？对这两个问题的答案都可以在公司的财务报表中找到答案。关于盈利能力的信息可以在损益表中找到，关于现金的信息则可以在资产负债表中找到。这两个问题是不同的。盈利能力和产生现金的能力是两个不同的事情。例如，在前面述及的虚拟的环保材料公司的例子中，2011年，即公司正式运作的第一年，公司亏损了1 009 121美元。然而，公司运作中并不是烧掉了1 009 121美元的现金，而是1 664 121美元。产生这种差别的原因是，在损益表中将折旧当成一种费用，它确实是费用；然而，折旧并不是一种现金支出，公司不需要向任何人支付这笔钱。此外，公司在本年度并没有产生与全部销售额所对应的全部现金，也没有为它所收到的所有原材料全部支付现金，当然，公司也没有收到国税局寄来的税票。要点在于，净利润既包括现金项目，也包括非现金项目，因此，它并不是一个现金发生额的指标。

损益表对盈利能力的度量更像是一种试图熨平高低波动的时间平均值。例如，资本性支出通常是属于一次性大额购买，但它并不直接在损益表中报告，虽然它们通常涉及大额的现金交易。相反，资本支出被分割成一系列更小的额度，称为**折旧费用**（depreciation charges），这些费用将在未来年份中进入费用，尽管该笔现金可能已经在过去支付完毕。

与此类似，与销货成本相对应的现金支出可能是在过去的某一个时点上发生的，而不是在这一数字进入损益表的时期中发生。将销货成本与销售额在时间上进行匹配的原则被称**匹配原则**（matching principle）。设计这一原则的目的是为了通过以这种方式来重新安排现金流，为公司盈利能力提供一个更为清晰的视角。在某种意义上，损益表是沿着直觉推断的思路来组织的。

这里还有另一个问题，它构成了杰克·斯塔克直觉推断法的线索。你的企业中有某个变量会让你晚上担心得无法入眠吗？设计这一问题的作用是为你的快速节俭的直觉推断法找到最佳的线索。这些线索是约翰·戈特曼的四骑士的对应物。

斯塔克在 SRC 所开创的有效的直觉推断法的一大支柱是，主要的线索都来自于财务报表，并且与盈利能力和现金创造能力密切相关。这些线索被称为**财务标准**(financial standards)。它们采取的形式是关键数字、标准成本和财务比率。当然，依靠线索展开行动也只有在员工们理解这些线索的真正含义时才能发挥作用。这就是为什么一家公司的劳动力队伍要对会计具有实用主义理解的原因所在。

财务比率

财务比率是能使公司财务报表内隐含的信息更加显著和醒目的线索。在本小节中，我将给出一个好的培训项目应该涵盖哪些财务比率的看法。

首先我们来看一下结构。财务比率通常分为五类：

- 流动性
- 杠杆
- 效率
- 盈利能力
- 市场估值

衡量一家公司流动性的最有名的比率就是**流动比率**(current ratio)，即公司流动资产与流动负债的比率。这一比率的值越高，公司短期债权人受到的保障越大。为什么？流动资产比固定资产更具流动性。出售流动资产换取现金比出售固定资产更为容易。因此，如果公司需要支付短期债务，它从流动资产中获得现金来完成这一目标比从固定资产中获得现金更为容易。以环保材料公司为例，2011 年末，公司流动比率大约为 63。乍看起来，63 是一个非常大的值。但实际上，原因在于环保材料公司几乎没有流动负债，只有少量的应付账款。

对于像环保材料公司这样的初创企业，一个更适当的流动性比率是区间测量值(interval measure)。区间测量值显示的是，假定公司客户按期支付账单，另外，除公司现有资产之外，也没有任何其他现金来源，按照当前的烧钱速度，公司的现金还能维持多少天的运营。区间测量值的计算公式是用现金、可供出售证券和应收账款之和除以每日的经营性支出，后者用公司的成本来度量。对于环保材料公司来说，这一数字是 57 天。

在 2011 年末，环保材料公司共有 300 000 美元的长期债务。我们如何衡量这是不是一个很大的数目？一家公司的杠杆可以用几种方式来衡量。一家公司的**总资本**（total capitalization）被定义成公司的长期负债，意指公司长期债务和股东权益之和。一家公司总资本中所包括的债务比例就是它的**债务总资本比率**（debt-to-capital ratio）。对环保材料公司来说，其 2011 年末的债务总资本比率大约为 13%。一个相关的指标是 D/E，即公司长期债务对股东权益的比率，大约为 15%。

被称为**利息保障倍数**（times interest earned）的比率度量的是一家公司的息税前利润（EBIT）和折旧可以支付其利息的次数。在这方面，EBIT 和折旧之和代表的是公司运营中所产生的可用以支付利息和税收的现金数量，其余值归属于股东。值得注意的是，在这条偿付链条中，利息处于最顶端。

效率指的是资产的使用。想象有一只车轮，其大小代表公司的资产。假定销售额是通过轮子转动所形成的，每转动一圈就会产生一个与公司资产同等规模的销售额。对资产效率的一个度量指标就是，为产生销售额，公司每年可以转动资产之轮多少次。高周转率对应的是更高的效率。与之对应的效率变量被称为**资产周转率**（asset turnover ratio）。2011 年，环保材料公司的资产周转率大约为 18%。假设公司 2011 年出现营运亏损，资产周转率可能会充当一个实现业绩改善的有益线索。

一个类似的概念适用于存货。**存货周转率**（inventory turnover ratio）可被看成是每年中一个存货项目被从存货架上拿下来投入生产的次数。一个相关的度量指标是一个项目在存货状态中所处的天数。

对公司收款能力有一个类似的比率，即**应收账款收款期**（receivables

collection period），也称为**应收账款周转天数**（days sales outstanding，DSO）。这一比率具有很大的信息含量。例如，一家公司的应收账款周转天数上升的话，至少可能有五个原因：(1)客户延迟付款，归咎于因质量问题产生的不满意；(2)季末的突击式销售；(3)提供更宽松信用条件的新政策；(4)无能力付款的客户比率上升；(5)收款流程的缺陷。2011年，环保材料公司的应收账款周转天数大约为91天，意思是说，公司要等待大约三个月，其客户才会支付账单。

如果一家公司在存货上进行投资，并等待客户支付账单，其现金就会被收紧。如果公司在它得到原材料交付的当天就支付原材料货款，则它的现金就会收紧，收紧的天数等于存货销售天数和应收款周转天数之和。然而，一家公司可能也不会立即支付自己的账单。与应收款回收期相类似，还有一个被称作付款期的度量指标，它度量的是公司需要花费多长时间才支付账单。**现金转换周期**（cash conversion cycle）是应收款回收期与存货销售天数之和减去付款期的差值。例如，考虑一家公司，它持有存货的时间为65天，需花30天来支付其发票。这家公司的现金将至少被收紧35天，即65天和30天之差。然而，如果它的平均收款期为40天，则它的现金将被收紧75天，即75 = 35 + 40。

盈利能力可以用几种方式来度量。请注意，公司从它的股东处收到的资金数量已反映在资产负债表的股东权益中。股东权益是公司发行新股票或者留存了本应属于股东的收益时从股东处得到的资金数量。从财务报表的角度看，股东收到净利润（盈利）作为其直接投资的回报。净收益对股东权益的比率是公司拥有的每一元股东权益所得的回报。这就是公司的**股权收益率**（或称净资产收益率，return on equity）。如果不仅仅是对公司的股东，而是对全体投资者，也可适用一个类似的比率。这一类似的比率就是**资产收益率**（return on assets）。

因为环保材料公司2011年的亏损，它的股权收益率和资产收益率都是负的。其他的盈利能力指标也会反映为亏损。净利润率是净利润对销售额的比率。毛利率是毛利对销售额的比率。经营利润率是经营利润对销售额的比率。

因为环保材料公司的毛利率为负值，它是一个很好的指标，可用来作为目标值。环保材料公司长期内要有盈利，就必须设法降低其生产成本，或者对其环保发电机收取更高的价格，或者二者并行。

有几个比率是与市场估值联系起来使用的。市盈率是其中最有名的指标。另一个比率是市净率，即公司股票市值除以股东权益。这二者对 2011 年的环保材料公司来说都没什么意义，因为它是一家私人公司。然而，值得注意的是，基于第二章的讨论，市净率是由公司未来经济增加值序列的现值所决定的。

培训

那些沿着开卷式管理路线发展的公司会花巨资在培训上，特别是对财务知识的培训。SRC 就十分强调其劳动力队伍能理解财务报表，而且公司说到做到，其培训费都花到了实处。

根据我自己教授财务报表的经验，这些概念就像特氟龙[①]：它们不会轻易粘上你，至少对大多数人来说是如此。让财务报表粘上你需要人们在情绪上投入一点儿。会计数字要变得有意义才行。

我发现让财务报表粘上你的最有效的技术是，将财务报表置入一家公司的模拟游戏之中。实际上，模拟游戏是我所拥有的最好的教学工具。我将在第八章中讲解模拟游戏，包括我在课堂上使用的模拟游戏。这个游戏是以环保材料公司为基础的，可以从我的网站上下载，网址为：www.scu.edu/business/finance/faculty/shdfrin.cfm。

模拟游戏正在变得越来越流行，因为它们将人们置入一个既属虚构又很现实的环境之中。这有一个极为重要的好处。人们可以从所犯错误中学习，但又无须支付这些错误的全部成本。

[①] 美国杜邦公司的商标名，全名"聚四氟乙烯"，又叫塑胶王。其化学稳定性及耐热性极佳，常用于高温耐腐蚀场合，可作密封圈、耐磨垫、不粘锅等。——译者注

第四章 会计：打造通晓财务的高效团队

我的环保材料公司的模拟游戏要求参与人编制他们自己的财务报表。这样做会实实在在地将财务报表的框架印在他们的头脑里。模拟游戏还会让人们找出他们想使用的线索，促使他们设立财务标准，并帮助他们构造决策直觉。

记住，本书所给出的核心信息在于，富有心智的公司会设计出有效的会计、规划、激励和信息共享流程。本章讨论的是会计，下一章将讨论规划。第六章和第七章将分别讨论激励和信息共享问题。模拟是我在本书的最后一章讨论的话题。模拟所做的事情就是教人们如何将这四个流程整合为一个整体。

但令我感到振奋的是，我已经走在了自己的前面：开始讨论规划问题。

第五章

财务规划：
从一般战略到财务细节

企业规划的重要性之高令人难以置信，但其难度之大也超乎想象。无疑，规划是重要的，这是因为一个组织是由很多变动的部分组成的，要使这些部分在一个动态的企业环境中有效地吻合起来，需要一些深谋远虑。但富有心智的公司使用规划来确立财务标准，以此作为评价实际业绩的基准。如果你还记得我在上一章中所说过的话，你就知道标准是形成决策线索的基础，而决策线索则是直觉推断的依据。

规划之所以如此困难，部分是因为未来难以预测，部分是因为我们身上的幽灵增加了它固有的难度。使我们的规划出现偏差的幽灵是有很强生命力而难以战胜的。你不要低估它们。

为了使我们顺利进入本章的学习，我想问你一些问题。这些问题是我从一些关于规划的心理学研究中改编过来的。

考虑四个不同类型的任务，这些任务都是你过去承担过的，都有完成时限。

（1）在家中的日常任务

（2）假期购物

（3）填写个人所得税申报表

（4）学校布置的作业（如果你是学生，或者你曾经是学生）

平均说来，你会在最后时限到来之前的多少个小时完成这些不同类型的任务？

当你完成这些问题的答案之后，请考虑一个针对这同样四类任务的类似问题。平均说来，在预测你何时能完成上述四类任务时，相对你的规划而言，你预测的准确度怎么样？

（1）比预测的早得多

（2）早于预测

（3）与预测一致

（4）迟于预测

（5）比预测的迟得多

人们对这些问题的回答，应该会存在一个合理的离散水平。但是，存在一个集中的趋势——一种通常都是迟于预测的趋势。

一个非常有趣的心理学问题是，在对完成未来任务需要多长时间的问题进行预测时，人们是否会把他们过去的拖沓现象考虑进去？让我来告诉你答案：一般说来，人们在行动时就像是完全忽略了过去。相反，他们制定自己的规划时，就像他们会如期完成任务，而不是通常迟于预期时间完成任务。而事实上，平均说来，他们还是会比预期的时间更迟才能完成任务，就如同他们过去的情况一样。

这种不能从过去的规划过程中吸取教训的现象被称为"**规划谬误**"（the planning fallacy）。有大量丰富的文献研究了规划谬误现象，这些研究表明，这种现象是非常显著而有生命力的。

在商业世界，有许许多多的项目超预算、不能按时完工，或者在所有承诺的事项上都不能完全履约。尽管大多数管理者们都知道这些一般性趋势，但他们在对未来的项目进行预测时仍然不能对这些趋势进行调整。规划谬误在商业世界中仍然存活着,而且生命力旺盛。

在本章中,我会讨论在富有心智的公司中进行财务规划的具体细节。具体细节在很大程度上已是老生常谈,但心智方面则完全没有老生常谈之忧。富有心智涉及很多东西:寻找线索、构造如何对线索作出反应的直觉推断法,以及形成克服规划谬误的纠偏技术。

我原来的想法是先论述规划的具体细节,再讨论规划谬误。那样会显得很顺理成章,对吗?但我现在打算反过来做——也就是说,在讨论规划的具体细节之前,先讨论规划谬误问题。我将会告诉你为什么我要这样做。我想,教授规划具体细节的方法是将纠偏技术植入具体细节的程序之中。否则,纠偏技术就会像是一个附加元素,而不会像在那些富有心智的公司中一样,成为规划练习的中心。

理解规划谬误

规划到底是什么?规划通常是指设计出一套完成某项任务的步骤。这些步骤通常需要一个规划的场景,或者说一个故事,如果你喜欢的话。故事对人们是很重要的,我们经常会以讲故事的方式思考问题。

规划谬误的核心是:规划预测的乐观主义与一个对过去行为估计的现实主义并存。

简要地说,那些犯有规划谬误的人们并不能理解未来事件有如此多种可能性。相反,人们先入为主地将自己困在一个预设的故事中。而且,它通常是一个有着喜剧性结局的故事。这里就存在着冲突。一个典型的规划者会按照他或她自己规划的场景建立一个乐观的故事,这其中很少或者根本不会有错误出现。换句话说,典型的规划者根本没有对他或她的规划可能会失败这一事实给予足够的重视。

失败?哎呀!想着失败可并不是那么有趣。没错,这是事实。这就让偏差幽灵很高兴。它们靠此生存。

　　研究规划谬误的心理学家告诉我们，其罪魁祸首就在于，人们在做规划时，会对故事的叙述方面给予过多的关注。如果你喜欢，也可以说，他们对与他们的规划相关的一系列步骤赋予过高的权重。毕竟，与他们规划的场景相对应的步骤应当以成功告终。自然，拥有一个能成功收尾的规划场景是很合理的。有些人可能会把这称为有愿景。困难之处在于，成功的规划步骤会在心理上留下深刻印象，而产生失败结果的场景就不会有那么显著的影响。

　　人们可以使用什么样的纠偏技术来降低产生规划谬误的可能性呢？实践证明，至少存在三种方法值得尝试。

　　第一种方法是，做好持续的记录，让过去的规划经历更加显著，以便使信息唾手可得。

　　第二种方法是，在设立成功场景的同时，建立明显失败的场景。

　　第三种方法是，遵循一种明确将过去规划的偏差纳入考虑范围的程序。这样的一种程序明确要求规划者解释他们过去的经验与他们当前的规划任务之间存在怎样的关联。

　　在这三种方法中，前两种方法很少取得成功。在使用第一种方法时，人们倾向于对他们过去的规划失败的信息不予重视。他们会说："是的，但这一次不一样。"至于第二种方法，人们对他们成功的场景会存在不切实际的乐观主义，以至于即使将失败的场景包括在其中，其最后的综合结果仍是过度乐观的。

　　第三种方法属于重拳措施，它强迫规划者遵循一种程序，这种程序将他们过去的历史表现纳入考虑之中。这种方法虽然有重拳出击之虞，但效果却很好。

　　第三种方法收到良好的效果，一个原因在于，它迫使一个人跳出自己身外，以一个外部观察者的身份来考虑问题。对外部观察者预测他人规划准确度的研究提供了很多有见地的看法。外部观察者确实会倾向于使用过去的记录来预测别人的工作完成时间，这导致他们会得到更加准确的结果。具体而言，他们会更多地关注他们所观察对象的个性特征,从而倾向于将他们未能按时完工的经历归因于这些个性特征。与此相反,那些观察对象们自己总倾向于将他们过去的失败经历归咎于外部事件,而不是他们自身的原因。然而,外部观察者们也可能会走得稍微远了一点,会对他们的观察对象变得过度悲观。

心理学家使用"外部视角"这一术语来指代规划者用来调整自己的预测以反映过去预测偏差的程序。相反,心理学家又使用"内部视角"这一术语来描述那些仅仅关注他们手头预测任务细节的程序。采用外部视角实质上是要求一个人跳出其自身的立场,而采取一个外部观察者的立场来考虑问题。

我认为第三种纠偏技术,即重拳型外部视角的程序中还有一些其他值得挖掘的因素。它很像12步程序。谈到此,我们知道匿名戒酒者协会采取的12步程序中,第4条至第7条内容如下:

(4)对自己进行一次自我剖析,以大无畏的精神清算自己。

(5)向上帝、我们自己和其他某个人承认我们所犯错误的精确本质。

(6)完全准备好让上帝消除我们所有这些性格上的缺陷。

(7)谦卑地请求上帝移去我们身上的缺陷。

你认为这四个步骤是属于重拳吗?它们当然要求你有一个谦卑的心态。我们必须对我们过去的错误作一个清算。我们必须向另一个人承认我们所犯的错误。

12步程序也要求我们关注道德,并对更高层力量有明确的认知。我不知道这最后一个特征会对过度自信偏差产生多大程度的影响。对精神力量所起作用的最新的有趣的研究考察了道德和对高层力量的感觉影响企业组织中决策有效性的程度。[①]

---

① 参见 Doug Lennick 和 Fred Kiel, *Moral Intelligence* (Philadelphia: Wharton School Publishing, 2005)。还可参见 Yosi Amram 和 D. Christopher Dryer, "The Development and Preliminary Validation of the Integrated Spiritual Intelligence Scale (ISIS)," Institute of Transpersonal Psychology working paper, Palo Alto, CA。

空客 A380：完美规划的谬误

下面，我们通过一个企业的故事来解释规划谬误。字母 EADS 代表的是欧洲宇航防务集团，它是飞机制造商空中客车的母公司。2000 年 12 月，EADS 启动了一个新型飞机项目，即空客 A380。该项目极具野心，空客以往从没有制造过像 A380 这么复杂的飞机。

新飞机在航空电子、电力和水力系统等方面将具有许多新型高水平特征，都将达到现有技术的最高水平。它将装备有 10 万种不同的电线，累计长度达到 330 英里，用来执行 1 150 种不同的功能。相比之下，由空客制造的第二大商用喷气机仅有 6 万种不同的电线。

以前的项目开发时间一般在四到五年之间。现在你已经知道规划谬误的存在了，让我问你几个问题。你认为公司要开发一种比以往制造过的任何一种飞机都要复杂得多的新机型，一个谨慎的时间设定是多久？你认为要确定一个适当的开发时间，一个较为谨慎的直觉判断方法是什么？你认为下面的直觉推断方法怎么样：将 A380 之前的一款机型所花费的开发时间，乘以一个可反映 A380 的较高复杂度、设计过程的性质和用来从事该项工作的资源的因子 X？

空客的管理者承诺在 2006 年初开始交付空客 A380，即大约在项目启动后五年。这意味着他们锁定了一个仅比 1 稍高的 X 值，尽管 A380 的挑战性要比以前的项目大得多。

这个故事有一个虽然不美妙，但却是可预见的结局。规划谬误感染了 EADS。A380 在 2007 年初并没能如期交付，而是拖到了 2007 年底。有某个方面出现了错误。这"某个方面"就是 A380 中那些用来执行 1 150 种不同功能的 10 万种不同的电线。

简而言之，生产的电线太短了。在对电线穿越机体路线的计算中，有人在某处犯了一系列的计算错误。结果，在飞机不同部位安装的电线缺乏足够的长度来进行彼此连接。已经生产并等待安装的所有配线都必须完全报废。由此造成的延迟现象让 EADS 损失了大约 66 亿美元的利润。

这些延迟代价高昂，但还没有致命。A380 最终还是飞到了商业的天空。2007 年底，新加坡航空公司开始在它的悉尼至新加坡航线上使用 A380 机型。不过，66 亿美元还是不能说是一个很小的变化。

2000 年，EADS 管理层未能预测一个主要的电线误算会耽误 A380 项目，这并不能算是他们的。他们的错误在于依赖于一个场景，在这个场景中不会发生任何重要的失败！

记住，对规划谬误的重磅解决方案就是迫使规划者遵循一种将过去的历史纳入考虑的规划程序。作为一般规律，交通基础设施类项目的实际成本比估计成本一般要高出 28%。除此以外，在每 10 个项目中，就有 9 个项目的成本被低估了。[1] 正是这种信息在规划预测中必须予以正确反映。

行为的群体偏差

当人们形成群体时，人们会把他们自己的偏差带进来。群体的动态性是否有助于减轻这些偏差？答案是，不一定。

如果一个群体形成的目的是对付心理学家所说的智力型任务，则群体动态通常会减轻团体成员所带来的个体偏差。

智力型任务具有一个清晰的正确答案。例如，假设你将一大盘软糖带到房间，将盘子放在桌上，然后要求群体成员猜出盘子里有多少颗软糖。这一任务

---

[1] 参见 B. Flyvbjerg, M. Skamris Holm, and S. Buhl, 2002. "Undreestimating Costs in Public Works Projects: Error or Lie?" *Journal of the American Planning Association*, Summer 2002, pp. 279-295。交通基础设施项目与其他类型的大型项目成本被低估的可能性是一样的。

有一个正确的答案。典型情况下，通过取猜测的平均值，你能对盘子中有多少颗软糖得到一个较为合理的估计。这是因为偏差是可以自我抵消的：一个人过低的猜测值(向下偏差)会被另一个人过高的猜测值(向上偏差)所抵消。这一原理有时被称为"大众智慧"，它就是 2004 年一本以此为标题的很有意思的书籍主题，其作者是詹姆斯·苏洛维奇。

如果一个群体要处理的问题是心理学家所称的判断型任务，则群体动态通常会放大群体成员所带来的个体偏差。换句话说，如果考虑判断型任务，则群体动态会使事情更糟。

判断型任务没有明确的正确答案。例如，要决定接受多大的风险，就是一个判断型任务，至少在我们不知道风险到底有多大时是如此。

破坏性群体动态的经典例子是**群体思维**(groupthink)，这是一种群体会一致作出一个错误性决策的倾向。当群体成员对桌面上的建议过度支持时，群体思维现象就发生了。这种过度支持现象之所以会发生，原因有：

- 人们内心里就具有支持的倾向。
- 人们不想表现出反对的倾向。
- 人们总有对提出建议的群体领袖拍马屁的倾向。
- 人们害怕提出一个与群体领袖提出的建议相反的立场。

当一个群体的领袖具有很强的个性，并倾向于在承担风险方面比群体中的其他成员更加激进时，你考虑一下会发生什么情况。这样的一个群体会倾向于对风险采取什么样的激进态度？答案是，该群体会倾向于比领袖本人自己决策时更加具有激进性。心理学家把这种现象称为**极化**(polarization)。

你知道是什么导致了极化现象吗？极化的发生是因为群体成员会倾向于支持他们的领袖，而不是对他或她的高于平均值的风险偏好水平表示反对。

还有一个问题是：当群体协商形成结论后，人们会倾向于对决策感到满意。一些心理学家把这种趋势称为"有效性错觉"。

第五章 财务规划：从一般战略到财务细节

环保材料公司的规划会

在本章的后文中，我想讨论财务规划的具体细节问题。我必须诚实地告诉你，要讨论财务规划的过程显得充满挑战，因为这一主题本身就是了无趣味的。但在实践中，它并不是枯燥无味的。如果处理得好，它将是非常有趣而富有动态性的。

为了展现规划问题的动态特征，我决定做以下一些事情。我继续选取前一章中使用的虚构公司——环保材料公司，并首先要虚构一个有关规划的故事。我将使用对话的形式来讲述这一故事。我并不是一个不得志的剧作家，所以我在这里并不是想通过写一个剧本而期待被星探们挖掘出来。但我需要传递给你一种感觉，那就是富有心智的财务规划在实践中是如何起作用的。

财务规划的核心是编制出预测财务报表的过程。这并不是实际的财务报表，而是反映公司战略实施情况的未来年份的假设和预测的财务报表。一般情况下，预测被作为年度预算周期的一部分。

我们选择第四章中的环保材料公司2011年末的情况作为起点。在这个阶段，环保材料公司的高管们已经坐在一起，要为2012年制定一套预测的财务规划。伊娃（Eve）是公司首席执行官（CEO），弗朗辛（Francine）是首席财务官（CFO），迈克尔（Mike）是首席营销官（CSM），奥斯卡（Oscar）是首席运营官（COO），亨利（Henry）是首席人事官（CHR）。为避免引起混淆，每个人名字的第一个字母就代表他的职能。

> 伊　娃(E)：早上好，各位。今天，我们开始进行2012年的规划工作。我想我们大家都会同意，财务规划应该是一个综合性的工作，它需要反映预算，也要反映公司所作战略决策的全貌。弗朗辛和我将带领大家一起来完成预测财务报表的编制。对于开卷式管理，我所学到的重要一条就是，一家公司的风格和文

化是从顶层开始的。在我们开始进行规划和预算工作之际，我想提醒大家，我们的目标是建立一家富有心智的公司。这意味着我们要注意到，像不切实际的乐观主义和过度自信这样的偏差会使我们容易走入规划谬误之中。因此，在我们进行这项工作时，让我们尽力形成好的习惯，例如尽量采用外部视角，这样就可以帮助我们打败心中的幽灵，好不好？现在，请弗朗辛带领我们上路。

弗朗辛(F)：谢谢伊娃。大家好。我知道，对于在座的一部分人，这是一项全新的工作。所以我会尽量进行得慢一点。财务规划一部分是机械性的，一部分是判断性的。机械性的部分是靠直觉来完成的，它主要涉及一种被称为销售额百分比的技术，因为许多预测的财务项目都是以其占预测销售额的百分比的形式来确定的。在这种情况下，销售额的预测值就是预测的关键性因素，它处于损益表的最上面一行。让我们从最上面这一行开始，然后再到销货成本、研发费用以及销售和一般管理费用(SG&A)。

伊　娃(E)：迈克尔，你是我们的首席营销官，因此，在销售额的预测方面，你负有首要的责任。你是否已准备好，为我们作一个关于2012年环保材料公司销售额的初步预测？

迈克尔(M)：可以呀！当然，我欢迎你们大家进行反馈。我想提醒各位，环保材料公司2011年的销售额达到484 000美元，我认为这是一个可观的数字。我们公司的两人销售团队成功地以2 200美元的平均价格向15家地方政府和三家高尔夫球场销售了220台环保发电机。有了这些正面的结果作基础，我充满信心地预测，我们的销售队伍能在2012年将销售数字翻三倍，达到145万美元。我想我们能够找到40位左右的新客户，并且这些新客户中的每一位都会比去年的客户从我公司平均订购更多的产品。去年，平均每位客户从我们这里购买了12台环保发电机。我预测，明年平均每位客户购买环保发电机的数量将会增加至17台。

奥斯卡(O)：迈克尔，你觉得2 200美元的价格怎么样？你看2012年还能维持这一价格吗？

迈克尔(M)：我希望是这样，奥斯卡。目前看上去市场对环保发电机存在着很大的需求。没错，我们会面临竞争。但在上一年，我们毫不费力地就把我们生产的几乎所有产品都销售一空。我建议我们维持价格的稳定性。

伊　娃(E)：迈克尔，客户对我们的产品感觉如何？

迈克尔(M)：大家都知道，第一批产品确实存在一些质量问题。但这些问题都不是致命性的。我们的产品在大多数时候都运转正常，尽管也有客户抱怨说要学会使用它所需要的时间还是长了一些。鉴于我们的工程师已经解决主要的质量问题，下一代的产品应该会更好，这一点我很乐观。

伊　娃(E)：奥斯卡，在产品的质量问题方面你怎么看？我们已经解决主要的质量问题了吗？

奥斯卡(O)：如果按照销售队伍向我们反馈的客户抱怨的情况来看，我想我们已经解决了主要的质量问题。2012年，质量将会比2011年有大幅度的提高。

弗朗辛(F)：迈克尔，我当然希望你的销售预测最终被证明是准确的。同时，我也很担心。我特别担心的是规划谬误。你已经为我们描绘了一幅玫瑰色的蓝图，说我们会找到40位新客户，每位客户会购买17台环保发电机。但是，会不会有什么因素出问题呢？会不会有什么因素导致这一预测失真呢？

迈克尔(M)：这样，没有预测是完美的。预测未来的销售额并不是科学。也许对我们产品高质量的口碑相传并不如我们所希望的那样快。那就会使我们发展的速度有所减缓。但我们的销售人员已经向我们证明，我们的产品确实是很棒的。

伊 娃(E)：奥斯卡，你认为怎么样？你能吹毛求疵一下吗？迈克尔是否会犯下值得让我们担心的行为偏差？对事不对人的，迈克尔，我相信你能理解。我们当中所有人都很容易产生这些偏差，包括我自己。但我们必须诚实地面对它们，如果我们打算处理好这些问题的话。

奥斯卡(O)：当然，我们都容易犯这些错误。迈克尔可能产生了锚定偏差。一方面，在对下一年形成预测时，他可能会锚定在上一年的销售额上。另一方面，伊娃，针对你的问题，也就是哪方面会出错，迈克可能会锚定在他的预测上。

弗朗辛(F)：迈克尔，对于奥斯卡说你可能会锚定在你的预测上的看法，你是怎么想的？我们唯一的顾虑就是对我们产品的口碑相传会太慢吗？你没有担心过我们的某一个竞争对手会在技术进步方面超过我们吗？如果经济出现衰退并且电力的价格下跌怎么办？在那种情况下，生物质能发电会变得更加无利可图。难道这些可能性不应该被纳入我们的考虑范围之内吗？

迈克尔(M)：很好的观点，谢谢。我同意，它们应该纳入考虑范围之内。

奥斯卡(O)：在公司发展之路上，我们还只关注了销售一环。一种可能的失败情况是，我们运营中的有些方面没有被考虑到。也许我们的生产设备发生了故障，或者生产厂房出现了火灾，或者我们无法雇用到足够的生产工人。

迈克尔(M)：也是很好的看法，谢谢。

弗朗辛(F)：迈克尔，你的营销计划有多具体？你对下一年中计划达到的前景有一个具体的清单吗？你曾提到有 40 个新客户的目标。你认为销售队伍需要接触多少客户才能最终签下这 40 名客户？

迈克尔(M)：如果今年的数据可以作为参照的话，我想我们需要接触大约 400 位潜在客户。是的，我们有一个具体的清单。

弗朗辛(F)：迈克尔，我想让你采用外部视角来看问题。现在，你已经在对未来几年的销售额进行预测。一般情况下，你会在预测中倾向于作出过高的估计吗？

迈克尔(M)：我知道你会要问我这个问题，所以我回顾了一下，看了一下我过去的记录。诚实地说，我的预测倾向于高估 10% 到 15%。

弗朗辛(F)：你是否已经将你过去的预测偏差考虑到你对明年的销售预测之中？

迈克尔(M)：没有，因为环保材料公司的市场是全新的，而我以前的预测是针对不同市场的。

弗朗辛(F)：迈克尔，我想说的适用于我们所有人，包括我自己。当真正的外部观察者在检查别人的预测技术时，他们会将注意力集中于预测者的个性特征。所以，虽然你过去的预测是针对不同的市场，这是事实，但你的个性特征却也反映在其中。要看清我们自己的个性特征确实很困难。这正是我们要相互帮助来解决这些脆弱点的原因。我们的文化必须提供一种支持性的环境，让我们能彼此帮助。

伊 娃(E)：谢谢你，弗朗辛，这是非常重要的。迈克尔，谢谢你把这些东西都拿出来和我们分享。这是一个很好的起点。我想，你下一步要做的事情就是根据我们今天的讨论来重新做一遍销售预测。请考虑一下，你的预测作为最佳猜测值而言，是较为现实的,还是过度乐观的?我并不是说我们不应该将销售额翻三倍,因为它确实可能会发生。但如果它发生了,是因为我们碰到了好运气,还是因为它是一个合理的预测?此外,请考虑一些合理的失败场景,这些场景中有些方面会出问题。如果我们能感觉到意外可能出自哪些地方,那就会对我们应对这些紧急情况有所帮助,不管是精神上还是其他方面。所有这些采取的都是内部视角。因此,当你用内部视角完成规划后,尽最大努力用外部视角来看问题,考虑一下外部视角会帮助你如何修改你仅用内部视角得到的预测,好吗?

迈克尔(M): 好的,我将会做好这一方面的工作。

伊 娃(E): 太好了。现在,我们就以你的初始预测当作给定值,来做一些头脑风暴,看看它将对我们公司其他环节产生的影响。这场讨论中产生的信息也会对我们决定是否需要修正你之前的想法有所帮助。

弗朗辛(F): 奥斯卡,作为首席运营官,你能分享一下你关于销售额翻三倍对公司运营所带来的影响的看法吗?例如,销货成本的情况会如何?去年,每1美元销售额的销货成本累计达到1.38美元。我们能把这138%的比率降低多少?如果我们直接采用这一销售比例来进行直观计算,我们预测的销货成本将超过200万美元。

奥斯卡(O): 正如我们大家都知道的,我们去年的毛利率为负值,这意味着我们的销货成本高于销售额。这就是成本率超过100%的原因。产生这一现象的一个主要原因是我们的运营效率太低。在雇用生产工人时,我们显得略微有点野心勃勃,我们可以在制造现场使用更少的人手。但我们已经从错误中吸取了很多教训。我们的工程团队在改进生产流程方面取得了巨大的进步。我认为我们并不需要为实现生产水平翻三倍而再多雇用任何生产工人；实际上，我们还可以再解雇几位。如果我们计划将生产规模扩大三倍，我们应该对原材料作出三倍的预算。我对销货成本作出的最佳估计将会是 710 000 美元左右。如果真是这样，并且销售数字在迈克尔的预测值附近，则成本率将会从 138% 降至大约 35%。

弗朗辛(F): 我们绝对需要这种改进来堵住公司的现金流出。资本预算的情况如何？我们需要的厂房和设备方面，你有什么建议？那将对销货成本产生什么影响？

奥斯卡(O): 我对 2011 年的资本预算建议包括建造一座生产厂房和增加四台生产用机器设备。你批准的总金额为 450 000 美元。这对 2012 年销货成本的影响将通过生产的间接费用来实现，大约在 175 000 美元附近。

弗朗辛(F): 但你对 2012 年销货成本给出的预算范围只比 2011 年的值高一点点。在你的销货成本预算当中是否存在不切实际的乐观主义？实际上，让我再问你一个问题。如果给定我们的销售额翻三倍，你认为销货成本实际上最终能降低到多少？

奥斯卡(O): 除非原材料价格能有大幅度下降，否则我不认为我们能合理地预期销货成本会降到很低。

伊　娃(E): 销货成本最终会比你预期的值高出很多吗？

奥斯卡(O): 如果我们的机器设备遭遇严重的故障事件，从而产生巨额的维修费用，那么就会出现这种情况。或者如果我们存在严重的产品质量问题而不得不重新返工的话，也会出现这种情况。

弗朗辛(F): 好了，那就是说，在你预测的销货成本中，如果出现有利结果，销货成本向下没有多大空间，但如果出现不利结果，则销货成本在你的预测值基础上还有一个相当的向上空间。我说对了吗?

奥斯卡(O): 是这样。

伊　娃(E): 迈克尔,你有什么看法?

迈克尔(M): 我认为奥斯卡对销货成本的预测存在极度乐观之嫌,它可能仅仅反映了一种内部视角。现在,我在偷笑,因为我也可以告诉你,当我站在外部而不是内部立场时,讨论外部视角对我来说要容易得多。

伊　娃(E): 奥斯卡?

奥斯卡(O): 是的,我意识到了这一点。但是,去年是我们运作的第一年,我们并没有遇到任何严重的生产问题。如果要发生点什么问题,它在去年发生的可能性应该更大。今年,我们就有了更多的经验。我认为生产过程中发生什么严重问题的几率是相当小的。

伊　娃(E): 好了,记住,过度自信的管理者会低估风险,从而会遇到比他们预期当中更多的意外情况。你为什么不先考虑一下你对销货成本的预测是否需要修正,然后再告诉我们?而且,像弗朗辛所说的,当我们讨论迈克尔的预测时,我们所有人都需要将外部视角带到我们的预测中去。例如,如果在过去,你倾向于存在10%的乐观主义,你可能需要将你用内部视角预测的销货成本再抬高10%,这样的话,你预测的成本率就应该是38.5%,而不是35%。

奥斯卡(O): 是的,我懂了。对我来说,这很有道理。这并不是我习惯采取的思维方式,但我明白这样做的好处。

伊　娃(E): 太好了。那么研发方面怎么样?你认为对于研发我们需要什么样的预算?

奥斯卡(O): 我建议我们再另外投资两个研发单元。如果我们要具有长期竞争力的话，我们就必须改进我们产品的质量，并提高我们生产线的效率。我们的工程师是很好的。我想我们可以暂时不雇用更多的人手，只要我们能给他们更新更好的实验设备来开展工作。如果我们这样做的话，我们损益表中的研发投入将会是大约 395 000 美元。

弗朗辛(F)：你认为这笔投资将会给环保材料公司带来多大的价值？你是否作过增量现金流分析来估计这一数字？

奥斯卡(O)：我确实开了个头，但还没有完成这个分析。我们可以回头再讨论这个问题吗？

弗朗辛(F)：当然可以。那么这样的话，就让我们来讨论销售及一般管理费用(SG&A)。迈克尔，你对销售预算有何建议？

迈克尔(M)：要使销售翻三倍，谨慎地说，还需要另外雇用两名销售人员，使我们的销售队伍增加至四人。这将花费 225 000 美元。如果我们把促销的费用增加 50 000 美元，那不会有坏处。在客户支持人员方面，我们可以保持不变。因此，我建议销售预算增加 275 000 美元。

亨　利(H)：四名销售人员来接触 400 名顾客？那意味着平均每周对客户拜访两人次。这种节奏是不是太慢了？如果我们不增加销售人员，情况会怎么样？

迈克尔(M)：我们现在的两位销售人员每周能接触四位客户。但这会涉及大量的旅行，从而造成大量的停工。他们会感到紧张和充满压力。而且如果其中一个人生病的话，我们就会找不到替补队员。

亨　利(H)：我们的客户支持人员去年的繁忙程度如何？

迈克尔(M)：他们很忙，因为产品质量问题。

亨　利(H)：假定我们去年没有质量问题呢？

迈克尔(M)：那就会不需要这些客户支持人员。

亨　利(H)：如果我们解散客户支持人员，而另外雇用一名销售人员，在公司遇到像去年那样的重要质量问题时，该名销售人员是否可以处理客户支持缺位的情况？

迈克尔(M)：可以的。

亨　利(H)：那就好了，为什么我们不考虑这样做来降低2012年的成本呢？如果奥斯卡认为质量问题已经得到解决，也许我们在目前阶段真正需要提供大量客户支持的风险是很小的。这种想法合理吗？

迈克尔(M)：如果以成本的观点来看，我想这是合理的。但那会加大销售队伍的压力。如果我们这样做，销售预算将会比去年增加大约50 000美元。

弗朗辛(F)：现在让我们用笔在这里做个记号。但是，迈克尔，你可以考虑一下我们的销售团队能处理多大的压力，如果你仍然对此有很强烈的想法，下次会议上你再提出来，好不好？亨利，其他的SG&A项目怎么样？

亨　利(H)：那些费用应该会比去年降低90 000美元，因为去年我们支付了招聘费用来雇用生产团队。接下来的这一年中，我们不需要雇用更多的生产工人。我们计划雇用一名销售人员，因此，还有一些招聘费用要付。

奥斯卡(O)：伊娃，你总是告诉我们说吹毛求疵如何如何重要，那我就问亨利一个你曾经问过我们的同样的问题。你的成本估计是否存在不切实际的乐观主义？有没有什么因素可能会使那些成本变得更高？

亨　利(H)：谢谢你的问题。我很欣赏你的问题。公用事业费用可能会飙升。或者我们可能会发现，我们不得不雇用比预期当中更多的人，因此而付出更多的招聘费用。或者我们可能必须解雇一些人，并支付遣散费。实际上，说到这里，我才意识到刚才忘记将解雇客户支持人员所需的遣散费包括在内了。这意味着我们的一般管理费用并不像我几分钟前讲的那么低。当然，我们自己的薪水也包括在一般管理费用当中。根据我们与投资者之间的协议，这些费用2012年不会上升。好了，还有什么问题或者看法？

奥斯卡(O)：暂时没有。

迈克尔(M)：我们可以继续往下走。

弗朗辛(F)：谢谢。现在，让我来总结一下。我们今天坐在一起是为了作一个财务规划，来支持我们将环保发电机推向市场的总体战略。在目前这个阶段，我们已经在编制2012年的预计损益表方面迈出了第一步。我已经做了一个简单的表格，从中可以看出我们运营中的主要数据。2012年的折旧数据将假定为与2011年相同(见表5.1)。

你们可以看到，2012年，我们预测可得到一个正的毛利，但经营利润仍为负值。基本情况是，我们还有大量的管理费用要弥补。如果我们不给自己发工资的话，环保材料公司按照EBIT(息税前利润)来计算，大致可维持盈亏平衡。

表 5.1

损益表	2012
销售额	$1 452 000
销货成本	$710 619
毛利	$741 381
研发费用	$392 665
一般管理费用	$1 106 660
折旧	$4 000
经营利润	($761 944)

迈克尔(M): 那是对我们的一个委婉的建议吗?

弗朗辛(F): 呵呵,不是不是,那只是一个信息而已。我很有信心,环保材料公司将会成为一家成功的企业,而不需要让管理层白忙活。继续往下进行……

亨 利(H): 弗朗辛,在我们往下进行之前,我们能花点时间讨论一下刚才那最后一点吗?

弗朗辛(F): 当然可以。

亨 利(H): 太好了。伊娃总是强调,我们的公司文化需要反映一种对群体思维的认知。你们两位也经常谈到"和而不同"在克服群体思维方面的重要性,对吗?

伊 娃(E): 是的,那当然。

亨 利(H): 那好。我并不认为我们公司支付得起它目前向我们所支付的薪水。我们预测的 SG&A 会与我们的销售额几乎一样大!

弗朗辛(F): 亨利,你知道吗?你这个问题提对了,谢谢你。这是一个合乎逻辑的问题。我要告诉你点儿什么。我们现在要做的,是估计出我们公司继续发展的财务健康程度。因此,在第一轮中,何妨假定我们继续保持我们自己的薪水不变,看一看这将把我们带到何方?在下一轮的讨论中,我们可以再回头讨论主要的开支项,包括这一项。为了确保我们会再讨论薪酬问题,我想请你在第二轮讨论中再次提出这一问题,好吗?

亨 利(H): 我很乐意。

弗朗辛(F): 太好了。接下来让我继续解释损益表。在 EBIT 下面还有其他的损益表项目,主要是利息和税收。这里唯一需要一些判断的数字是对利息支付的预测值。我已经对此作了估计,使用的数字是 14 539 美元。这一数字是这样计算出来的:根据我们正准备借入的 300 000 美元贷款所需要支付的利息,再考虑我们2012年将持有的可供交易证券中可收到的利息，二者相减得到。损益表中的其余部分就完全是机械的了。如果我们的对话中不会节外生枝产生其他问题的话，让我们假定其他收益是零。税前利润就是经营利润减去利息支付再加其他收益。将这一数字乘以税率即得税收。将税收从税前利润中扣除，我们就得到净利润。下面大家看到的就是2012年预计损益表的全貌。

迈克尔(M): 为什么我会总是希望净利润能够变成正值？

奥斯卡(O): 迈克尔，那是因为你是一名营销人员。营销人员总是进行希望式的思考，呵呵。

弗朗辛(F): 奥斯卡是正确的。只要想想那句关于"生活在玻璃房子中的人"的谚语。

奥斯卡(O): 只是开个玩笑，迈克尔。

表 5.2

损益表	2012
销售额	$1 452 000
销货成本	$710 619
毛利	$741 381
研发	$392 665
一般管理费用	$1 106 660
折旧	$4 000
经营利润	($761 944)
利息费用	$22 939
其他收益	$0
税前利润(EBT)	($784 883)
减：纳税准备金(35%)	($274 709)
净利润	($510 174)

弗朗辛(F)：让我们继续看资产负债表项目。我们先做资产负债表的资产方，如果在座各位没有人愿意带头的话，我就来抛砖引玉了。

奥斯卡(O)：弗朗辛，我知道，你和伊娃认为，我们每一个人都应该理解我们公司的财务数据。因此，谢谢你提供机会。我很高兴你能把我们带到这一步。我看到迈克尔在点头，同意我的看法。我们会尽我们的最大努力参与进来。

弗朗辛(F)：太好了！让我们从流动资产开始。记住，我曾提到过，预测财务报表时会涉及一种直觉推断技术，叫销售额百分比法。这一技术是建立在如下假设之上的：财务报表中的许多项目在不同年份中都会与销售额保持相同的比例。如果你遵循这一方法，预测这些变量就会变得相当容易。只需从去年的数据中计算出它对销售额的比率，再乘以预测的销售额。

例如，去年的销售额是 484 000 美元，而应收账款是 242 000 美元。因此，应收账款对销售额的比例为 50%。预测下一年度应收账款的直觉推断法就是取 1 452 000 美元的 50%，即得 726 000 美元。这里的想法是，如果我们的销售收入翻倍，而这些销售收入中客户延迟付款的比例保持不变，则他们欠我们钱的数量也会翻倍。因此，如果我们对客户维持我们目前的支付条件政策，销售收入百分比应该会保持不变。

迈克尔(M)：我们怎么知道新客户会与老客户维持一样的付款方式呢？如果我们有一位新客户是地方政府，该客户因为税收收入下滑导致资金紧张，需要比我们预期更长的时间来支付货款，那么会发生什么情况呢？

弗朗辛(F)：这种情况可能会发生。我们的预测有可能出现错误。问题在于，我们是否有足够的信息来作出一个更好的预测。实际上，我们的销售队伍应该作足够的研究来估计我们每一个客户在支付货款方面能做到什么程度。这实际上是一个你需要进一步加强并就此制定一些流程的问题。

迈克尔(M)：嗯，好的，这合情合理。

弗朗辛(F)：资产负债表中还有一种可以使用这种直观方法来预测的资产，那就是存货。同样地，我们假设存货政策保持不变，我们的原材料、在产品和产成品存货与销售额成比例变化。

奥斯卡(O)：嗯，这好像不太符合实际。如果我们认为原材料价格即将走向高位，或者是供应链中存在短缺，我们就可能会提前充实原材料库存。或者，如果我们担心因出现库存短缺而失去市场份额，我们可能就会增加我们的产成品库存，以对冲这种风险。

弗朗辛(F)：这是一个很好的考虑。你对这些问题作过一些思考吗？

奥斯卡(O)：还没有。我应该这样做吗？

弗朗辛(F)：嗯，存货政策是我们战略的一部分。它既有运营的一面，也有营销和销售的一面，还有财务的一面。在存货政策的制定上，我们大家都责无旁贷。但我们并不需要马上做这件事。现在，我们可以用销售额百分比作为第一步。但我们应该召开一个单独的会议来讨论存货政策，并尽量不要被第一步的分析所固化。

迈克尔(M)：流动资产中的另一个项目是现金和可供出售的证券。我们也使用销售额百分比法来预测这一项目吗？

弗朗辛(F)：我不认为使用销售额百分比法来预测现金是合理的。实际上，我们目前正在进行的程序应该有助于我们搞清楚我们的现金政策。现在，让我们假定我们必须要花现金来实现增长，我们还必须保证持有至少25 000美元的现金，以应付不可预见的事件。我们可以以后再讨论这一假设。下一个问题就是，要知道如何预测物业、厂房和设备，我们需要哪些信息？

奥斯卡(O)： 我们不是讨论过我们的资本设备购买问题吗？

弗朗辛(F)： 是的，我们确实讨论过你对2011年资本预算的建议，但那不是2012年的预算。2011年的资本支出会被包括到2011年公司的资产负债表中。我们2012年的资本预算则会进入到我们2012年的预计资产负债表中。还有另外一个问题，那就是在这一年中，我们是否计划处置任何物业、厂房和设备？

奥斯卡(O)： 嗯，我们一年前购买的那些环保发电机的生产设备应该可以再使用一年。但如果我们开足马力地使用，这些设备也许在本年末就会报废。然后，它们就会闲置在那儿，除非我们把它们送到废料场。对于一年前购买的研发单元，情况也相同。这些东西闲置在那儿，除了占用那些本可以用来放置存货和安置其他设备的空间以外，没有任何用处。

弗朗辛(F)： 我喜欢做预计报表的一个原因就是，它可以促使我们像现在这样提前思考一些问题。资产负债表中的物业、厂房和设备项目记录的仅仅是那些我们持有的固定资产价值，不记载我们曾经持有的。因此，2012年末期的资产负债表不会反映这一年中我们处置过的机器设备和研发单元。我们能假设去年购买的所有设备都会在2012年末得到处置吗？

奥斯卡(O)： 我想是的。

弗朗辛(F)： 那好，现在还有2012年的资本预算问题。

奥斯卡(O)： 我想你还是会要等到年底，再来看看我们现金头寸的情况，然后来讨论资本支出问题。

弗朗辛(F)： 你说得很对，因为在我们采取行动之前，很多事都可能发生。如果我们能等到看清楚这一年的情况如何，我们就应该等待。

然后，我们就能看清我们的现金持有情况是什么样子，市场是什么样子，等等。这说一说可以，但你要知道，我们现在做的是规划。为了预测从现在起一年以后我们的资产负债表看起来会是什么样子，我们需要对我们的资本预算情况作一些估计。因此，奥斯卡，假设2012年最终与我们预测的情况相差无几吧！你认为在接下来的一年中，我们需要多少资本支出？

奥斯卡(O)：你弗朗辛让我花多少，我就花多少呗！

弗朗辛(F)：那好，至少你很诚实。假设我的答案是200 000美元。

奥斯卡(O)：那样的话，我会抱怨你过于短视，我们应该有更多的支出。但如果你只能给我这么多钱，我会用它来购买一台新生产设备和一套新的研发单元。我认为我们需要在研发上有更大的支出，以改进我们的产品质量。如果我们只卖低端产品，我们在这个市场上待不长的。我们的竞争对手会活活把我们吃了。

弗朗辛(F)：我明白你的意思。同时，为了说明问题，还是先让我们就使用200 000美元来看看事情会如何进展，好吗？

奥斯卡(O)：好的。

弗朗辛(F)：如果这样的话，我们总的物业、厂房和设备在2012年就将从1 350 000美元降至1 300 000美元。那是因为我们将要淘汰我们用250 000美元购买的固定资产，而增加用200 000美元购买的新固定资产，从而形成50 000美元的净下降。

迈克尔(M)：我听懂了。那么，累计折旧又是什么情况呢？

奥斯卡(O)：无论何种情况，当我们淘汰那些资产时，从物业、厂房和设备项目中消失的250 000美元也必须从累计折旧中消失，对吗？

弗朗辛(F)：正是如此。

迈克尔(M)：为什么？

弗朗辛(F)：资产的账面价值是指它的净值。一项资产退役，其账面价值就已经清零，因为该资产已经完全折旧了。净值就是原值减去累计折旧，如果你从原值中移走 X 美元，你也必须在累计折旧中作同样的事情，只有这样，资产的移除才不会影响到资产负债表中的净值项。

迈克尔(M)：我相信你说得对。

弗朗辛(F)：我们不必纠缠这一点了。过不了多久，你就会理解它。总之，让我们继续往下走，我们 2012 年资产负债表中的土地数字将与 2011 年保持一致，因为我们在 2012 年并不打算出售或购买土地，而土地又无须折旧。

奥斯卡(O)：好了，我看到资产负债表中倒数第二项是其他资产。这指的是递延所得税资产吗？

弗朗辛(F)：是这样的。这一项记录的是我们的税收损失结转，是我们未来的税收抵免，或者说是我们从国税局收到的税票。因此，在本年度，即 2011 年年末，这一数字应该是 445 373 美元。我们 2012 年的预计损益表显示将从国税局得到 173 769 美元的虚拟税收返还。因此，到 2012 年末，我们的税收抵免总额就是这两个数字之和，即 619 142 美元。

奥斯卡(O)：概念听起来是蛮直观的。我在想，为什么我们以前总觉得它那么难？也许那是因为财务报表并没有为我们支付税收的真实情况提供原原本本的写照吧！

弗朗辛(F)：另外还有一套书以更加清晰的方式说明了这些情况，我们为了税收目的而收藏了这套书。但我们这里采用的处理方式是向投资者展示的典型方式。总之，我们第一遍的工作结果可以反映在资产负债表的资产方(见表 5.3)。

表 5.3

资产负债表：资产方	2012
现金和可供出售的证券	$25 000
应收账款	$726 000
存货	$42 383
流动资产合计	$793 383
物业、厂房和设备	$1 300 000
累计折旧	$288 000
厂房和设备(净值)	$1 012 000
土地及改良物(净值)	$225 000
固定资产总额	$1 237 000
其他资产	$818 082
总资产	$2 848 465

迈克尔(M)：我能跟上所有的内容。

弗朗辛(F)：太好了！奥斯卡，你怎么样？

奥斯卡(O)：我也行，都能理解。

弗朗辛(F)：既然是这样，现在就让我们看一下资产负债表的负债方。它运作的原理如下：负债方反映的是我们从投资者和供应商那里得到了多少钱。基本上，它显示了我们需要返还给他们的本金数目。对贷款来说，它确实就是本金，而不是利息。对股票来说，利息的对应物是红利，而红利也并不构成资产负债表的一部分。

迈克尔(M)：谢谢你的提醒。那应付账款呢？这一项目看起来有点不同。

弗朗辛(F)：好问题。应付账款反映了我们未付的账单。资产负债表显示的是我们欠供应商的钱。这一数目之所以出现在资产负债表上，是因为它就像是我们的供应商借钱给我们来完成这些购买。

迈克尔(M)：谢谢。

弗朗辛(F)：不客气。现在，我为你准备了一个问题。假设我们希望在2012年不向投资者筹集任何新的资本，就能直接展开运营。

给定我们到目前为止所拟定的计划，我们能做到吗？

奥斯卡(O)：嗯，这将取决于现金流，对吗？

弗朗辛(F)：完全正确。如果我们不需要向投资者募集新资金，也不需要向银行申请新的短期贷款，会出现什么情况？你认为2012年公司资产负债表的负债方会是什么样子？

迈克尔(M)：如果按照你刚才提醒我们的那样，资产负债表代表的是我们过去从投资者手中得到的资金，那这些资产负债表数字不是应该与2011年的数字相同吗？

弗朗辛(F)：好的，哪些数字？

迈克尔(M)：债务和股东权益的数字。

弗朗辛(F)：你说的有一部分是对的。应付票据那一行记载的是短期债务，它应该保持不变。长期债务项目应该保持不变，我们没有因本金一年内到期而发生状态变更的长期债务。但是，股东权益的部分会如何呢？

迈克尔(M)：也相同吧！

弗朗辛(F)：对于优先股和普通股项目来说，确实是这样。但是否还有其他什么东西被你遗漏了呢？

迈克尔(M)：噢，我明白了。我漏掉了留存收益。

弗朗辛(F)：对极了！资产负债表中的留存收益数字是所有过去留存收益数字的累加值。因此，我们需要将2011年的数字加上2012年的净利润与2012年红利之差。在我们公司的这个阶段，我们还没有支付红利的想法，因此，我们要加到2011年留存收益上去的数字就是2012年预计的净利润数字。由此我们得到一个 $-322\ 714$ 的值。

迈克尔(M)：那么，这就是全部吗？留存收益是唯一一个不会保持不变的项目吗？

奥斯卡（O）：应付账款呢？难道我们不应该像对待应收账款一样，使用销售额百分比法来处理吗？

弗朗辛（F）：完全正确。实际上，让我把这些公式输入我的工作表中，然后给大家看一下结果（见表5.4）。

表 5.4

资产负债表：负债方	2 012
应付票据	$0
一年内到期的长期债务	$0
应付账款	$15 000
流动负债合计	$15 000
长期债务	$300 000
其他债务	$0
优先股	$3 000 000
普通股	$0
留存收益	($1 519 294)
股东权益	$1 480 703
负债与股东权益总额	$1 795 706

奥斯卡（O）：嗯，这很有趣，弗朗辛。资产负债表不平衡！资产总额高于负债。

弗朗辛（F）：是的。准确地说，是负债和股东权益。

迈克尔（M）：那么，奥斯卡可能是正确的，但拥有一个不平衡的资产负债表，这肯定不可能是正确的。

弗朗辛（F）：你说得也对，迈克尔。

迈克尔（M）：那好了。我们所有人都对，那可真美妙。但这些差异怎么办？我的快速计算告诉我，资产比负债和股东权益值多出1 052 759美元。

弗朗辛（F）：显然，我们必须对此做点什么。我们要么必须把资产的数字减下来，要么就把负债和股东权益的数字加上去。

奥斯卡（O）：你的意思是，我们通过玩弄数字就可解决这一问题？那不会把我们送进监狱吧?

弗朗辛(F)：太幽默了。我们降低资产数字的办法是通过做一些实实在在的事情，例如比我们所计划的情况下购买更少的资本性设备。增加负债和股东权益的办法则是通过筹集新的资金。实际上，进行这种规划的一个非常好的理由就是它能帮助我算清楚我应该到外面筹集多少钱。以我们前面的讨论为基础，看起来我应该通过外部融资来筹集 1 052 759 美元。

迈克尔(M)：这些钱要从哪里来呢？

弗朗辛(F)：关于这个嘛，我还没有找到答案。很可能我们还可以去找我们的风险投资家，以寻求新一轮融资。但我们也可以试试去获取一笔新贷款。或者，我们还可以将二者结合起来，在得到一笔新贷款的同时，要我们的风险投资家们解决其余的不足部分。现在，我们假定从风险投资家那里筹集 786 066 美元，其余部分来自银行。在这种情况下，就可以得到下面的资产负债表负债方。如果你把资产负债表的资产方和负债方放在一起进行对比，现在可以看到什么(见表 5.5)？

表　5.5

资产负债表：负债方	2012
应付票据	$0
一年内到期的长期债务	$0
应付账款	$15 000
流动负债合计	$15 000
长期债务	$566 693
其他债务	$0
优先股	$3 786 066
普通股	$0
留存收益	($1 519 294)
股东权益	$2 266 772
负债与股东权益总额	$2 848 465

奥斯卡(O)：好了，我看到资产负债表现在平衡了。

迈克尔(M)：是的。我看到这不是通过玩数字游戏得到的结果。

弗朗辛(F)：很好。我想，对财务报表所做的第一轮工作，我们已经完成了。我们还将沿着这一方向进行第二轮的工作。但到现在这个阶段，我更愿意我们一起来做一点资本预算分析。在向前发展的过程中，我们需要对资本支出有更好的自律。我想要我们大家考虑的是，在我们进行资本支出的时候，我们为投资者创造了多少价值？

奥斯卡(O)：做这个分析究竟有什么意义？

弗朗辛(F)：好，有两个原因。第一，我们需要估计出我们所做的资本支出是否真的值得去做。如果我们损害了我们投资者的价值，用不了多久，我们就会成为别人的下饭菜。第二，我们公司当前价值中的相当部分，都是来自投资者对我们按此发展所形成的预期，也就是依靠我们未来的投资项目。我们必须动手估计这些项目能值多少钱。

迈克尔(M)：我听起来觉得很有道理。但是，到底我们应该怎样做？

弗朗辛(F)：让我们试试看，估计一下我们预计在2012年进行的资本支出将会创造多少价值。我将通过一个例子来把我的想法展示给大家。从这一点开始，我们就各就各位走流程，让这种程序对我们来说常规化，如何？

奥斯卡(O)：这我可不知道。让我们先听听你的想法吧。

弗朗辛(F)：大家看看这张表（见表5.6）。它列出了在与我们在2012年底计划进行的资本支出相关的现金流方面，我们必须知道的信息。如果你看一下这张表，你就会看到它被分为四个部分。最后一行就是所谓的"底线"(bottom line)。底线表示的是，年复一年中，从事项目投资会给我们公司的总体现金流带来什么样的差异。然后，我们就要计算现值。我们得到"底线"值的方法就是将现金流分成各种小类。你们看清楚了吗？

表 5.6

Ⅰ. 投资和处置活动现金流	
1. 投资	对于这一项目，我们打算花多少钱来购买新的固定资产？
2. 处置	与本项目相关的固定资产出售中，我们预期能收回多少钱或者得到多少残值？
3. 处置税	与本项目相关的固定资产处置中，我们需要额外支付多少税收？
4. 小计	以上项目小计多少？
Ⅱ. 经营活动现金流	
5. 销售额	该项目上马会让公司增加多少销售额？
6. 销货成本	除去折旧，新增销售产品的生产成本是多少？
7. SG&A	除去折旧，该项目上马会相应导致SG&A增加多少？
8. 研究与开发	该项目上马会相应导致研发费用增加多少？
9. 折旧	该项目上马会导致公司折旧费用增加多少？
10. 税收@35%	该项目上马会导致公司支付的所得税增加多少？
11. 小计	销售额与以上非折旧费用合计额之差是多少？
Ⅲ. 净营运资本变动	
12. 应收账款变动	该项目上马会导致公司应收账款比上一年增加多少？
13. 存货变动	该项目上马会导致公司存货比上一年增加多少？
14. 应付账款变动	该项目上马会导致公司应付账款比上一年增加多少？
15. 小计	以上项目小计多少？
Ⅳ. 净现金流	
16. 净现金流	小计金额汇总，指该项目给公司总体现金流带来的变化。
17. 现值	站在2012年底的角度，每一年的净现金流的现值是多少？

迈克尔(M)：你是指投资与处置活动现金流吗？

弗朗辛(F)：对的，还包括经营活动现金流和净营运资本变动。我们为什么不一个一个来处理这些问题呢？第一个问题很简单：2012年，我们打算为该项目花费多少钱来购买新的固定资产？

奥斯卡(O)：200 000 美元。但这是为一个项目花的吗？

弗朗辛(F)：200 000 美元是对的。我们要从项目的观点来看待它，这样我们才能对我们要做的事情有集中的考虑。现在，因为 200 000 美元是我们公司的整体支出，即流出公司大门的钱，所以我们在前面加上一个负号，表示这是一笔现金流出。好了，记住我们要做的事情是估计该项目对公司总体现金流的影响，让我们一个一个地来过一遍这些问题。

奥斯卡(O)：蛮容易的。

弗朗辛(F)：我们现在处于第 2 行。这些资产的预期使用寿命为两年。两年后，如果我们将它们当废品卖掉，你认为这些资产还会有一些价值吗？

奥斯卡(O)：不会，它们就变得毫无用处。

弗朗辛(F)：好了，那这一项目就是 0。然后就是第 3 行，相应的税收，如果我们要通过出售这些资产的残值而得到一些钱的话。第 4 行只是一个小计。下一行，即第 5 行数字，是经营活动现金流中的一行。迈克尔，如果我们在 2012 年底不进行这 200 000 美元投资的话，2013 年公司的销售额会降低多少？

迈克尔(M)：这超出我的能力。我猜大概在 100 万美元左右。

弗朗辛(F)：这对 2014 年的销售额又有什么影响？如果公司在 2012 年底不进行这 200 000 美元投资的话，2014 年公司的销售额会降低多少？

迈克尔(M)：呵呵，这就更难了。我猜大约会再降低 15%，因为我们在 2014 年会比 2015 年更加有效地利用这些资产。[①] 因此，我的答案是 115 万美元。

[①] 原文如此，疑误。根据上下文，"2015 年"应为"2013 年"。——译者注

弗朗辛（F）：谢谢。奥斯卡，你能告诉我怎样才能算出，如果我们没有这些销售额，销货成本会下降多少吗？

奥斯卡（O）：我会采用销售额乘以35%的方法作为起点，因为这正是我们预测2012年财务报表中销货成本时所用的数字。我很可能会考虑进一步降低这一数字，以便把生产率改进和其他因素一起考虑进来。

弗朗辛（F）：你会对其他的成本项目也采用同样的方法吗？

奥斯卡（O）：是的。我将使用销售额百分比技术作为起点。

弗朗辛（F）：很好。那么折旧呢？

奥斯卡（O）：折旧嘛，我们使用直线法，因此，2013年的折旧应该是100 000美元，2014年也是100 000美元。

弗朗辛（F）：嗯，我们几乎就要完成了。我们可以计算出所有年份经营活动现金流小计额。我们也可以使用同样的方法来处理下一部分营运资本的问题，只不过其中我们用"销售额变动"来代替刚才的"销售额水平"，因为我们估计的是"营运资本变动"。这就会把我们带到末行，即第Ⅳ部分的第16行。我做了一个快速计算，下面就是初步的计算结果（表5.7）。大家可以看到，我已经将第17行包括进来了，用以度量那些估计现金流的现值，其中的"现"指的是2012年底。

表 5.7

年份	2012	2013	2014	2015
Ⅰ.投资和处置活动现金流				
1. 投资	($200 000)			
2. 处置				
3. 处置税				
4. 小计	($200 000)	$0	$0	

续表

年份	2012	2013	2014	2015
Ⅱ. 经营活动现金流				
5. 销售额	$1 000 000	$1 150 000		
6. 销货成本	($350 000)	($402 500)		
7. SG&A	($250 000)	($287 500)		
8. 研究与开发	($100 000)	($115 000)		
9. 折旧	($100 000)	($100 000)		
10. 税收@35%	($70 000)	($85 750)		
11. 小计	$0	$230 000	$259 250	
Ⅲ. 净营运资本变动				
12. 应收账款变动	($500 000)	($75 000)	$575 000	
13. 存货变动	($29 190)	($4 378)	$33 568	
14. 应付账款变动	$10 331	$1 550	($11 880)	
15. 小计	$0	($518 859)	($77 829)	$596 688
Ⅳ. 净现金流				
16. 净现金流	($200 000)	($288 859)	$181 421	$596 688
17. 现值	($200 000)	($240 716)	$125 987	$345 306

亨　利(H)：我能跟上第Ⅰ部分和第Ⅱ部分的节奏，那还是蛮简单的。例如，在第Ⅱ部分，第11行讲的是我们预期在2013年赚得的利润是230 000美元。但我一点都不理解第Ⅲ部分中关于营运资本的部分。

弗朗辛(F)：亨利，非常感谢你有勇气这样说。这里有几个问题需要解释一下。首先，230 000美元这一数字本身并不是利润。它是我们通过上马这个项目而预期能给公司带来的额外利润。230 000美元指的是它对公司总体税后利润的影响。

亨　利(H)：噢，明白了。你一直在强调，这是关于该项目上马对我们公司总体现金流的影响。

弗朗辛(F)：完全正确。这就是关于营运资本的问题。这些项目实际上就是为跟踪现金流而进行的调整。例如，当我们说我们2013年预期的销售额是100万美元时，那100万美元并不都是现金流，因为我们不能期望我们所有的客户都在2013年付款。如果你看一下第12行，你会看到那是-500 000美元。它的意思是说，我们的应收账款预计会增加500 000美元，因为我们只能收回100万美元销售额中的一半。

迈克尔(M)：我懂了。我们预期在2013年将实现100万美元的额外销售额，但却只有一半能在当年转化为现金。

弗朗辛(F)：正确。其他营运资本项目也是指调整值。我们未实现销售的存货所占用的钱并不会出现在第I部分或第II部分的任何项目中。销货成本仅包括那些已经卖掉的产品。根据定义，存货还没有卖出去。

奥斯卡(O)：2015年营运资本方面会发生什么情况？那时与本项目有关的固定资产都已经变得没有价值了。

弗朗辛(F)：那好，请再看一下第12行，应收账款。2015年，我们预期会有575 000美元现金流入与这一项目相关。你认为这575 000美元来自何处？

迈克尔(M)：嗯，它一定是来自销售额。噢，我明白了。它来自2014年实现的销售额在2015年被收回的部分。

弗朗辛(F)：很好。记住，我们只是在讨论2014年新增的销售额，即因为我们上马该项目所带来的部分。

迈克尔(M)：我总是忘记这一点。是的，它们都是"新增的"销售额。

奥斯卡(O)：请再讲讲，为什么你一直在强调这些销售额是新增的。

弗朗辛(F)：因为我们想做的事情是评估2012年要做的资本支出是不是合理。为了完成这一评估，我们必须确定这些支出会对公司整体现金流所带来的预期影响。这就是第16行按年份告诉我们的内容。如果我们上这个项目，公司 2012 年的现金流就会减少 200 000 美元，预期 2013 年也会减少 288 859 美元。但我们预期到 2014 年，这种影响将变成正的，181 421 美元，特别是 2015 年，它将是 596 688 美元。

奥斯卡（O）：我希望我们能上这个项目。但通过我的计算，它要到 2015 年才能偿付其本身的投入，而 2015 年已是新资产投资的两年之后了。这不要紧吧？

弗朗辛（F）：上这个项目没问题的。你能用回收期的观点看问题，这很好。但那并不是关键的标准。关键的标准是，上这个项目是否会增加公司的价值。这就是我们要计算所有这些现金流现值的原因。如果我们把第 17 行中的现金全部加在一起，我们可得到 30 577 美元这一数字。这个数字告诉我们上马这个项目对公司价值的影响。换句话说，与不上这个项目相比，上这个项目会导致我们公司的价值增加 30 577 美元。因此，我们应该上这个项目。

迈克尔（M）：好了，我被你说服了。更重要的是，我理解了其背后的逻辑，差不多理解了。还有一点我搞不懂，就是为什么我们预测在 2013 年和 2014 年我们要缴税。我们不是有递延所得税资产，就像是从国税局拿到的礼物券一样吗？

弗朗辛（F）：哈哈，迈克尔。太棒了，你说的完全正确。我必须坦白地承认，我忽略了这一点。谢谢你。你看，这就是伊娃经常告诉我们要作为团队工作来形成良好的流程所带来的好处。我们都能互相帮助。

奥斯卡（O）：你知道，如果对我们所有的资本预算申请都这样评估的话，那将会产生巨大而烦琐的工作量。我们真值得在这上面花这么大的力气吗？有时候，你直接就知道你需要新设备。

伊　娃(E)：奥斯卡说得有道理。但要牢记于心的是，我们要努力建立我们的企业管理流程，使公司在一种自律的文化氛围中运营。我们要非常小心地评估我们重要的决策，看看我们给公司创造了多少价值。

奥斯卡(O)：我懂了。但是，我们不能直接对此作出判断吗？毕竟我们都有经验。

伊　娃(E)：偏差幽灵会喜欢你的这种态度。

奥斯卡(O)：你什么意思呀？

伊　娃(E)：目前，我们在亏钱。按心理学的说法，我们在亏损域中经营。我们必须知道，在心理学上说，我们很容易作出使我们承担更大风险的判断。做项目现金流预测并计算净现值会帮助我们克服这种倾向。并且因为我们是作为一个团队在工作，我们还会存在极化的顾虑，也就是说，我们都会附和某个在承担风险方面过于激进的个体的决策。

奥斯卡(O)：我理解了。那好，我接受这种观点，把这种做法变成动态的常规做法。

伊　娃(E)：各位，那太好了。要习惯这样做，可能还需要点时间。我们必须就公司的相关事宜对公司里的每一个人进行培训。而且，在前进的道路上还会要进行很多的微调。但我很满意的是，我们将作为一个运行良好的、健康的团队携手并肩前行。

(落幕。热烈的掌声。)

(好了，掌声只是一句玩笑。)

总之，我希望以上的对话能给你一些总体的概念，让你知道将规划的细节与纠偏技术相结合是什么意思。我并非想给你留下一个印象，认为环保材料公司是一个完美的、富有心智的公司。完美是理想的状态。我们做不到完美。但环保材料公司的讨论给出了一个很好的例子。

那些认真对待这些材料（当然我希望你们中的大多数人都是如此），并希望在环保材料公司模拟游戏中大显身手的读者们，你们会发现自己处于一个与本章中提供的环境相类似的对话中。你将有机会比伊娃、弗朗辛、达克尔、奥斯卡和亨利表现得更为出色。如果你没有做到，我会感到失望的。

第六章

激励：

胡萝卜与大棒的选择

在富有心智的公司中，薪酬所起的作用远远不只是干一天的活儿拿一天的钱。富有心智的公司会把薪酬体系与激励结合起来，以充分激发通晓财务的劳动力队伍的潜能。

在不重视激励的组织中，偏差幽灵繁荣兴旺，因为在这里，它们能够成功地鼓励产生出"社会性懈怠"。人们会对激励作出回应并追求回报。如果你能调动人们的工作积极性，他们就不会陷入社会性懈怠。如果你以一种心智型方式去驱动他们，他们就会将自己的能量与组织的目标结合起来。

我并不是唯一喜欢长篇大论的人。当谈到激励问题时，杰克·斯塔克也会长篇大论。他知道，在构建激励机制方面，大多数公司都处理得很糟糕。他一有机会就这样说。

在斯塔克和伯林厄姆出版《伟大的商业游戏》几年之后，SRC制作了一个电视节目，名叫《来自商场的教训》。该节目传递的信息是，论及劳动者激励问题，其中还存在多少未激发的力量。坦白讲，这一信息太强大了，因此，我最初就形成了一个印象，认为激励几乎就是开卷式管理中的全部内容。当然，激励只是开卷式管理中的一部分。你不能忘记还有通晓财务、规划和信息共享！

我想给你讲一个关于激励和硅谷的故事。我住在硅谷。大多数人都不知道，硅谷的真正名字叫做圣克拉拉谷。我在圣克拉拉大学（SCU）工作，该大学就位于硅谷的中心。顺便说一句，圣克拉拉大学真是一所伟大的大学，能在这里工作我感到非常幸运。它是全美国最伟大的教育机构之一，但却对自己的优点表现得过于谦卑。不过，这是另外一个故事。

硅谷是世界技术创新的中心。英特尔、惠普、eBay、谷歌都是硅谷的公司。在互联网泡沫期间，员工股票期权是硅谷文化的一个重要部分。我的很多邻居，还有我的一些学生，都从股票期权中发了大财。当我的学生去硅谷参加工作面试时，股票期权套餐位于他们所关注的问题之首。

大约10年前，巴里·波斯纳作为我所在大学的系主任和全球关于领导力的领先权威人士，曾邀请杰克·斯塔克来为硅谷人士进行演讲。我预期他会大受欢迎，但情况并不像我预期的那样。

杰克开始长篇大论了，他大讲激励的重要性。你想他的硅谷听众会有什么反应？我们只能说他们并没有对此留下深刻的印象。那并不是说他们认为他说错了。只是因为他们认为他并没有给他们带来什么新东西。他们认为关于股票期权的东西他们都已经知道了。他们受到股票期权的强烈驱动。他们艰苦奋斗，以期望自己所拥有的股票期权能让他们致富。

我的硅谷同事们大约接收到了杰克·斯塔克10%左右的信息。他们忽略了其他的部分。他们不只是忽略了关于财务能力、规划和信息共享的部分，还漏掉了关于如何构造激励机制以促使人们更聪明地工作的很大一部分。员工股票期权计划只是成功地解决了社会性懈怠的问题。但它们并不能让人们竭尽所能来支持组织的目标。当你阅读完本章之后，你对我的意思会理解得比现在深刻得多。

我希望我可以说，大多数公司都在以富有心智的方式来激励他们的员工。我希望我可以说，偏差幽灵并没有占到上风。但可惜的是，我不能。在谈到

第六章 激励：胡萝卜与大棒的选择

激励问题时，偏差幽灵明显占据了上风，就像它在财务认知和规划问题中的情况一样。

按照一种心智型方式来构造激励体系并不是一件容易的事情。它是一项巨大的挑战。但它是一件可完成的挑战。在本章中，我将和你分享关于构造有效激励机制的一些最佳做法。

达美航空：亡羊补牢

不识财务可以导致一家公司走向破产境地。激励则可以使它们走出破产边缘。这是我们从达美航空的经历中可以学到的关键一课。

与其对手联合航空的情况相类似，达美航空发现自2001年9月11日之后，自己已变得步履蹒跚。联合航空的情况我在第四章中已有详述。达美步了联合航空的后尘，走向破产。联合航空的不识财务的员工队伍忽略了那些表明了公司会计缺陷的数字。达美航空也存在同样的问题。两家航空公司都有很高的成本结构。达美航空拥有在航空史上最昂贵的飞行员合同，至少是美国航空史上最贵的。2004年，达美亏钱的速度是每天400万美元！

达美的前CEO杰拉尔德·格林斯坦十分聪明地运用激励机制，从而使公司走出破产。格林斯坦从1987年起成为达美董事会的一员。他在2003年成为CEO。他接手时，公司的财务状况极为糟糕，经营业绩正在下滑。2004年，达美公司的正点到达记录接近整个行业的最低点。

如果航空公司已习惯于让自己的航班晚点，那就留不住客户。旅客们不喜欢那些晚点的航空公司的航班。公司要面对太多的挑战，而改进经营业绩就是其中之一。

格林斯坦运用激励方法来处理达美经营业绩方面的问题。他启动了一个针对员工的奖励计划。该奖励计划的基础是达美在以下三个主要类型的指标方面相对其他航空公司的表现情况：

(1) 正点到达率

(2) 航空完成情况

(3) 行李处理服务

2005年，达美的正点到达率上冲至接近行业的顶峰。在2005年和2006年，达美为这一奖励计划付出了接近5 000万美元的奖金。

除了运营方面的表现之外，格林斯坦还要面对其他的挑战。他尽了最大努力，最终成功地说服达美的飞行员接受了超过25%的减薪。啊哈，他还是没能躲掉破产保护。2005年9月，达美宣布破产保护。然而，他所采取的用以改进经营绩效的举措还在持续，最终，达美于2007年摆脱破产保护，重出江湖。

第四章的最后一部分讨论了标准和线索的重要性。标准和线索是行动的基础。想想格林斯坦在达美做了些什么。他识别出经营绩效中三个关键的线索，制定了标准，并根据这些线索和标准来设计奖励机制。这是一个富有心智的行动。你管理你所能衡量的东西，并且，我还要加上一条，你给予回报！

杰拉尔德·格林斯坦还给达美带来了情感智慧。他知道，人们除了有财务需要之外，还存在情感需要。他知道，区分"我们和他们"的心态是一种负的激励。与他的员工队伍建立积极的关系，以及弱化差别，使公司不同岗位的人们都感觉到他们是站在一起的，格林斯坦在这些方面作出了长时间的艰苦的努力。

在2001年"9·11"事件之后，整个航空业的管理者们都在削减成本。削减成本意味着要求员工们接受减薪、降低退休福利和裁员。然而，在美国航空公司，管理层在要求员工们接受减薪的同时，却悄悄地给他们自己加薪。

格林斯坦的做法不同。他要求他的管理团队驾着比以往更加便宜的汽车上班。他本人则开始在公司的食堂用午餐。他改革了达美的管理层薪酬体系，只有在一线工人的收入达到了行业标准之后，管理层才能得到加薪。他理解激励体系中情绪智慧的重要性，特别是要让每一个人都感觉到"我们是站在一起的"。

告诉你一个秘密。你不必等到危机来临时才去做杰拉尔德·格林斯坦在达美的激励机制中所做的一切。实际上，如果你在贵公司运作良好的时候就采用富有心智的激励措施，等到商业环境恶化时，你就会在危机的处理方面处于一种非常有优势的位置！此外，如果你能设定合理的目标，并将奖励与这些目标衔接起来，你会拥有一个更快乐、生产率更高、更具满足感的员工队伍。

这是一个多大的挑战？

定位是从目标的设定和衔接开始的。一个悲哀的事实是，当问及组织目标的衔接时，对美国工人的调查结果为我们提供了一幅暗淡的图景。2006年，一项针对23 000名员工的哈里斯调查发现，73%的员工不理解他们组织的目标。2002年，一项针对11 000名员工的富兰克林—柯维研究则发现，56%的员工不了解他们所在组织的最重要的目标。此外，有81%的人报告说没有清晰定义的目标。

我相信你已经意识到，薪酬包括心理和财务两个层面的报酬。毕竟从本质上说，人类是目标导向的。目标为他们的生命提供了"意义"。

你认为那些不能理解自己所在组织目标，以及他们的活动与这些目标有何关联的员工们，是不是会发现实现有意义的工作生涯很困难？那些实施开卷式管理的群体会掷地有声地回答：是的！

关于有意义的工作生涯的调查证据不是那么令人鼓舞，我很遗憾报告了这个结果。富兰克林—柯维的研究显示，接受调查的员工中有91%的人相信，在他们的工作和自己所在组织所设定的主要目标之间只有微弱的关联。毫不奇怪，81%的人会感觉到自己对所在组织的主要目标仅有微弱的贡献。

在谈及激励问题时，我喜欢"视野"（line of sight）这个词。在一个商业环境中，这一词语意味着看到行动与组织效果之间的联系。就拿我们前面讨论过的例子——达美航空的经营绩效来说，视野意味着员工能理解他们的个人行为是如何影响像正点到达率这样的变量的。

视野与承诺的组合,其重要性难以置信。有些人会使用术语"投入"(engagement)来描述这种组合。咨询公司惠悦(Watson Wyatt)所作的研究发现,拥有高度投入的员工在一家公司的财务成功中居于中心地位。

如果你问我的话,我会告诉你,当员工都过上有意义的工作生活时,不高兴的肯定是偏差幽灵。这就是它们为构造富有心智激励体系设置障碍的原因所在。我们可以通过一个纠偏程序来战胜这些幽灵,这一纠偏的程序要从理论和实践两个方面来进行。我们从理论开始。

理论

关于富有心智的激励机制构造,实际上存在着一个基于经济学的理论。这一理论关注的是委托人如何设计一个激励合约来对那些代表委托人开展工作的代理人提供回报。委托—代理合约问题中处于核心地位的有两个概念,分别称为**参与约束**(participation constraint)和**激励相容约束**(incentive compatibility constraint)。参与约束说的是要提供一个具有足够吸引力的薪酬体系,以吸引人们加入公司、留在公司。激励相容约束是关于委托人如何正确有效地向代理人支付薪酬,以便实现良好的业绩。

真实世界中的合约都是非常复杂的,有些方面甚至复杂得无法用理论来准确刻画。不过,即使是这样,理论还是为构造委托人和代理人之间的合约提供了一些指导,以便作出符合逻辑的直观决策。

对激励合约的讨论通常都是从分成租佃制开始的。出现这种情况有两个很好的原因。第一,分成租佃制为委托人和代理人之间的激励合同提供了一个真实的例子。第二,或许是更重要的一点,分成租佃制是对一般意义上的激励合同的一个有力的比喻。

在分成租佃制中,佃农在委托人(即地主)所拥有的土地上种植庄稼。此时,佃农担负的是地主的代理人角色。作为薪酬,分成租佃制会将总收成的一

第六章 激励：胡萝卜与大棒的选择

部分让佃农作为他应得的"分成"而保留下来。

考虑地主为佃农提供报酬的两种替代性方案。第一种方案是，地主同意向佃农支付一笔固定数量的收成作为工资，而将总收益中的剩余部分作为利润。第二种方案是地主同意接受一个固定数量的收成作为租金，总收成中的剩余部分由佃农保留作为利润。

在典型的分成租佃安排中，地主接受固定数量，而佃农保留剩余。为什么这种安排比另一种安排要好？答案与激励有关。

农活是很辛苦的。它需要努力地劳作。一个对佃农给予固定数量回报承诺的合同，相比一个让佃农在支付地主所应得的报酬之后即保留全部剩余的合同而言，前者所提供的努力激励相对较小。让佃农保留所有的剩余，这是以对业绩付酬为特征的，因而满足激励相容原则。

这里不会有社会性懈怠，因为在保持雇佣所能接受的最低水平之后，每额外再多走一步，佃农自己都能得到其增加的全部益处。与此相反，不管生产的产量是多少，佃农都只得到一个固定的数量，则是不符合激励相容原则的。这是因为佃农不能得到多付出努力所带来的额外好处，因而会倾向于不作额外的努力。

不过还存在一个问题，那就是地主接受的固定数额大小是多少？自然地，地主希望这一数字越大越好，而佃农则希望它更小。有效地确定这一数字的依据就是参与约束。在一个运转良好的劳动力市场上，地主和佃农在互相寻找对方。那些对租金要价过高的地主将吸引不到佃农来耕种他们的土地。而坚持只愿意向地主支付过低数量的佃农则会无事可做。

与激励相容对应的风险维度是非常重要的。因为收成是不可预测的，一个激励相容的合同会给佃农带来很大的风险。在一个收成不好的年份，收成的数量甚至可能还不足以支付地主应收的固定数额，此时，佃农则颗粒无收。

风险无论是对佃农还是对地主来说都可能代价高昂。对佃农的成本是显而易见的。对地主的成本则不那么明显。如果佃农不太能容忍风险，则地主为了提升业绩就必须付出更多。这意味着地主必须接受更低的租金。

有些时候，对风险问题也存在一些解决办法，特别是当地主的风险容忍度比佃农更大的时候。记住，如果地主能确信佃农会努力工作的话，其实地主是乐意向佃农支付固定工资的。那么，地主如何才能得到这种保证呢？一个答案就是监督。

如果地主能够直接观察到佃农付出了多少努力，则薪酬合同可以"按劳付酬"而不是"按业绩付酬"。在这种情况下，直接监督使以下合同成为可能：佃农要么付出必要的努力，要么则卷铺盖走人。

卷铺盖走人是一根大棒，按业绩付酬则是一只胡萝卜。视不同情况，激励可以是胡萝卜、大棒，或者它们的某种组合。实际上，对于有些大棒的使用是存在一些法律限制的。文明国家都不允许它们的国民因为懒惰而受到制裁。这使按业绩付酬就显得愈发重要了。

假定监督是很昂贵的，大棒在使用范围上又受到限制，而佃农是非常厌恶风险的。在这种情况下，地主可能会发现他们不得不接受一个并不完美的状态。这可能意味着明明知道收成注定会很少，却只能提供很弱的或者根本不存在的激励。在前苏联时代，苏联的工人可能会对此开玩笑说："他们假装为我们支付报酬，而我们则假装在工作。"

当然，在佃农承担所有风险和不承担风险的两个极端之间，还存在一个中间地带。这个中间地带就是风险分担。在一个风险分担的安排中，佃农接受一笔小额的固定报酬(底薪)，并有权在双方同意的某一收成临界值水平之上的总收成中分享一个份额。这一份额大于零但小于100%。超过底薪的报酬就类似于一种奖金。

佃农的情况说明了一般情况下有效薪酬计划中的关键问题。薪酬计划必须有足够的吸引力，才能招到并留住管理人员和员工。如果委托人和代理人之间存在不同利益而导致动力不足问题，薪酬计划就必须提供适当的激励，从而把委托人和代理人的利益更紧密地结合在一起。激励可以是胡萝卜和大棒的某种组合。如果因为需要进行分散决策而导致监督的成本高昂或者根本不可行，则需要对代理人按照业绩来付酬。然而，按业绩付酬可能会让代理人承担相当的风险，而风险对委托人和代理人来说都是昂贵的。

在企业组织中，激励可以采取很多种形式。有些激励完全是财务层面的，例如奖金和股权；有些激励是非财务层面的，以心理报酬为特征，例如表扬和感谢。还有一些则是财务和非财务激励的结合，例如晋升的机会。

虽然本章会讨论财务激励和非财务激励，但大部分注意力还将放在财务激励方面。这并不是说非财务激励就不重要。一般来说，商业书籍中对与财务激励有关的问题都没有给予足够的重视。

实践

理论与实践的鸿沟是巨大的！调查数据显示，在美国，2006年可变的薪酬占整个薪资水平的比重不足12%。话虽这样说，但其实这是从2003年的8.8%上升过来的，到2007年达到11.8%。赫威特咨询公司预测到2008年，这一比率将冲上12%。特别突出的是，绩效增长平均仅为大约3.7%。

不过，很多公司还是注意到了激励相容问题。数据显示，尽管薪酬调查中报告的是普遍的平均化薪酬预算，但公司经常会将自己的员工进行差别化，并对这些差别化员工支付不同的薪水。差别化是以员工对价值创造的潜在影响以及被替换的成本为基础来确定的。令人注目的是，公司对其顶端的和非顶端的差异化员工支付的薪水有着极大的差异。伴随着公司按业绩付酬的激励机制的实施，那些不在顶端的员工的实际工资在下降。

2007年，人员配置及外包公司哈德逊（Hudson）报告说，几乎有一半的美国工人认为管理人员与非管理人员的薪酬差异大得过度了。对在公开上市交易的公司中工作的美国人来说，这一对应的数据大概是三分之二。当谈到高层管理者的薪酬问题时，则有将近于40%的工人认为薪酬过高构成了一个问题。还有将近40%的工人认为，高层管理者的薪酬方案是按业绩支付的，它提供了足够的激励。尽管管理者们比普通员工更倾向于认为高层管理者得到的报酬是公平的，但也有很多管理者与工人的看法一样。

仅向高端员工提供激励是一件好事还是坏事？记住理论所告诉我们的关于奖金类激励无效或者不必要的条件：如果非高端员工个体并不需要对主要决策承担责任，能得到有效监督，如果不能胜任又能很容易被替换，或者极端厌恶风险，此时采取奖金类激励就无效，或者没有必要。

据哈德逊公司报告，当问及他们是否对自己的薪酬满意时，那些按业绩取酬的员工比那些非按业绩取酬的员工更倾向于作出正面的回答。相应的正面反馈率分别为80%和60%。哈德逊还报告了公司正越来越愿意按业绩支付报酬的证据。如果做得到位的话，这是一件好事。

人力资源的统率作用

留住和吸引人才共同构成了参与约束。留住有才华的员工是所有人力资源部门的主要责任之一。员工离职一般有很多原因。但毫无疑问的是，钱是其中部分原因。由罗伯特·哈夫2004年所作的一项研究将钱（即薪水和福利的不足）排在经常被提到的第四号原因。然而，这意味着非货币因素占据了第一、第二和第三的位置。几乎有90%的员工离职并非因为货币上的原因。经常被提到的第三个原因是得不到足够的认可。排名第二的是对管理层不满意。排名第一的，即最重要的原因则是晋升的机会有限。

实施一项成功的人力资源战略就要像在空中挂满各种色彩的气球，以满足人们的不同需要。这是因为员工有很多需要，包括财务上的和心理上的。因此，人力资源部门必须理解这些需要。从罗伯特·哈夫的调查中可以得到的经验是，一定要为员工提供成长和学习的机会，提高他们的管理技能，认可他们取得的成就，当然，也要为他们支付足够的薪酬。

第六章　激励：胡萝卜与大棒的选择

如果公司能为员工提供一个强大的价值观，并能与员工产生共鸣，则吸引新员工就会变得更容易。这种价值观很快就会告诉潜在的员工，为什么他们应该到这家公司来工作，而不是去另一家。除了在货币薪酬方面得到公平的待遇之外，人们还需要找到生活的意义。大多数人希望他们的工作有趣味性。价值观可以保证他们会得到公平的待遇，能拥有一个有意义的工作体验，并找到兴趣点。

人力资源部门还要负责从整体上检查公司薪酬中的激励相容成分。这一部分主要是集中于按业绩付酬方面。当然，薪酬也并不是唯一可以与业绩挂钩的回报方式。其他可能的回报还包括认可和提升。换一种说法，也就是说，可以有很多种方式来定义"薪酬"到底是什么。

也有很多种不同的方式来定义"业绩"到底是什么。在任何按业绩付酬的制度中，正确地界定业绩都是其中的关键。如果对业绩的定义不当，可能会导致员工作出损害公司价值，而不是创造价值的决策。

人力资源部门承担着设计以满足激励相容为目标的薪酬体系的职责。这是一个重大的责任，毋庸多说，也是一个巨大的挑战。人力资源部门要想面对这一挑战，它就必须在制定公司总体商业战略和衡量朝这些目标所取得的进展时充当一个真正的合作伙伴。

衡量是非常重要的。在谚语"你管理你所能量化的东西"中包含着十分重要的真理。很多人力资源部门习惯于使用像人头数、周转率、劳动力的年龄分布、健康和安全等主要业绩指标。然而，人力资源部门还需要重点关注与总体价值创造过程有关的关键业绩度量指标。这些东西要复杂得多。它们包括例如收入、成本、利润、客户满意度、产品和流程创新、员工满意度以及员工投入程度等指标。

定义关键业绩指标是一回事，将这些指标作为指导组织中人们决策的工具则是另一回事。要做到这一点，就意味着在制定合理的业绩指标过程中要与组织中的其他人密切协调。这意味着要努力将像客户满意度和创新等适合作为即时目标的业绩指标与像价值创造这样的高层次目标联系起来。它意味着要教育员工，使他们以价值创造的观点来理解并使用关键的业绩指标。

激励相容既有短期的成分，亦有长期的内容。奖励计划是实现短期激励相容的典型方式，股权激励则是实现长期激励相容的典型方式。在每一种情况中，人力资源部门都有责任确保奖励计划和股权激励计划的设计是合理的，从而达到其应有的效果。

奖励计划：最佳实践案例

奖励计划的一个主要目标是要创造一种员工投入的文化，让员工的承诺与视野协调起来。投入是指为劳动力队伍提供创造价值的手段和动机。承诺是解决动机问题，而视野则关乎手段。

奖励计划本质上是短期的。设计一项好的奖励计划是一项巨大的挑战。这一任务貌似很简单，但真做起来，它比乍看之下要难得多。在一定范围内，理论是很有作用的，因为它提供了基本的指引。但理论也有局限性。商业关系比分成租佃安排要复杂得多。为了在如何设计一套好的奖励制度方面获得一些启示，我们考虑一些优秀企业的最佳做法会很有意义。

激励在开卷式管理中居于重要的位置。如果你去看一眼关于如何进行开卷式管理的研讨会，你会发现薪酬占据了核心的位置。因为杰克·斯塔克的公司 SRC 可能是实施开卷式管理的原型公司，它的薪酬体系是很值得研究的。

SRC 在学会设计好的奖励制度的过程中走得很艰难。他们试图建立一种好的奖励制度，但失败了。没有什么能比从你所犯的错误中学习更好的方法了。他们就是这样学的。他们学会了如何像使用一支激光指示器一样去使用奖励制度，它能识别出能带来更高利润的路径，而避开那些会导致更低利润的路径。

SRC 采用的视野是整体型的，它主要把注意力置于员工的决策如何影响公司价值方面。这是一个苛刻的要求。我们预期销售人员能看到他们的努力对销售额的水平及其增长情况的影响。我们预期，或者至少是希望生产环节上的员工能看到他们的努力对成本的影响。我们预期在财务部门工作的人们能够看到他们的努力对利润和现金流的影响。然而，这些努力传递到公司价值上的路径通常很长，而不是很短。而大多数人是短视的。

SRC 在培训它的员工队伍方面进行了大量的投资，以便让员工们能看到他们自己的行为对公司价值的影响。这种投资就像是为员工配上适当的镜片以矫正近视眼。员工们接受培训后，能看到从他们的行动到公司财务报表和公司价值的整个通道。

SRC 的奖励计划以醒目的方式包含在它的培训过程之中。该奖励计划以针对所有员工财务报表基础知识的培训项目为基础，并明显提升了培训效果。奖励计划还贯穿于整个财务规划流程，从而使得规划流程中，员工可参与对公司未来财务报表的预测。它使员工愿意理解公司的财务状况并采取行动来对财务状况产生积极的影响。

SRC 不断地提醒它的员工队伍，作为一个企业，公司需要聚焦于赚钱和产生现金流。赚钱是指赚取利润，此处的利润按照损益表中的数字来度量。产生现金流指的是要有正的现金流，此处现金流通过现金流量表来衡量，也反映在资产负债表随时间变动而发生的变化上。

SRC 致力于建立一种容易向员工们清晰描述的奖励计划。它通常会选择与财务报表相关的目标。为了使事情简单化，SRC 将奖励基于两个目标：一个来自损益表，一个来自资产负债表。损益表目标可能是关于税前利润的。资产负债表目标则挂钩于流动比率或者其他某种流动性度量指标。

下面是 SRC 设计其奖励计划细节的一些做法。它首先将税前利润看作公司股东和员工队伍共享的一块大蛋糕。然后，它提炼出奖励计划的以下三个部分：

(1) 作为销售额百分比的税前利润基准，若低于此基准，则奖金为零。

(2) 作为销售额百分比的税前利润最高目标，若超过此目标，则奖金达到最大值。

(3) 公司愿意支付的最高奖金总量，以年工资总额的百分比表示。

前两项与损益表的奖励目标有关。第三项关系到公司对损益表目标和资产负债表目标所愿意支付的奖金总额。

SRC 公司一般是将 5% 作为基准,将 8.6% 作为最高值,而将 13% 作为最高奖金总量。这意味着 SRC 的奖励计划允许其员工队伍分享占销售额 5% 和 8.6% 之间的利润,而奖金的绝对数额最终由年工资总额的 13% 来封顶。

在设定资产负债表目标时,一般要保证公司能产生足够的现金来支付奖金。例如,假定 SRC 的年收入为 70 亿美元,其年工资支出为 10 亿美元。在这种情况下,税前利润必须至少达到 3.5 亿美元(70 亿美元×5%),才可能产生奖金。SRC 所愿意支付的奖金最大值为 1.3 亿美元,即 10 亿美元的 13%。在给定 70 亿美元销售收入的情况下,要实现 13% 的最大值,税前利润至少必须达到 6.02 亿美元(70 亿美元×8.6%)。与基准值 5% 和最高目标值 8.6% 之差相对应,要奖励这一规模的增量利润,SRC 需要 1.3 亿美元的奖金。仍假定销售额为 70 亿美元,这一利润增量为 2.52 亿美元(6.02 亿美元和 3.5 亿美元之差),超过了 1.3 亿美元的奖金最大值。

当然,这 2.52 亿美元不一定都是现金,因为净利润与现金流并不是同一个东西。记住,净利润必须要对折旧和营运资本变动作出调整,才能形成经营活动现金流。此外,现金还可能用来作为新固定资产投资的资金来源。增量净利润也占销售额的 5%。不管怎么样,这里为了使讨论继续下去,我们假定 2.52 亿美元就等于增量现金。

SRC 使用其资产负债表目标来帮助员工队伍将注意力集中在如何处理产生的现金上来。假设 SRC 的战略规划要求公司使用其多余的现金来偿付短期债务,那么,应该如何构造资产负债表目标来为员工队伍提供一种激励,从而使这种情况得以发生呢?

在与伯林厄姆合著的《伟大的商业游戏》一书中,杰克·斯塔克解释了这一问题。假定在实施奖励计划之时,SRC 的流动资产为 10 亿美元,流动负债为 5 亿美元。因此,公司的流动比率为 2.0(10 亿美元/5 亿美元)。公司预期到年底支付奖金时，还会有1.22亿美元的额外现金，这是2.52亿美元新增的净利润在支付1.3亿美元奖金之后的余额。这一数字是按税前口径计算的。在35%的所得税率下，新增税后现金的数字应该是7930万美元。

有几种办法来使用这额外的7930万美元的现金。一种办法是持有它，并增加公司的流动资产（现金和可供出售证券，或者应收账款，或者存货）。另一种办法是用7930万美元来偿付短期债务。增加现金余额的方法会将公司的流动比率提高至2.16（10.79亿美元/5亿美元）。偿还短期债务会使流动比率升至2.38（10亿美元/4.21亿美元）。如果SRC选择的资产负债表目标是使流动比率达到2.38，则员工们就会敦促公司将这些现金用来偿还债务，而不是用来增加公司流动资产。

在概括了SRC奖励计划的基本参数之后，让我们考虑一下关于这一计划的原理和实施中的一些难点之处。从原理的角度看，SRC选择了5%作为其税前利润率基准值，因为公司将这一数字视为与公司目前的安全状态相一致的最低盈利点。5%的税前净利润率对应的是3.25%的税后净利润率。如此低的税后利润率仅能使公司在不求助于使用现金或者借助外部融资的情况下勉强维持像固定资产重置、计划外存货等一类的支出。换句话说，3.5%的税后利润率不会为公司增加任何现金。在如此低的收益率水平上支付奖金，要么要运用公司现金，要么要借助于外部融资。

SRC选择工资总额的13%作为员工能从经营结果中享受的最大奖金池。

现在转向实施环节。SRC将它的奖金池分为两个部分。一部分是与完成损益表目标相关的。另一部分则与完成资产负债表目标有关。公司将两个目标看得同等重要，并因此对它们分配同样的权重，也就是说，公司的奖金池被均分为两半。给定最大奖金池为工资总额的13%，则6.5%就是与损益表目标相对应的最大份额比率，另一个6.5%就是与资产负债表目标相对应的最大份额比率。

到目前为止，我们已经讨论了那些定义最大奖金池的参数。这些参数与税前净利润率为8.6%的损益表目标和流动比率为2.38%的资产负债表目标相联系。如果实际的业绩来得比其中一个目标值低，或者比两个目标值都低，那该怎么办？毫不意外，此时奖金池会变小，部分是因为税前利润低了，部分是因为奖励计划的结构会导致此时份额比率下降。例如，SRC 将流动比率从 2.0 到 2.38 的改进分为四个相等的部分。然后，公司将最大奖金池分为四个相等的部分，每一部分与上述比率四等分的分界点相对应。当流动比率每超过这些临界点中的其中一个，就有一部分奖金可发放。

尽管 SRC 是按年针对其年度目标设定奖励计划，但公司对奖励计划的管理却是以季度为基础的。这样做的目的是使奖金在人们的心目中保持一个突出的位置，使得奖励计划能维持其激励功能。SRC 总是毫不讳言，奖励计划是公司文化的核心部分。

从操作上讲，SRC 将其年度奖金最大值分成四个部分，分别对应四个季度。这些划分在规模上并不是相等的。相反，第一季度支付最小的份额，然后这些份额从第一季度依次向下一季度增长。

SRC 通过将奖励计划的标准应用于其季度财务报表中来确定季度奖金的规模。引人注意的是，公司通过允许奖金池的滚动而将同一财政年度内的不同季度联系起来。如果员工们在除最后一个季度之外的任何一个季度内都没能赚到最大奖金额，则未赚到的部分滚动到下一季度的最大奖金池中去。而一旦支付，奖金就不再收回，哪怕某一年有华丽的开局，但却虎头蛇尾，没能完成全年的目标。

股权激励

尽管奖励计划是针对激励相容原则的短期方面，员工持股制度的目标却是针对其长期方面。员工持股是一把双刃剑。理论告诉我们，在缺乏完美监督的情况下，激励相容原则要求委托代理关系中的代理人承担比理想情况下更多的风险。在谈及员工持股时，这一特征毫无疑问是存在的。

第六章 激励：胡萝卜与大棒的选择

在一个理想的世界中，员工持有分散的投资组合，而不仅仅是股票组合。员工的投资组合包括金融资产、房地产、未来盈利能力（也称为人力资本），以及保险。分散化的原则要求不要把太多的鸡蛋放在一个篮子里，以对冲各种不同的风险。持有公司的大量股票会导致分散程度不足，因为一个人的人力资本鸡蛋和股权鸡蛋被放在了同一个篮子里。如果这只篮子跌到了地上，这些人就会在一段时期内失去生计，并且损失金融财富。

尽管理性的员工很想把他们工作的公司股票换成不是他们雇主的公司股票，但这样做会影响到长期的激励相容。这里的关键问题在于，公司股票的价值反映其未来现金流，而不仅仅是它目前的现金流。员工很可能作出一些在短期内带来良好业绩，但在长期内却带来灾难性后果的决策。为员工提供公司的股票就是为了消除这种可能性。

对大多数员工来说，对奖金的视线要比对公司股票价值的视线清晰得多。只要想想我们在第二章和第五章中描述的资本预算程序有多难就知道了。在理论上，计算一个项目的净现值（NPV）就可以告诉管理者们采纳这一项目对公司股票市值有何影响。然而，很少有公司在资本预算时真正达到完成该项任务所需的精度和准度。类似的说法也适用于经济增加值的计算。大多数员工在使用未来经济增加值现值进行决策时如同雾里看花！

大多数公司退回到依赖直觉推断法来建立决策与公司股票价值之间的联系。例如，在 SRC 公司就使用市盈率推断法。其中的逻辑是，公司股票的价值等于股票市盈率和公司盈利的乘积。当然，这是一个同义反复，因为市盈率（P/E）中的 E 就是盈利，因此，把 P/E 乘以 E 只能得到 P，而不可能是别的什么东西，因为 E 已经被抵消了。尽管如此，但这里的要点在于，市盈率是用来乘以盈利的一个倍数。结果，SRC 的管理层就可以告诫公司员工，因为市盈率的影响，他们能做的任何增加未来盈利的事情都将扩大他们持有的股票的价值。因此，今天采取一个能增加当前盈利但却显著降低未来盈利的行动，就有可能提升股票今天的价值，但却会导致股票的未来价值搁浅。

在理论上，放大效应会使股权的力量要比年度奖励大得多。但在实践当中，对于那些股票可上市公开交易的公司来说，由于存在着很多在公司控制之外的因素所导致的波动性，从而会使注意力转移到处于公司控制之中的因素上来。这意味着大多数注意力将会集中在与奖励计划有关的目标上面。

对员工持股计划的一个很好的信息来源是国家员工持股研究中心。[①] 最流行的员工持股计划之一是 ESOP。ESOP 是员工持股计划的缩写。下面我们看看 ESOP 是如何运作的。

ESOP 具有多重功能。因为下列原因，它们得到了最广泛的应用：

(1) 为私人持有公司的所有者出售股票提供了一种退出机制；

(2) 为激励和回报员工提供了激励；

(3) 利用与借入资金购买新固定资产有关的税收优势。

通常情况下，ESOP 是由公司授予员工股票，而不是让他们去购买股票。股票的授予是通过一个信托基金来完成的。公司可以提供自己的新发行股票，也可以提供现金，以用于购买现存的股票。如果公司提供的是现金，这些现金可能是来自公司的现金和可供出售证券项目，也可能是通过借款得到的。如果是借款，则公司通常会随时间推移而预提一系列现金，以便在未来时间偿还这些贷款。

一般情况下，所有年龄超过 21 周岁的全职员工都会参与该项计划。ESOP 信托基金会为每一位员工保持个人的账户。

员工股票分配的基础通常是相对薪酬。然而，也有些 ESOP 的分配规则更倾向于平均主义。

为了鼓励员工把目光放得更为长远，员工并不会自动拥有他们股票的所有权。相反，他们要通过一个称为**等待**(vesting)的过程，逐步对这些股份取得一个不断增长的权利。ESOP 的规则要求员工们在 5—7 年的时间内 100% 受限

[①] 可访问它的网站，地址为 http://www.nceo.org/library/esops.html。

等待。

在上市公司中，员工必须能够对所有问题都有投票权。在私人公司中，员工们必须对重要的问题按照被分配的份额投票，例如工厂关闭或者搬迁这样的问题。然而，公司可以选择是否在其他问题（例如选举董事会）上忽略员工的投票权。

全食公司的经典案例

全食公司是出售有机食品的领先的零售商之一。全食公司因作为一家环境友好的企业而感到自豪。它也是一家开卷式管理的公司。开卷式管理的公司都会严肃地对待激励问题。实际上，为员工提供正确的激励正是开卷式管理公司最重视的因素。

在公司网站上，全食是这样表述公司目标的："出售最高质量的天然食品和有机食品。"你认为公司员工会将其理解为组织的最高目标之一吗？对这一问题，我表示怀疑。

正好我是全食公司的一名顾客。在全食公司购物为我提供了一个机会，让我在买东西的同时，还作一点非正式的研究。因此，我一到访全食的门店，就会和全食的员工就他们的公司进行一些简短的对话。我问的一个问题是，他们是否知道自己公司的主要目标。或多或少，大多数员工确实知道。

全食公司将自己描述成一个致力于创造宽松工作环境的公司，以支持员工们追求卓越和快乐。它将其员工队伍分成自我管理的工作团队。每位员工都分属一个团队，称为一个队员。公司言论鼓励"动力充沛"的队员，欣赏他们的努力，奖励他们的工作成果。

全食的 CEO 是约翰·麦基。麦基有点古怪，或者有些人会说他木讷。但他确实了解他自己的企业。2006 年 12 月 4 日，在《华尔街日报》的采访中，他解释说，在零售食品企业，竞争环境是地方性的。因为这一原因，麦基为全食公司建立了一种他称为宽松的、分权的文化。这意味着每一家全食门店的团队都能自己去评估客户的需求，评估他们所处的独特竞争环境，并对他们所在门店的产品组合作出决策。换句话说，全食的企业文化是以视野为特征的！

全食激励体系的焦点在于它的团队领袖。2007年，公司拥有超过39 000名员工，其中大约有500名是团队领袖。他们的回报与公司的财务绩效密切相关。全食公司以经济增加值的口径来度量其业绩，这一概念在第二章中已有介绍。公司为团队领袖对经济增加值作出的改进提供奖励，相关的激励计划参与人包括高级管理团队、地方领导团队和门店团队领袖。值得注意的是，每个团队的财务奖赏是以经济增加值的度量为基础的，而这一指标因每个团队所面对的决策环境不同而有别。换句话说，奖赏是与决策视野相联系的。

因为心理上的原因，巨大的薪酬差异可能会因产生不公平对待的认知而形成负激励。全食公司对管理者薪酬与全职工人平均薪酬的比例进行封顶，这正是一个非常重要的原因。2007年，这一比例为19倍。2006年，这一数字按美元绝对数计是607 800美元。全食公司一直都维持封顶的做法。在过去的年份中，这一封顶的值较低。它从8倍开始，但随时间推移而上浮，因为公司遇到了参与约束问题，必须付更高的价格才能招到并留住有才华的管理人员。总体上，全食的员工满意度较高。连续10年间，全食公司都是《财富》杂志评选的"100位最佳雇主公司"。2007年，它排名第五。

此前，我曾提到约翰·麦基显得有点古怪。实际上，他自己身上的偏差幽灵就不止少数。在过去8年的时间里，麦基匿名参与了雅虎财经的全食专用留言版。他使用的网名是"rahodeb"，是以他妻子的名字Deborah经颠倒而成。

以rahodeb的名义，麦基的评论内容从全食的盈利到其竞争对手野燕麦公司的产品质量，再到他自己发型的质量。在留言版中，rahodeb鼓吹全食的盈利情况，贬低野燕麦公司，他还对一个关于麦基发型的批评性帖子作了回应，说他看起来很可爱。

当全食寻求收购野燕麦时，它提交了一套材料，其中披露了这些帖子，从而使联邦贸易委员会(FTC)介入进来。FTC并未感到有趣。尽管他并没有触犯任何法律，麦基仍然因在留言版的参与中缺乏判断力而受到严厉的批评。尽管这桩收购最终于2007年8月被批准，全食公司却付出了数百万美元的法庭费用来处理这些惹恼了FTC的问题。

2007年7月，《圣彼得堡时报》刊登了一个故事，触及了麦基的心理偏差。他们集中关注的偏差是傲慢，这是过度自信的一种。文章指出了rahodeb最后一帖的讽刺性，该帖发表于2006年8月。帖子的题目是"向傲慢表示祝贺并说再见"。这一题目指的是麦基在与聊天室发帖人"傲慢12 000"就全食公司的盈利和股票表现的打赌中输掉了。

尽管全食因为过去打造的激励体系而值得拥有很多荣誉，但回头看看一些心理教训的历史仍然是值得的，它们关系到公司未来将采取的激励机制，特别是当这些激励机制涉及公司股票时尤其如此。

在20世纪90年代，全食股票取得了与标准普尔500指数同样的收益率。但是，在2001年至2004年间，全食股票创造了214%的回报，而同期标准普尔的回报大约为-3%。2005年1月14日，约翰·麦基对于公司股票感到极度乐观。他预测说在未来13年内，股票价格将从当时的价格46.85美元上升至超过800美元（拆股前）。这代表着18%的累计平均增长率！

从心理层面分析，一名CEO所作的这种预测强烈地表明存在着过度乐观主义和过度自信。长期预期难做已是妇孺皆知，而18%的年收益率又远高于股票的平均收益。话虽这么说，麦基预测后的一段时间，市场还真对他的乐观主义给了面子。在他作出预测后的三个月内，全食股票赚得33%的（年化）收益率。有趣的是，这导致麦基在2007年4月15日表态说，全食股票被低估了。这一评论也是过度乐观和过度自信的信号。

随后的两年在全食的股票史上代表着一个有趣的阶段（见图6.1）。当然，2005年是一个光辉景象。这一年总体上，股票回报高达63.6%！这代表了全食公司市值的顶峰。在随后的两年，股票掉头向下。

2006年11月3日，全食的股票价格下跌了23%。市场正在对公司同店销

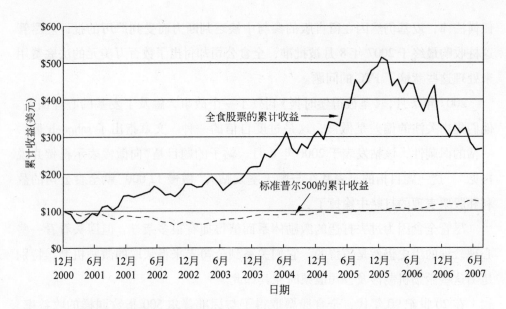

图 6.1 全食和标准普尔 500 的累计收益：2001 年 1 月至 2007 年 6 月

售额增长率下滑的预测作出反应：该增长率被预测将从 2004 年的 15% 降至 2007 年的大约 7%。在 2006 年 12 月 4 日《华尔街日报》的一篇采访中，麦基表示，他不知道为什么增长率有如此大幅度的下降。同时，他还承认全食正面临着更残酷的竞争。

财务理论告诉我们，如果不是非常冒险或者运气极佳，你不可能指望在超过 10 年的时期内有每年 18% 的增长率。从本质上说，全食的业务并不是极端的高风险，这可以从公司使用 9% 作为资本成本这一事实中反映出来。财务理论告诉我们，在预期从项目中得到很高的正净现值（NPV）时，你必须非常小心。正 NPV 的项目预期会获得比可比风险条件下的次优机会所对应的收益率更高的回报。财务理论告诉我们，当一家公司持续赚取超过资本机会成本的收益率时，它会吸引竞争者进来。来自他人的表现为更低价格或更佳质量的竞争将会降低未来的收益率。

全食公司正面临有机食品市场的竞争。引人注目的是，沃尔玛（Wal-Mart）、西夫韦(Safeway)、英国食品连锁商乐购(Tesco)都已将资源转移到美国市场进行这一领域的竞争。

NPV 可以通过将未来预期的系列经济增加值进行贴现的方式来计算。回忆一下第二章中我们提到的，经济增加值就是净收益超过一家公司弥补其资本成本所需收益的金额。

根据全食的报告，它 2006 年的经济增加值是 6 440 万美元，这是其税后净经营利润(NOPAT)2.153 亿美元和资本成本 1.509 亿美元之差。它还报告说其经济增加值比 2005 年增加了 3 860 万美元。这是个不错的业绩。但在一个竞争的行业中，没有人能够指望其经济增加值总保持正值，并随时间持续增长。那么，这一点与公司的奖励结构有何关联呢？其相关之处就在于，全食的奖金分配是以经济增加值的增长率为基础的。

经济增加值是一个具有欺骗性的概念。它听起来很合理。然而，大多数人在记住它的准确定义时都有困难。人们可能记得，它是基于一个概念，就是投资者所投资的资本需要有一个回报率。在实践中，以经济增加值为基础的奖励计划本质上就是一个以净利润为目标的计划。这是因为经济增加值是税后净经营利润减去资本成本。公司在制订奖励计划的过程中有可能会犯很多错误。让计划变得对员工来说过于复杂以致难以理解，就是其中的错误之一。

经济增加值是一个很微妙的概念。为了帮助你理解它的微妙性之一，让我问你一个问题。假定去年，一家公司的经济增加值是 100 万美元。那是否意味着因为投资者们全年的资本成本已经得到了偿付，而应该让员工们得到这 100 万美元的一个很大份额呢？

对这一问题的答案是：不一定。你需要记住第二章中说过的，一家公司的基本面价值就是其面值(股东权益)和它的预期未来经济增加值系列的现值之和。

考虑一家公司，其基本面价值与股东权益相同。公司未来系列经济增加值的现值就为零。但经济增加值通常不会每年都为零。在有些年份，它会为正，而在另外一些年份则为负。它只是平均等于零。如果一家公司构造的奖励计划中，仅当经济增加值为正时，从其中支付奖金，那么它就成功地攫取了股东的钱。这是因为股东们承担了经济增加值为负时的全部负担，但在公司有正的经济增加值时，却只分享到其中一部分。

另一个例子：PSS

医疗销售服务公司（PSS）是第一家为医生办公室、疗养院和医院提供医疗用品的全国性公司。公司于1983年由帕特里克·凯利、比尔·里德尔和克莱德·杨联合创立。当时，三人都有该行业的销售经验。

他们三人将公司的股权份额进行了不平均的分割。凯利的份额为31%，而里德尔和杨各占23%。其余的股权，也是23%，由一名外部投资者持有。凯利持有较高的股份，是因为他在决策中起着更为活跃的作用。最终，凯利成为CEO和董事会主席，直到他2000年10月退休。他的董事会主席职位的接替者是克拉克·约翰逊。大卫·史密斯当选为主席，后来，他继任了CEO和董事会主席的角色。

PSS是一家开卷式管理的公司。凯利是公司文化发展背后的驱动者。从公司成立伊始，凯利就把注意力集中在激励问题上。甚至还在公司没有产生足够的现金流来支付奖金的时候，凯利就在向员工发放股票。

一旦公司产生了充足的正现金流，PSS就开发了一个奖励计划。公司被划分成分公司，每一个分公司都有自己的奖金池。PSS的奖励计划与SRC不同：SRC员工的奖金规模是与他或她的工资相联系的，而PSS的奖励计划完全是平均主义的。一个分公司的所有奖金都分成相同的面值。

PSS使用棒球术语来描述自己的奖励计划。一共有四个层次，称为一垒打、二垒打、三垒打和全垒打。

为了击出一垒打，一家分公司的净利润率必须达到至少5%。超过5%之外的美元利润就成为奖金池的基数，这一基数的5%被"存放"在奖金池内。

第六章 激励：胡萝卜与大棒的选择

为了击出二垒打，分公司必须先击出一垒打，并且达到公司商业计划中提出的可接受的最小销售额预测值。如果达到了，则基数的另一个5%又被存入奖金池内。

为了击出三垒打，分公司必须首先击出二垒打，还须满足资产周转足够快的要求。记住，资产周转率是通过资产额和销售额之比来度量的，它代表的是公司将资产之轮转动以获得销售额的次数。如果资产之轮转动得太慢，则公司的现金就没有得到有效的利用。PSS对资产周转率的目标值是1。如果一家分公司达到了资产周转率的临界值，则又有一个基数的5%被存入奖金池。

为了击出全垒打，分公司必须击出三垒打，并且净销售额必须比可接受的最小预测值至少超出2%。在这种情况下，基数的又一个5%被存入奖金池。

2007年，PSS已是一家有17.42亿美元销售额的上市公司。公司在凯利的领导下获得了稳定的增长，但是，在他下台之后，公司股票经历了一个不稳定的阶段。情况最终还是得到了改善，如图6.2所示。

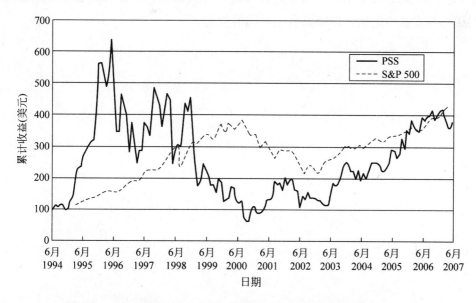

图6.2　PSS和标准普尔500的累计收益：1994年6月至2007年6月

奖励与情绪

在本章即将结束之际,我还想再提几个与奖励有关的心理问题。

如果你正在设计一个奖励计划,要将它设计成人们不能指望直接得到这笔奖励,这一点很重要。如果人们指望着一笔奖励又没有得到它,其失落的痛苦程度是很高的。此外,当人们感觉到他们很可能会失去一个他们曾热切盼望的目标时,他们会倾向于对风险表现得更加激进。

当人们得到奖金的时候,他们不只是赚到了更多的钱,他们还赚到了感到自豪的权利。出于同样的原因,也会出现一些时候,他们会无法达到奖励设定的目标,从而两手空空。如果离奖励的目标相差只有一个较小的数字的话,他们可能会经历一种后悔的情绪。后悔源自于一种想象如果把某件事情做得稍有差别,结果就会完全不同的痛苦。后悔是一种负激励,一位好的领导者知道如何说一些安抚性的话,以降低员工后悔的程度。

Ending the Management Illusion

第七章

信息共享：
看透奖金背后的故事

那些在富有心智的公司工作的人们会共享一些重要的信息。通过这种方式，他们会保持对奖金的高度关注，并理解奖金的分配机制。

我有一种感觉，信息壁垒的幽灵可能是一家公司在变得富有心智的过程中必须克服的最大障碍。《公司》杂志的执行主编伯林厄姆说，中层经理更容易构成公司创造开卷式管理文化的障碍。你能猜到为什么吗？

对中层经理来说，信息就是权力。中层经理充当了高层管理者和生产一线工人之间的桥梁。因为这一原因，中层管理者担心过度的信息共享会使他们的职能成为多余的。此外，财务管理者也不情愿共享财务信息，特别是在那些股票可公开上市交易的公司中。

群体动态给了信息壁垒幽灵额外的力量。你还记得我们在第五章中对群体思维的讨论吗？群体思维很容易发生，因为群体成员更容易支持其他成员的立场，而不容易有勇气来唱反调。用技术术语来说，群体容易犯集体确认偏差。在碰上信息壁垒问题时，同样的动态也在起作用。具体来说，管理者们很容易提供那些对某位高层领导者的提议起到证实或支持作用的信息，而隐瞒那些对这类建议没有证实和支持意义的信息。

应对有效信息共享的挑战需要重塑流程。当管理者们能够实施有效的信息共享流程时，有效的信息共享就产生了。

在本章中，我们提供了几个例子来带领读者弄清设计有效的信息共享流程的原理。这些原理中的一个重要内容就是行为清单的运用。

心理、关系与信息共享

我在本章中所写到的大部分材料都集中于如何构造有效的流程，使人们能够共享正确的信息，并使这些信息能够凸显出来，从而得到其应有的重视。但在本节中，我想谈一谈产生这种共享所需要的情绪氛围。

在我的想象中，你习惯阅读的心理学可能与此处和偏差幽灵相对应的心理学类型会略有不同。大多数人认为心理学是与情感需求有关的，这些情感需求会形成人们前进的动力。请不要认为我对心理偏差的强调意味着我将情感需求看得不重要。情感需求是极为重要的，在组织中尤其如此。

如果没有对其形成的情绪因素的理解，你是不可能充分理解由群体思维和信息壁垒所带来的问题的。这些情绪因素涉及我们与别人关系的本质。我们大多数人都希望别人喜欢自己。我们喜欢别人将我们自己置于重要位置，并尊重我们。我们寻求自己社会地位的上升。我们喜欢别人附和我们的意见。因此，当别人不同意我们观点的时候，我们会担心他们可能不喜欢我们，可能不尊重我们，甚至可能会采取行动引发我们社会地位的下降。

好了，看到其中的要点了吗？假定我属于一个群体，而我的领导提出了一个我不赞成的建议。我的第一反应会是将我所掌握的与我领导立场截然相反的信息共享出来吗？或者相反，我会从内心里担心这样做会使我表现得不忠，从而对我产生负面影响吗？我并不是在说，这些想法是有意的。但是，我想说的是，与群体接受度、忠诚和社会关系相关的情感因素处于信息壁垒和群体思维的核心位置。

团队领导者也会担心共享负面的信息。他们害怕自己被看作是低效率的领导。他们还害怕负面的消息会使员工的士气消沉。

2006年1月,《商业周刊》发表了一篇关于《公司》杂志的文章。[①] 这篇文章提供了一个备忘录,说《公司》杂志的CEO约翰·科腾曾经就公司2005年1000万美元的亏损问题给他的员工写了一封信。文章说这份备忘录是"令人吃惊地直爽"。

伯林厄姆是《公司》杂志的执行主编。他说《商业周刊》的反应表明信息壁垒在商业世界中是多么广泛存在的现象。约翰·科腾也懂得对不良消息沟通进行抗拒。文章引用他的话说,负面信息的交流是开卷式管理的缺陷之一。科腾指出这一点可能是想幽他一默。但是,问题严重了。

尽管作为一份出版物曾引领开卷式管理的潮流,但作为一家公司,《公司》杂志却是沿着闭卷式管理的路线在运作。2006年,它开始了将自己转型为开卷式管理公司的进程。一年以后,伯林厄姆报告说对转型的进程感到非常失望。

处理组织中的信息壁垒和群体思维问题需要信息灵通的领导方式。这种领导方式不只是需要对人们在情感层面上如何相互关联有一个清晰的认识,它还要求知道如何管理人们相互关联的方式。

丹尼尔·卡纳曼和阿莫斯·特维斯基是为行为金融学奠定基础的心理学家,他们发展了很多深刻的洞见。令人悲痛的是,特维斯基1996年离我们而去了。在2002年卡纳曼被授予诺贝尔经济学奖时,诺贝尔委员会高度评价了他和特维斯基关于人们对盈利和亏损赋予不同重要性的研究成果。

领导者们必须对盈利、亏损以及人们在组织中相互沟通的方式背后的情绪潜台词保持特别的关注。人们之间的每一次互动都会有感知到得失的可能,特别是在涉及尊重问题时。

---

① 参见 Jon Fine, "hard Times at *Inc.* and Fast Company," *BusinessWeek*, January 11, 2006。

领导者们知道沟通风格是很重要的，因为人们在沟通信息时，通常也会同时发送出情绪信号。这就是说，人们为什么表达自己和如何表达自己，这与他具体说了什么内容同等重要。批评某人的观点可能会有让他在自尊心方面受到损失的意外影响。从另一面来说，又有一个反面的担忧：如果我今天晚上不同意她的观点，她明天早上还会尊重我吗？

　　人类的沟通是一个很深奥的问题。在第四章，我曾提到过约翰·戈特曼的工作。戈特曼的主要研究集中于夫妻间的关系。然而，他的看法完全可以得到更广泛的应用。我特别喜欢他的书《关系修复》[①]，该书就是从讨论工作场所的问题开始的。

　　戈特曼告诉我们，理解我们彼此交流中的情绪潜台词是多么重要。他告诉我们，要知道人们一般都是先在情绪层面上作出一些彼此沟通的试探，然后等着看看他人对这一试探作出什么样的回应。

　　戈特曼的书主要讲了一种可以改善关系的五步方法。他声称人们彼此可以建立更加牢固的关系，方法是通过一系列提议和相应的积极回应，即可随时间推移而建立更坚实的关系。他说，这些关系就像是存在银行里的钱，当人们发现自己处于冲突状态中时，就可以从那个银行账户中提款，从而使关系继续保持积极态势。

　　下面我们来看看戈特曼的看法和信息共享及群体思维动态之间的联系。如果我要充当负面消息的传递者，我最大的担心是，那些收到负面消息的人作出的反应是把我这个传递者杀了。当然，我只是比喻的说法。我真正担心的是，它会损害我与群体、群体领袖以及团队成员之间的关系。戈特曼的五步法为如何增加情绪存款提供了指导，通过这样做，人们在共享负面信息的时候会感到更舒服。

---

① John Gottman and Joan DeClaire, *The Relationship Cure: A 5 Step Guide to Strengthening Your Marriage, Family, and Friendships*(New York: Three Rivers Press, 2002).

第七章 信息共享：看透奖金背后的故事

福特：信息壁垒主义者

那些未建立信息共享文化的公司可能会陷入严重的麻烦。

在大约十年当中，福特的业绩从20世纪90年代中期的高点滑落到凄风惨雨的境地。它在美国市场的份额从25%下跌至16%，并在2006年报出127亿美元的创纪录的亏损。为了使公司恢复盈利，福特聘用了阿伦·穆拉利作为公司新任CEO。

2006年9月，穆拉利接管了风雨飘摇的福特汽车公司。他以往曾有过使公司起死回生的经验，曾成功地使波音公司实现转机。穆拉利带来了他曾在波音公司成功使用过的一些有价值的技术。这其中就有每周四定期召开的管理人员会议，专门用以进行信息共享并集中讨论公司业务计划。

穆拉利发现他的公司对于闭卷式管理的接受程度比对开卷式管理更高，这是一条艰难之路。为了实现2009年使福特恢复盈利的目标，穆拉利将福特各业务单元的负责人召集起来参加星期四会议，集中讨论财务战略。他要求每个业务单元负责人与大家分享他或她的财务预测。

在演讲之后，穆拉利指出，总体上，各业务单元的财务规划与公司的总体财务规划不一致。当他就不一致的数字盘问他的管理人员时，一位管理人员解释说，福特的惯例并不是共享所有信息，而是保留一部分信息。通常，被保留的都是负面消息。

正是在此时，穆拉利开始意识到在改变福特公司文化的过程中他所面临的深度挑战。他开始号召进行信息共享，并强调说不会惩罚提供负面消息的管理人员。相反，他对他们的诚实报以热烈欢迎，并开始让他们集中精力采取行动来改进经营结果。

2007年7月，福特公司的数字开始有所改善。当分析师仍然预测有巨额亏损时，福利却一次报出了7.5亿美元的第二季度盈利。当《底特律新闻报》问到是什么造就了当季度的好消息时,穆拉利回应道,是由于整个组织全面的改造。与此同时,他发出了谨慎的声音,指出尽管公司可能已经出现转折,但完全走上健康轨道则需要一个长期的过程,可能要持续到 2009 年。

在 2007 年 7 月《华尔街日报》的采访中,穆拉利强调鼓励福特公司的利益相关者,包括公司的客户,与他共享他们的观点和知识。当他倾听他们的看法时,他会做详细笔记,然后把这些笔记用文件夹整理起来。在这一采访中,他还评论说,他通过盈利能力增长和公司价值的过滤来诠释所有这些信息。

每周四的会议在福特公司信息共享流程中处于核心位置。参与会议的人数有 16 人,包括负责各块业务的高层管理者。主要的讨论日程通常是讨论业务计划。这些讨论通常充当的是引发和讨论公司内关键信息的工具。

穆拉利提出的救福特于边缘的业务计划是独特的。星期四会议上的每一位参与者会就他们自己负责的业务的实施绩效与计划相对照的情况进行信息共享。

穆拉利使用不同颜色的标记来表示每一种业务所处的状态。毫无悬念,红色代表有问题,而绿色代表成功。

领导者需要创造一种情绪氛围,让人们在共享负面信息时仍会感到舒适。这就是约翰·戈特曼作"银行存款"类比的关键所在。一个真正伟大的领袖有时候能找到一种方法,让人们在传递负面信息时能向账户里增加一些存款。在这一方面,穆拉利采用的做法是,当管理人员报告他们的业务从红向黄,或者从黄向绿转变时,对他们提供很多的赞扬。

这里有一则关于福特新车型爱虎(Edge)发布时的轶事。执行副主席马克·菲尔茨已经将这一项目记作红色,因为他已经发现了这款车的问题,并想推迟发布,以解决这些问题。当菲尔兹说了他的想法后,会议室陷入一片寂静。然而,穆拉利给予了掌声,因为他把问题以一种非常醒目的方式带入大家的视野之中。这一故事具有一个圆满的结局,因为福特的确解决了这些问题,并且成功地实现了新车发布。

SRC：聚首的艺术

对于阿伦·穆拉利在福特公司引进的信息共享流程，SRC 已经有了超过 20 年的实践经验。那么，它的效果如何呢？

SRC 信息共享的核心举措是被称为"聚首"的周会。聚首发生在每个周期三的上午 9 点。对于聚首的主要目标，杰克·斯塔克心里非常清楚，那就是要通过把人们聚集在共同目标的周围，并通过教育和培训来开发公司的人力资源，让员工队伍将注意力集中于为什么他们的工作如此重要。

聚首的关键点在于 SRC 的财务规划。在聚首中，人们对当前月份公司的绩效与规划之间的差异作出最佳的预测。几乎参加会议的每一个人都要负责报告他们所能施加影响的某些特定项目。

报告还不仅仅是数字。他们还要报告这些预测背后的业务条件。具体来说，报告要把问题显性化，并摆到桌面上来。通过这种方式，员工队伍就能明白成功完成计划所面临的威胁。

当人们报告他们的预测时，CFO 就会将这些数字输入财务报表工作表。在报告收尾的阶段，CFO 就会更新其预测的财务报表。

更新预测报表有几个目的。从自利的角度看，预测报表为未来奖金的可能数字提供了最佳的信息。记住，盯住奖金！在 SRC 的文化中，奖金支付是非常高调的。其用意就在于用奖金作为一根胡萝卜，来促使全公司的人聚焦于财务数据，这意味着未来的财务数据是他们可以影响的，而不像过去的财务数据那样跟他们不相干。在这个意义上，预测报表也为公司的状态提供了一个广泛的视角——公司哪方面做得不错，哪方面做得不足。

在本章前面部分，我曾介绍过约翰·戈特曼提出的打造过硬关系的五步法。他的第五步就是要找到与别人共享信息的意义。SRC 公司的当权者们已经完全参透了这一点！这正是为什么他们对每一块业务使用一个单独的奖励制度的原因，因为这样就可以让一块业务中的每一个人的资金都可以通过一个统一的公式来进行计算。聚首所做的事情就是要促进那些能使资金尽可能放大的相关信息的共享。

聚首行动还引入了心理激励。没有人喜欢报告坏消息。因此，人们会存在一种动力去采取行动，以便使他们将来可以报告好消息。更重要的是，持续不断的每周聚首行动为管理者们在自己所负责的业务领域内实施了多少控制提供了证据。他们一直提供了与他们过去所提供的以及与被共享的其他信息相一致的信息吗？杰克·斯塔克说，他曾认真地考虑过要解雇一位经理，因为他的预测总是飘忽不定的，而且他不能清晰地解释这些预测背后的经营情况。

杰克·斯塔克是一个擅长暗喻的人。显然，足球就是他的书名中《伟大的游戏》所对应的比喻。在他的观点中，一旦聚首结束，每一个人都可以看到游戏是如何展开的，也能看到个体应该做些什么才能使球更靠近目标线。

当然，并不是整个员工队伍全部都参加聚首。大多数人是通过那些参加了会议的人得知那些被共享了的信息，可能是直接的，也可能是间接的。在SRC，聚首后的会议被称为"讲解会议"（chalk talk）。讲解会议通常都是小组会议，其设计目的是形成运作计划以便解除威胁或利用机会。

你知道谚语"眼不见，心不烦"吗？它的意思是说，人们会对那些容易得到的信息赋予更大的重要性，而对不容易得到的信息则不予重视。心理学家把这种现象称为可得性偏差。

杰克·斯塔克在直观上理解了可得性偏差。在早期，他就在SRC使用电子信息板来动态播报公司的关键数字，以便让这些数字为员工们所知。正是这种做法和其他一些做法一起，早在20世纪80年代就引起了《公司》杂志员工的注意。你可能还记得我在第二章中所讲的故事。

显著性是一个重要的问题。仅仅共享关键信息还不够。你还必须确保这些信息非常显著。你必须保证它们处于显眼的位置，并且闪着霓虹灯！如果不这样做的话，偏差幽灵就会把那些无关紧要的东西突显出来。

在达美航空，杰拉尔德·格林斯坦也理解了显著性。当2005年他引入新员工奖励制度时,他不只是就资金的计算公式进行了沟通。他从杰克·斯塔克的战术中学了一招,在工作场所放置了大型数字显示屏,以跟踪服务的改进。

商用家具公司:一个最佳实践案例

杰克·斯塔克绝对是一个富有鼓动性的人。在他鼓舞的很多人中,有一位是比尔·帕尔默,他是商用家具公司(Commercial Casework)的CEO。帕尔默阅读了《伟大的商业游戏》一书,受到极大的震撼,以致他把开卷式管理的原则引入了自己的公司。与此同时,将这些原则付诸实践既不容易,也不能100%确保成功。在这方面,商业环境调查公司提供了一些极有价值的经验教训。

商用家具公司是位于加州佛利蒙市的一家小企业,主要为企业和家庭生产高端定制家具。公司于1976年由帕尔默家族四兄弟创立。2007年,比尔·帕尔默是公司CEO,也是四兄弟中唯一一位在公司工作的。

商用家具公司的早期客户是珠宝店。在20世纪70年代末期,当加州银行业快速增长时,它将业务重点转向生产定制的出纳柜台。在20世纪80年代,硅谷的科技产业催生了许多新企业,它们的公司总部需要很多定制的木制品。商用家具公司利用自己生产出纳柜台的经验,转而生产复杂的定制室内办公木制品。它的客户中有IBM、苹果和甲骨文。

比尔·帕尔默1993年在《伟大的商业游戏》出版一年以后读到了这本书。为读书后的热情所感染,他为商用家具公司的整个管理团队都购买了这本书。整个团队都喜欢上了这本书。

帕尔默随后参加了SRC提供的一些讨论会,他变得更加充满热情。当他回到公司后,他预期每个人都会像他一样充满热情。他预期在商用家具公司中引入这一伟大游戏,会得到员工方面百分之百的认同。

实际情况是,并不是每一个人都像帕尔默一样受到《伟大的商业游戏》如此大的感染。直到今天,他的员工队伍中还有一些人并不认同这一概念。尽管如此，商用家具公司还是努力按照开卷式管理的主要原则进行了长达十多年的运营。

这里，我们得到一条重要的结论。引入伟大游戏并不要求得到百分之百的认同。相反，它仅需要一个信息灵通、技巧娴熟的领导团队，并且在认同的领导者身后有一个相当的支持队伍即可。

在商用家具公司，与 SRC 的"聚首"相类似的活动发生在星期二下午，被称为"管理层会议"。管理层会议在商用家具公司的会议室进行，这间会议室在公司被称为游戏室。出席管理层会议的人员包括：

- 首席执行官
- 总经理
- 预估经理
- 采购经理
- 生产经理
- 安装与工程经理
- 财务控制员

参加管理层会议的人员都是各部门的实际负责人。每个部门都要负责企业的某一个具体方面。预估经理负责对成功赢得业务的投标进行汇总。采购经理负责采购原材料用以生产定制家具。生产经理负责生产运营，即家具的实际制造。安装经理负责在工作场所安装家具。首席执行官、总经理和财务控制员负责那些为公司主要业务功能提供支持的活动。

本章的主要问题是：在管理层会议上，经理们要讨论什么问题？他们的讨论是如何组织的？

第一个问题的答案很简单。经理们讨论的是他们的年度计划执行的进展如何。年度计划就是对游戏的规划。这种计划是第五章讨论的中心。这一计划和与其相关的目标是高度显著的。游戏规划是处于受关注的前台，而不是后台，因此，关注的焦点锁定在奖励方面。即使有其他因素分散了注意力，使游戏规划脱离了关注焦点，下一个星期二它也一定会再回到前台来。

第七章 信息共享：看透奖金背后的故事

看一下表7.1，该表列出了商用家具公司2007年游戏规划表格的一部分。它为我们编制预计损益表提供了初始的细节。

商用家具公司2007年的游戏规划是在2006年11月和12月制定的。你在表7.1中可以看到，规划是按月制定的。第一行的项目是投标。在计划形成后，对计划进行汇总的人预测，在2007年，商用家具公司将会对57 600个项目进行投标，并会得到其中的14 400个项目。你可以从右边数第二列看到这些数字。你也可以看到，最右边的一栏显示，商用家具公司于2006年曾竞标53 129个项目，而得到了其中的12 749个，"中标率"为24%。

表7.1中的工作表反映了公司2007年8月最后一周的情况。在8月份右边的所有数字都是预测值。8月份左边的所有数字反映的都是已经发生的事情。例如，商用家具公司计划在2007年9月竞标4 430个项目，并将得到其中的1 300个。在6月份，商用家具公司实际上竞标了6 606个项目，并得到了其中的1 139个，这低于其规划中的1 200个的预测值。

累计未结订单的这一行代表的是那些已经拿到但还没有开始，或者已开始但还在进行中的工作。这一项目是未来收入的一个主要的先行指标。这一行8月份的数字是3 117，这是原本为8月份所定计划中得到新项目的大约2.6倍。注意，本年度上半年中，累计未结订单上升了，这表明商用家具公司取得新订单的速度快于履行已签合同的已有订单的速度。

"合同收入"部分指的就是它的字面意思，只不过单位是千美元。这一部分中，"计划"行是指在前一年11—12月中作出的年度预测。"当前预测值"行指的当然就是当前对该月收入所作的估计。

在任何情况下，都让我们确保自己保持高度的注意力集中。再一次考虑一下，商用家具公司的管理者们在他们每周二的管理层会议上讨论些什么？他们讨论的是他们对游戏规划表中主要项目当前月份的修正预测值。因为经理们只更新他们对当前月份的预测值，8月份之后的月份估计值就与游戏规划中的值完全一样。

表 7.1 投标、中标、未结订单及收入规划

商用家具公司 2007 年游戏规划	1月	2月	3月	4月	5月	6月	7月	8月	9月	10月	11月	12月	估计值	计划值	2006
投标															
投标总数	4 103	6 394	4 651	3 975	4 717	6 606	8 731	5 663	4 430	5 540	4 430	4 430	63 670	57 600	53 129
中标率(%)	24.03	7.63	22.38	14.84	25.84	17.24	12.77	21.19	29.35	23.47	29.35	27.09	20.23	25.00	24.00
累计中标率(%)	24.03	14.04	16.6	16.24	18.14	17.94	16.79	17.35	18.43	18.93	19.71	20.23	20.23	25.00	24.00
中标															
计划数	900	1 000	1 200	1 200	1 200	1 200	1 200	1 200	1 300	1 400	1 400	1 200	12 878	14 400	
当前估计数	986	488	1 041	590	1 219	1 139	1 115	1 200	1 300	1 300	1 300	1 200	12 878	14 400	
当月截至今日								757							
累计未结订单	3 385	2 924	2 806	2 392	2 646	3 037	3 217	3 117	3 317	3 317	3 517	3 617	3 617	3 889	3 489
合同收入															
计划数	1 100	1 200	1 200	1 200	1 200	1 100	1 100	1 300	1 100	1 300	1 100	1 100	12 735	14 000	
当前估计数	1 089	980	1 144	1 004	965	717	935	1 300	1 100	1 300	1 100	1 100	12 735	14 000	13 390

表中每一行的栏目都是某一位经理的责任。当当前月份是8月时,预估经理就有责任来对总投标数和8月份拿到项目的当前估计值进行更新。如果估计值与游戏规划中的数字相近时,讨论就会正常进行。当估计值不仅与游戏规划值明显不同,而且也与以前更新的值有显著区别时,经理们就要讨论经济环境发生了什么变化,这种变化对他们公司这一项目会产生怎样的影响。

如你所见,对年度收入的估计值就在游戏规划预测值的下面,游戏规划中的预测值为14 000美元,而最近的估计值则为12 735美元。在这一方面,要注意的是,在此前的每一个月中,实际收入都低于游戏规划值。这种现象昭示着企业存在过度乐观主义,值得给予一些行为意义上的关注。你放心,我们稍后还会再回到这一问题。但首先,让我们沿着游戏规划工作表继续往下进行。

表7.2是与生产成本相关的工作表的一部分。这张表格显示的是与当前正在进行的项目相关的直接成本估计值高于预算或者低于预算的程度。例如,1月份,材料成本低于预算8 000美元,而项目管理成本则高于预算1 000美元。在该月,直接成本合计值正好与预算相等。2月份,直接成本合计值就低于预算值5 000美元,占到本月销售额的0.51%。3月份,直接成本合计值高出预算5 000美元。全年的成本合计估计值将低于预算171 000美元。

过度乐观主义使人们产生过低的预算成本,从而使项目结果容易最终超过预算。在商用家具公司,经理们在制订预算数字的时候,倾向于作出较为保守的成本估计。对极度乐观主义矫枉过正也是可能的。如果项目结果经常低于预算,则可能是发生了矫枉过正现象。

问题又来了,经理们在管理层会议上讨论什么呢?他们讨论的话题是对估计值进行修正和更新。对销售额而言,如果高低值接近于零,则表示估计值与游戏规划值相接近,则讨论不会耗时太久。但当高低值不接近于零时,则该进行一场详细的讨论了。

表 7.2 生产成本与预算的比较

商用家具公司 2007年的游戏规划	1月	2月	3月	4月	5月	6月	7月	8月	9月	10月	11月	12月	估计值	计划值 2006
项目成本相对预算的高低值														
材料	(8)	(2)	(10)	(8)	(6)	(16)	13	(11)	(22)	0	0	0	(70)	(45)
项目管理	1	(3)	(8)	(4)	(16)	(9)	(7)	(5)	(37)	(10)	(2)	0	(100)	(154)
施工制图	1	(1)	1	(1)	1	(2)	(2)	(3)	(19)	(4)	(3)	0	(32)	(24)
排料	1	0	2	(7)	(9)	(7)	(7)	6	(37)	(8)	(4)	0	(82)	(76)
机器	0	2	(2)	(10)	(5)	1	0	1	2	(1)	0	0	(15)	4
定制组装	0	(2)	0	44	(11)	(10)	(9)	(1)	(31)	(22)	(5)	0	(47)	(84)
标准组装	(1)	(3)	(6)	(6)	(10)	(13)	(5)	(5)	(24)	0	(2)	0	(75)	8
完工	4	2	5	6	5	10	5	2	(4)	1	0	0	36	76
交运	3	4	13	9	18	12	4	2	3	3	0	0	71	173
安装	(3)	0	8	(19)	(26)	(5)	2	30	(27)	5	0	0	(36)	209
杂项成本	2	(2)	2	(1)	11	0	1	2	0	0	0	0	15	18
高低值合计	0	(5)	5	3	(48)	(39)	(5)	6	(196)	(39)	(16)	0	(334)	105
占销售额百分比	0.00%	−0.51%	0.44%	0.30%	−4.97%	−5.44%	−0.53%	0.46%	−17.82%	−3.00%	−1.45%	0.00%	−2.62%	0.78%

例如，比尔·帕尔默描述了过去的一个情形，当时成本高于预算的比率似乎忽然间跳升至10%，然后居高不下。这一结果使他们进行了一场对话，来识别这种高成本的来源，最终将目标锁定在定制组装项目。这一项目指的是由客户定制的产品组装，其成本高出预算30%。发生的情况是，一位新雇的从事估计的人员没能执行交叉检查程序，而这种交叉检查正是商用家具公司标准操作程序的一部分。

这一程序要求估计师将自己的估计交由生产团队验证，但他并没有进行这一程序。假如他走了这一流程，他就会收到反馈，他的估计已经发生偏离。这位新雇人员解释说，他跳过了验证的程序，原因在于他感觉到自己已经过度劳累。显然，新雇人员的经理也并没有检查工作流程是否得到了遵守。毫不奇怪，找到问题以后，它很快就能得到纠正。

这个例子中的一般性教训在于，在会议中进行讨论的程序会使经理们通过对信息进行共享来发现、讨论并解决一个重要的问题。

当游戏规划表格在星期二的经理会议上得到更新之后，它会被重新印刷在一张大的表格上，并张贴在所有员工都能看到的游戏室内。换句话说，游戏规划数据是可以免费并完全共享的信息。

在商用家具公司，游戏室是共享各种关键信息的中心地点。有些最重要的信息会涉及游戏规划表格中关于工作成本高低值的一些细节。这种信息共享的方式是通过一张工作表来实现的，表7.3就是这张工作表的一部分。

这张工作表要占据游戏室墙面的很大一块区域。在一周内，负责各种不同项目的运营团队的成员们要更新他们自己的估计值，以反映他们当前正在从事的工作将会超出或低于预算的程度。这些条目就形成了星期二管理层会议上提交的估计值的基础。注意，信息的提供者们都要表明身份。

人们进行信息共享时，采取的方式是负责任的而不是匿名的。此外，游戏室中展示的数字是高度醒目的。记住，战胜可得性偏差幽灵是非常重要的。

表 7.3 特定项目细节：深度探讨

9月份项目 项目序号	客户	项目	估计值	MTL 罗伯特	M/O 拉里	P/M	P/M	F/D
9642	DPR	巴尼斯纽约精品店	ED	$500	($300)	AZ	($2 400)	($500)
9652	BCCI	圣克拉拉	PAUL	($3 000)	($500)	CC	($6 200)	($1 400)
9770	CCI	HSG AUTH 金斯街290号	PMP	$0	($200)	PG	($500)	($150)
9781	HILLHOUSE	加州政府9号 信贷协会	EAG	$1 000	($600)	PG	($2 300)	($1 500)
9798	CANNON	W酒店壁炉	EAG	$0	$0	PG	($500)	($450)
9828	TBI	圣约瑟夫教堂	EAG	$0	$0	RC	($700)	$0

第七章 信息共享：看透奖金背后的故事

你知道为什么经常共享信息如此重要吗？答案是，如果问题或机会能及早得到识别，管理者们就能采取行动来处理这些情况。对商用家具公司来说，这可能意味着重新优化生产进度安排，或者重新进行布局以降低安装成本。"信息就是力量"的谚语可能只是一个陈词滥调，但它却是一个正确的陈词滥调。

表7.3是从一张很大的工作表中节选出来的。按照谚语"只见树木，不见森林"来说，表7.3代表的只是树木，游戏规划代表的则是从损益表的角度看到的森林。

在游戏规划中，在工作成本高低值之下的部分就是关于成本的汇总信息。表7.4就显示了游戏规划表的这一部分。

"直接利润"部分指的是与直接成本相对应的利润金额。我们来举例说明一下。1月份，对直接利润的游戏规划预测值是363 000美元。这一预测是使用第六章中所描述的销售额百分比技术作出的，其占销售额的百分比为33%。1月份的实际利润占销售额的百分比为29.78%。

"工厂管理费用"部分显示的是间接成本，是分摊而不是对应的。合在一起，生产的直接成本和间接成本构成总成本，这是计算毛利的基础。举个例子，1月份，毛利在规划中的预测值是237 000美元，而最终实现值是207 000美元。按销售额百分比计算，毛利预测值在规划中为21.57%，而实际值为19.05%。

需要共享的信息还不止这些。游戏规划的下一个模块涉及资金、一般费用及管理费用，还有一个标作"可变薪酬"的项目，如表7.5所示。

表7.5中所显示的信息对计算净收益，即损益表的最下面一行来说是必要的信息。而净收益是经理们眼睛都盯着的奖金的一个主要方面。同时，员工队伍都会盯住他们所能分享到的奖金。游戏规划奖金与可变薪酬代表的正是这些员工们所直接感兴趣的奖金。

商用家具公司的员工都已经工会化，其薪酬中的很大部分都已经固定下来。但是，商用家具公司还建立了一些额外的奖金制度，当特定的临界值得到满足时，这些奖金就会分发给工人们。游戏规划展示的就是奖金池的规模，即支付给工人们的奖金总数量。

表 7.4 财务规划：毛利率的计算

商用家具公司 2007 年游戏规划

	1月	2月	3月	4月	5月	6月	7月	8月	9月	10月	11月	12月	估计值	计划值	2006
直接利润															
规划	363	396	396	396	396	363	363	429	363	429	363	363		4 620	
当前估计值	324	321	370	311	299	233	286	365	315	377	337	343	3 882		
当前估计值(%)	29.78	32.74	32.34	31.01	30.95	32.49	30.64	28.08	28.64	29.00	30.64	31.48	30.48	33.00	31.39
工厂管理费用															
规划	126	120	121	121	126	117	125	134	124	132	125	126		1 498	
当前估计值	117	116	119	115	120	105	105	134	124	132	126	126	1 439		1 394
当前估计值(%)													11.30	10.70	10.41
毛利															
规划	237	276	275	275	270	246	238	295	239	297	238	237		3 122	
当前估计值	207	205	251	197	178	128	182	231	191	245	212	217	2 443		2 809
毛利规划(%)	21.57	23.02	22.91	22.89	22.61	22.66	21.00	22.66	21.72	22.81	21.60	21.57	19.19	22.30	20.98
毛利当前估计值(%)	19.05	20.87	21.95	19.58	18.48	17.82	19.45	17.77	17.35	18.81	19.23	19.75			
毛利累计规划(%)	21.57	22.33	22.53	22.62	22.60	22.56	22.43	22.46	22.39	22.43	22.36	22.30			
毛利累计估计值(%)	19.05	19.91	20.64	20.39	20.03	19.76	19.72	19.41	19.16	19.12	19.13	19.19			

表7.5 奖金支付与管理层可变薪酬规划

商用家具公司2007年游戏规划	1月	2月	3月	4月	5月	6月	7月	8月	9月	10月	11月	12月	估计值	计划值	2008
游戏规划奖金															
规划	6	15	14	14	12	10	6	14	7	15	6	6		126	128
当前估计值	(8)	2	8	(5)	(10)	0	(5)	3	3	3	3	3	(0)		
一般与管理费用															
规划	166	140	140	149	163	139	159	165	141	194	151	155		1 862	1 773
当前估计值	159	155	140	146	158	130	138	168	141	194	151	155	1 833		
其他费用															
规划	3	4	4	4	4	3	3	4	3	4	3	3		42	38
当前估计值	1	1	1	2	1	2	1	4	3	4	3	3	27		
当前估计值（%）													14.39	13.30	13.24
可变薪酬															
规划	21	39	39	36	30	31	23	37	29	28	26	24		364	325
当前估计值	18	16	34	18	10	(1)	16	19	15	15	18	18	194		
当前估计值（%）													0.21	0.30	0.28
累计可变薪酬中的股权价值															
规划	8.34	23.98	39.50	53.92	66.06	78.43	87.70	102.58	114.36	125.55	135.91	146.80		145.60	120.59
当前估计值	7.39	13.65	27.27	34.28	38.20	37.68	44.08	51.52	57.35	63.17	70.42	77.79	77.79		

奖金池的大小是和与游戏规划相对比的公司业绩挂钩的。例如，2006年，如果公司能够达到其游戏规划目标，则商用家具公司会将60 000美元注入奖金池。公司注入奖金池的奖金数量相当于其超过1 200万美元销售额的1%，或者是其21.25%毛利的50%。2006年，商用家具公司实际发生了128 000美元的奖金支出。

公司2007年的游戏规划的特点在于其预测的奖金支付金额达到126 000美元。到2007年8月，公司的最佳估计值是，它2007年将不会支付任何奖金。要弄清楚为什么会是这样，只要将2007年年收入的最新估计值与游戏规划作一下对比就知道了。对销售额的最新估计值是1 237.5万美元，这比游戏规划中的1 400万美元要低。而且，19.19%的估计毛利率也比游戏规划中的22.3%的预测值要低。

截至2007年8月，商用家具公司的业绩不如在游戏规划中预测的那样好，这已不是什么秘密。这一信息已经与员工共享，共享的方式与员工们的切身利益密切相关——通过奖金计划联系起来。那些对离赢得奖金还有多大差距这一问题感兴趣的人们应该意识到，直接毛利率与游戏规划中的值相比还有大约3个百分点的差距。他们还应该意识到，对工厂管理费用的最新估计表明，这一数字到年底会比规划中的数字略高。直接毛利率是一个员工能施加一定影响的数字，但他们无法影响工厂管理费用。

对商用家具公司的管理层来说，反映其绩效报酬的是可变薪酬而不是奖金计划。注意，在表7.5中，游戏规划中的可变薪酬数目大约是奖金数目的三倍之多。虽然人均奖金实际上是很低的，但可变薪酬却不是如此。它会占到管理层整体薪酬的20%至40%。可变薪酬是以税前收益为基础的，也就是纳税前的盈利。

可变薪酬包括现金部分和股权部分。游戏规划中就每股价格计算的股权部分的当前价值进行信息共享。

在游戏规划的最下面一行列示的项目是净收益，包括税前的和税后的。表7.6就提供了损益表最下面一行的详细信息。用净利润率来衡量，1.83%的当前估计值对应了游戏规划中的3.12%的预测值。

表 7.6 净利润与净利润率

商用家具公司2007年的游戏规划

	1月	2月	3月	4月	5月	6月	7月	8月	9月	10月	11月	12月	估计值	计划值	2006
应税收益															
规划	42	78	78	72	61	62	46	74	59	56	52	48		728	546
当前估计值	37	31	68	35	20	(3)	32	37	29	29	36	37	389		
当前估计值(%)													3.05	5.20	4.08
应纳税款															
规划	17	31	31	29	24	25	19	30	24	22	21	19		291	213
当前估计值	15	13	27	14	8	(1)	13	15	12	12	15	15	156		
净利润															
规划	25	47	47	43	36	37	28	45	35	34	31	29		437	333
当前估计值	22	19	41	21	12	(2)	19	22	17	17	22	22	233		

	当前估计值	规划值
合同收入的当前估计值(千美元)	12 735	14 000
净收益的当前估计值(千美元)	233	437
净利润率(%)	1.83	3.12

系统、有效并广泛地在组织内共享信息并不是包医百病的万能药方。前面关于新聘估计岗位管理人员的故事就是一个恰当的例子。

比尔·帕尔默还讲了一些他所遇到过的其他问题的例子。信息共享的文化帮助他妥善处理了这些问题。其中我最喜欢的一个例子是这样的：有一位经理，他的办公室内摆放着一整排白色文件夹，摆放得井然有序，每个文件夹外面都标着工作编号和客户名称。让我们姑且称他为"文件夹先生"。

在商用家具公司，看起来没有其他项目经理的工作会比文件夹先生更出色。让事情处于控制之中是很重要的。工作会因处于不同的完成阶段而有所不同，而在商用家具公司中，不同的团队会参与同一个项目的不同阶段。例如，生产团队涉及的是初始或中间阶段的项目，此时家具正在制造过程中；而安装团队则更多地涉及较晚期的项目。项目经理要负责协调不同的项目阶段。

帕尔默的管理风格是喜欢在他的工作场所内到处走走，以便让自己感知公司的脉搏。一天，帕尔默很自然地决定要参观一个特定的工作地点，该地点所属区域由文件夹先生担任项目经理。通过与文件夹先生的沟通，帕尔默得知，在商用家具公司的该处，生产过程还没开始。当帕尔默向文件夹先生提出，他想到工作地点看看时，文件夹先生吐了一口气。这可不是什么好兆头。

当帕尔默到达工作地点时，很自然，他预期应该会看到处于早期阶段的项目，这些项目应该离全部准备好以便商用家具公司的员工可以安装的状态还有几个星期。但恰恰相反，他发现这些项目已经几乎就要准备好让商用家具公司的员工开始安装了。他迅速意识到，文件夹先生误导了客户，让客户们认为家具很快就可以开始安装了。

帕尔默意识到手里出现了一场危机。为什么说是一场危机呢？商用家具公司还没有对这一项目进行生产。但是，它的客户却预期商用家具公司很快就可以为自己安装家具了。如果商用家具公司做不到这一点的话，就会使他的客户赶不上工期，产生巨大的延期损失，从而滋生不满。商用家具公司高质量、高效率的声誉就处于危险之中。

帕尔默很快就打了一个电话给他在弗里蒙的管理团队，解释了危机的性质。然后，他迅速驾车赶回公司。当他到达那里的时候，他发现他的生产团队已经撰写了一个计划来解决这一问题。他们估计了这一项目所需要的原材料，又估计了目前所拥有的资源，调整其他工作的优先次序以释放出设备和工人，从工人那边得到加班的承诺。

商用家具公司的管理团队成员能够通过快速地共享彼此的信息来应对危机。这样做已成变成一种第二天性。这是他们文化的一部分。

那么，至于文件夹先生，他显然不能再作为一名员工继续待在公司了。他离开之后，公司开始清理他的办公室。他们发现他的每一个文件夹都是空的。一切都是错觉！

比尔·帕尔默在直观层面上能理解像极度乐观主义和过度自信这样的心理问题。他知道培训他的员工理解财务报表的重要性。在这方面，在商用家具公司，要成为奖金的合格得主，有一条标准就是阅读《伟大的商业游戏》，以及SRC关于财务报表的出版物。这种做法给员工提供了一种激励，让他们去理解开卷式管理的基本原理。

对于开卷式管理，我还有一点要强调一下。出于对共同目标以及对他人服务的高度关注，开卷式管理倾向于团体导向。那些为开卷式公司工作的人们会参与一些项目，来帮助那些没有如此幸运的人们。在《伟大的商业游戏》中，杰克·斯塔克就讨论了其公司的这一特点。在我访问商用家具公司的过程中，我能看到同样的精神在起作用。

瑞银：试水纠偏

开卷式管理并不一定包含减轻心理障碍的正式流程。实际上，纠偏游戏并不是自然而然产生的，它需要有针对性的构造和实施。在本节中，我给出的是一家公司在纠偏方面的一些试探性努力。

管理错觉 Ending the Management Illusion

瑞银（UBS）是一家大型的金融服务公司，它每天都要处理行为金融问题。它的经验为所有公司都提供了重要的教益。

有时候，金融市场会变得非理性亢奋，而另一些时候，则会变得非理性悲观。在任一个给定的日期，一只股票可能会定价过高，也可能会定价过低。那些在价格低估时买入股票而在高估时卖出的投资者，我们就说他们赚到了正的阿尔法。瑞银的业务就是努力实现正的阿尔法。

行为金融学的支持者们宣称，赚到正的阿尔法是可能的，但他们并没有说这很容易做到。如果说过什么的话，那一定是说，做到这一点比看起来要更加困难。是的，这是事实。如果你在某种程度上存在一种印象，即行为金融所传递的一条关键信息是说打败市场很容易，那么你一定是得到了错误的信息。对行为金融学的最大误解之一就是，认为它告诉我们，如果我们学一点心理学的话，我们就可能跳出来打败市场。

下面是行为金融学提供的一条关键信息，但很多人却忽略了它。那些导致一部分投资者形成市场错误定价的心理因素，同样可以阻止其他投资者利用因此而创造的利润机会。瑞银中有些人理解了这一信息。其他公司可以从他们的看法中学到一些东西。

2006年10月11日，瑞银发布了一篇新闻通讯，标题是《阿尔法+反共识：华尔街失去了什么？》。通讯稿的封面就是一张高速公路交通拥堵的照片，其中只有一辆车走上了出口匝道。这张照片是一个比喻。交通拥堵代表大众，即共识。那辆孤身走上匝道的车则代表了瑞银自己。

反共识意味着走向大众的反面。找到正的阿尔法就要求走向大众的反面，这几乎就是阿尔法的题中之意。一个能赚到正阿尔法的投资者是在许多其他投资者驱使价格走向错误的时候，通过自己的行动让市场定价回归正确的轨道。

瑞银的通讯稿讨论了一组股票，其中，瑞银的看法与其他金融机构的看法迥然不同。就这件事情本身来说，它并没有什么不平常之处。其不平常之处在于，通讯稿讨论了纠偏的技术。这些技术建立在三个具体问题的基础之上，这

三个问题是瑞银分析师们在通讯稿中问他们自己的。这些问题是:

(1) 华尔街忽略了哪些信息?

(2) 大众的共识转而与瑞银一致的触发事件可能是什么?

(3) 我们在哪些方面可能会犯错?

瑞银的新闻通讯稿讨论了与几只股票相关的反共识问题。其中一只股票是BG集团(英国天然气集团)。这是一家总部位于英国的能源公司。BG集团将自己描述成能源市场的一个领先企业,称自己的业务是专注于向世界市场供应天然气。公司业务跨越五大洲,超过25个国家。

BG集团的业务主要分属四个业务部门:勘探和生产、液化天然气、输送和分配、发电。从这一角度而言,BG集团的业务覆盖了天然气的整个供应链,这为公司提供了调整的灵活性,以便抓住市场机会带来的供应链上的价值变动。

图7.1为过去10年间BG集团股票相对埃克森美孚和标准普尔500的表现

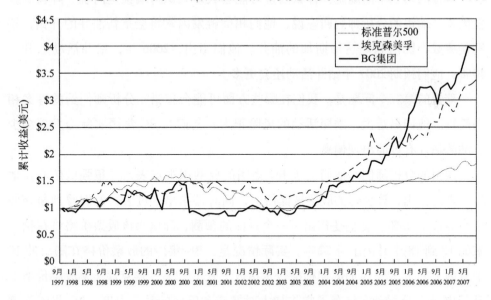

图7.1 累计收益:BG集团、埃克森美孚和标准普尔500,1997年10月至2007年8月

提供了一个直观对比。尽管该股票在互联网泡沫破灭后的 2001 年的经济衰退中表现相对较差,但它在衰退之后的表现却要好得多。当然,也有一些回调,特别是在 2006 年 8—9 月,BG 集团的股票经历了一次较大的回调。

2006 年 10 月 11 日,瑞银将它对 BG 集团股票的评级从中性调升至买入。这一上调将瑞银与大众的共识区分开来。换句话说,这是一个反共识的举动。

现在,考虑三个问题中的第一个问题:华尔街忽略了哪些信息?瑞银分析师宣称,公众共识没有反映 BG 集团勘探业务的潜在上升空间。他们称,在此前的 18 个月中,他们相信 BG 集团增加了 6.4 亿桶新的石油储备。瑞银分析师们判断,这会导致公司的基本面价值上升大约 8 个百分点。此时,BG 集团的股票价格大约为 62 美元。简言之,瑞银的分析师们相信,华尔街低估了 BG 集团勘探项目的价值。

瑞银的第二个问题是:什么因素可能会大众共识与瑞银走向统一阵营的触发因素?瑞银的分析师们回应说,他们相信触发因素将会是新油井的开钻,特别是挪威、巴西和马达加斯加的油井。他们指出,2006 年,钻井活动上升了 40%;他们预期 2007 年钻井活动还会更多。

瑞银的第三个问题是:我们在哪些方面可能会犯错?分析师们给的答案相当简短。他们只是说,勘探活动的风险很大,他们对 BG 集团实际会发现多少石油的估计有可能出现偏离。

瑞银的分析师们对他们关于 BG 集团的反共识观点表达了很强的信心。他们清晰地指出,该公司的股票被低估了,同时还指出,过去,他们曾判断该股票被高估了 22%。他们还作出了一个具体的预测,即认为该股票价格将在接下来的 12 到 18 个月内上升 22%。实际情况是,BG 集团的股票价格在随后的 10 个月内上升了 32%,而同期标准普尔指数上升了 12%,埃克森美孚股票价格上升了 30%。公司确实宣布了它将加大对挪威和巴西的钻井力度。BG 集团就挪威钻井计划作出宣布的时间是 2007 年 2 月,就巴西钻井计划作出宣布的时间是 2007 年 4 月。

2006年11月，瑞银发表了第二篇文章，标题叫做"估值与会计脚注"，旨在为一个月之前发表的反共识文章提供一种行为主义观点。该文章是由另外一个分析师团队撰写的。其中的一位作者，瑞银阿姆斯特丹办公室的丹尼斯·朱伦斯，在读过10月号的瑞银报告后写信给我，提出了一个问题：瑞银变成行为主义者了吗？

朱伦斯认为是的。他认为明确地询问分析师们与市场有何不同、记下他们的反应，将会帮助分析师们避免犯下投资者和分析师们常犯的一些错误。他将这些错误或偏差列了一个清单如下：

1. **自我归因偏差**：人们存在一种倾向，会将有利的结果归功于自己的技术，而将不利的结果归因于运气不好，或者是他人的错误。三问题流程提供了一种对未来的检查方法，让我们看清如何进行正确的归因。

2. **证实偏差**：人们具有一种倾向，即高估那些证实他们观点的证据，而低估那些不支持他们观点的证据。只需问一句"我们在哪些方面可能会犯错误"，分析师们就能限制这种仅寻找支持性证据的倾向，因为这样做就要求他们去识别那些非支持性证据，并将此作为其练习的一部分。

3. **后见之明偏差**：人们还有一种倾向，即总会在事后将发生的事情看作它们是高度可预测的，而在事前，这起事件其实远远没有如此可预测。写下"华尔街忽略了哪些信息"这样的话语，意味着分析师们形成了一种机制来避免后见之明偏差。这是因为如此一来，他们反共识的观点背后的原因就被记录在案，可观后效。因此，在6到9个月的时间内，再回头检查这些原因，看看是他们自己错了还是华尔街错了，就成为可能。

4. **过度自信**：人们倾向于认为他们自己知道的比实际知道的要多，或者认为自己比实际情况要更为聪明。通过问自己哪里可能会犯错，分析师们实际上是在问他们自己是否存在过度自信。但是，这一问题也提出了一些与其他行为偏差相关的问题。三个最为相关的例子是"热手偏差"、"赌徒谬误偏差"和"近因偏差"。**热手偏差**是指人们预测近期的趋势在将来会继续维持的错误倾向。

赌徒谬误偏差是指人们预测近期的趋势在将来会发生逆转的错误倾向。**近因偏差**是指人们会对近期发生的事件给予相对远期事件更高权重的错误倾向。

瑞银11月出版物的结尾指出，限制这些偏差的影响能够完善反馈机制和增加学习经验。在这一方面，出版物强调了一份书面记录的重要性，这与仅在头脑中回答问题形成对照。

你们、我们和次级偏差

"你们和我们"（"You and us"）是瑞银的全球品牌宣传标语。2007年，这一标语也许应该为"你们、我们和行为偏差"。尽管已经试水纠偏，但并不是瑞银中的每一个人都使用行为主义检查清单。在2007年的下半年，瑞银注销了超过180亿美元的损失，这些损失源自公司在抵押贷款市场所作的投机。在这方面，瑞银并不是个别现象。许多其他金融服务机构，如花旗和美林，都经历了类似的损失。

2007年和2008年间，行为金融领域最大的事件之一与几年前就已开始的房地产泡沫的破灭有关。泡沫的破灭起源于次级抵押市场，在这一市场上，违约风险相对较高。

我们来作一个速写，看一下瑞银和其他金融服务机构是如何受到如此严重冲击的。假设你打算贷款给某个想买房子但信用不足的人。信用不足就意味着一种风险，这种风险就是借款人有可能不能按月向你偿还月供。现在，如果你持有该借款人的借据任意长时间，它只是一种风险。如果你很快就将这一借据转手卖给其他人，你就能避免这种风险。实际上，这就是大多数按揭贷款的原始放款人做的事情，他们把按揭卖给了其他人。

典型情况下，这一按揭贷款的购买者会把该笔贷款与许多其他类似的按揭贷款放在一起，构成一个资产池。因为分散化的原因，按揭资产池的风险比仅持有单一按揭贷款要小一些。毕竟，一个拥有按揭的人可能会丢掉工作，从而没有能力偿还月供。但是，所有这些持有按揭贷款的人都会经历这种厄运的可能性要小得多。因此，一种现金流来自按揭资产池的证券的风险要比构成该资产池的单一资产的风险更小。这种混合证券被称为住房抵押贷款支持证券（MBS）。

资产池会降低一些风险，但并不是全部风险。以次级抵押贷款池为支持的MBS，其质量未达到投资级。假设一家金融服务公司想把这样的MBS卖给一家养老金，而养老金的投资政策是很保守的。这家金融服务机构要怎么样才能使次贷MBS对养老金管理者看起来有吸收力呢？一种方法就是在出售MBS的同时向他提供保险，该保险可以弥补由于违约而产生的损失。

在实践中，这种违约保险采用了一种衍生产品的形式，被称为债务抵押凭证（CDO）。CDO为违约提供了部分保险。例如，一种CDO可能会覆盖前5%的损失，但不会更多。另一种CDO可能像一张有5%免赔但最高可赔至39%的保单。而另一种类型的CDO则可能像是一张具有39%免赔但可以覆盖全部损失的保单。这些类型的CDO使用的是"高级"、"夹层"和"次级"这样的名字。

当一家金融服务机构将保险与次级贷款MBS打包销售时，就需要有投资者愿意提供这种保险。这些投资者中有些就是由瑞银负责运营的对冲基金。对冲基金愿意提供保险，以换取相应的保费。

当保险公司收取的保费超出他们必须支付的赔付额时，保险公司就能赚钱。同样，当违约率很低时，瑞银就能挣钱。而当房地产泡沫结束、违约率开始攀升时，他们就会赔钱。上升的违约率使他们持有的证券价值下跌，因为他们承担相应的违约损失。瑞银的注销反映了他们对其CDO头寸损失金额的估计。

罗伯特·希勒在他的书《非理性繁荣》中分析了这种房地产泡沫。在纳斯达克泡沫2000年崩溃后，经济随后出现了衰退，此间，联储保持了低利率。低利率鼓励人们以非常优惠的按揭贷款利率来购房。有些住房按揭中介为购房者提供的是"引诱利率"，意指非常低的利率水平，但随着时间推移会大幅上升。许多购房者得到了这样的按揭贷款，并计划在将来高利率生效之前为这些按揭进行再融资。但是，当2007年房地产价格开始下跌时，许多购房者发现他们已没有资格申请到新的贷款。很多人发现，在更高的利率水平上，他们已无力进行按揭支付。更加雪上加霜的是，很多房子的价格已经跌到许多房屋业主原先支付的数目之下。结果，这些业主要么被迫对他们的按揭违约，要么主动选择违约。

问题检查清单是否有助于瑞银的对冲基金避免进行这种灾难性的 CDO 投资？我相信行为主义的检查清单会有所帮助。我的感觉是，瑞银管理者的决策反映了热手偏差、证实偏差和过度自信的一种组合。热手偏差对管理者起作用的方式是，让他们对过去的房地产价格上涨作简单的趋势外推。证实偏差让经理们对如同 1999 年和 2000 年股票市场类似的房屋价格高估的可能性打了折扣。记住，罗伯特·希勒曾强有力地指出，房屋市场正处于泡沫当中。过度自信使经理们低估了他们的 CDO 头寸市值会大幅下跌的风险。

在结束本小节之前，我想对利用错误定价，特别是泡沫错误定价来获利的行业提出一点警告。行为金融学的拥护者们指出，错误定价通常会越变越大，此后才会缩小。因此，那些赌泡沫将会破灭的投资者们可能会发现，当泡沫扩张而不是收缩的时候，他们会赔钱。对错误定价的成功下注需要同时具有两个要素：运气和技巧。

有些投资者在这场对瑞银、花旗和美林带来沉重打击的 CDO 交易中站在了对立面。这些投资者获利颇丰。2008 年 1 月 16 日，《华尔街日报》就揭开了高盛和对冲基金保尔森公司的成功交易策略。具体来说，文章指出，保尔森公司在房屋泡沫越来越大时，它一开始是亏损的，但保尔森很幸运：他最终等到了泡沫破灭的这一天。

我们共享了什么？

你刚刚读完的是来自 SRC 和商用家具公司关于信息共享的最佳实践，以及来自福特公司的不太理想的实践。以富有心智的方式共享信息是一个很大的挑战。瑞银的秘诀为我们使用行为清单进行纠偏提供了一些指南。

在结束本章之前，我想再次强调信息共享的情感维度。你不能低估信息交流背后的情感成分。当人们共享信息时，他们通常会认为自己的社会地位上升了或下降了。他们会担心谁高兴、谁不高兴。他们会担心自我形象，也担心自己在别人心目中的形象。

你必须注意情感维度。在我写第五章的规划对话时，我试图写出情绪潜台词的味道。如果你回头去再一次阅读那些对话，你可以看看自己能否识别出其中的情绪交流，并看出对话的语气是对人际关系起到了加强作用还是弱化作用。

我们已经到达一个转折点，此时，就构造一家富有心智的公司而言，建筑材料都已到位。下一步就要施展建筑技艺，把这些材料全面整合，打造浑然一体的心智企业。

第八章

浑然一体：
心智企业的行为之道

那些在富有心智的公司当中工作的人们是通晓财务的。他们会介入规划过程，从而建立清晰的财务标准。他们有动力去为自己的公司尽可能多地创造价值。他们还能彼此间免费共享重要的信息。

在富有心智的公司中工作的人们能理解偏差幽灵。他们理解不切实际的乐观主义和过度自信。他们理解可得性偏差。他们理解承诺升级。他们理解情感智慧[①]和它的表亲，即精神智慧和道德智慧。

那些运营富有心智公司的人们拥有对付偏差幽灵的技术。他们为提高财务认知而设立培训项目。他们通过内置偏差检查程序来完成规划流程。他们构造的激励机制透明而直接与公司价值相联系。他们构造的信息共享流程鼓励对关键信息进行开放而自由的交换。

通过本章的标题所说的"浑然一体"，我的意思是要把会计、规划、激励和信息共享整合成一种协调而有力量的企业文化。

---

① 参见 Daniel Goleman, Richard Boyatzis, and Annie McKee, *Primal Leadership: Realizing the Power of Emotional Intelligence*(Boston: Harvard Business School Press, 2002)。

浑然一体并不是自己自动发生的。即使你把它的各个独立部分放到一起，它也并不会自动魔术般地成为浑然一体。这一过程有点像是烤蛋糕。你当然是从原料开始，但烤成蛋糕绝不只是将这些原料混合在一起，还有更多的事情要做。

要变得富有心理智慧，公司需要真正的领导力。行为智慧并不是从下层产生的，它要来自上层。

富有心智公司的领导人懂得，让员工知道如何度量他们组织的财务健康程度是非常重要的。因此，他们会投资于提高员工的财务认知上。

富有心智公司的领导人懂得，当员工队伍中具有财务认知的成员控制企业的规划时，企业的方向是什么。因此，他们会动员那些懂得并亲自参与财务标准制定的员工们，在得到他们的深度参与和广泛共识的基础上，制定出体现这些财务标准的清晰规划。

富有心智公司的领导人懂得，当报酬建立在相对于规划而言的公司业绩基础上时，会激发出多大的努力。因此，他们使用奖金和股权来协调员工的财务利益与公司投资者的财务利益。

富有心智公司的领导人懂得公司员工队伍之间进行有效沟通所产生的效率。因此，他们会定期召开会议，让那些与相对于规划而言的公司业绩相关的重要信息能够走入前台得到共享，而不是处于后台被人忽略。

这些都是原料。他们如何组合起来，浑然一体，且听慢慢分解。一个通晓财务的员工队伍会参与创造一个富有现实性的规划，为这一规划而努力，了解到他们的行动会如何影响公司实现规划的程度，在激励机制的推动下努力去做那些能提升相对于规划而言的绩效的事情，还能在执行规划的过程中得到他们需要的用以调整自己行为的信息。一家公司如果能摆平所有这些方面，就如同给四个汽缸都点了火：会计、规划、激励和信息共享。

当然，也存在一些情感黏合的因素在起作用。富有心智公司的领导人知道，心理力量可能是有益的，也可能是破坏性的。因此，他们会明确地鼓励富有情绪智慧的行为。富有心智公司的领导人懂得使用财务回报和非财务回报组成最佳的激励套餐。因此，他们会将金钱、股票、表扬和认可结合在一起使用。

富有心智公司的领导人懂得，他们需要培育一种正确的情感环境。这意味着要在人群中形成一种感觉像是胜者的情感需求。它还意味着当人们最终感觉不像是胜者时，要对其给予支持。记住，认为自己将面临亏损的人们会因为希望扭转命运而倾向于承担更大的风险。

我将告诉你，构建一种成功的文化是需要努力的。它需要集中注意力。它需要实践。如果它很容易做到，能顺理成章地形成，那么很多公司早就已经建立这种文化了。但实际上，很多公司根本就没做到这一点。

大多数人会发现会计和财务是干巴巴的，毫无意思。从心理层面上说，这是因为他们缺乏发展并应用这些知识的自我控制能力。因此，大多数公司的劳动力队伍都是财务文盲。像极度乐观主义和过度自信这样的心理偏差会导致规划谬误，这解释了为什么大多数公司的规划都如此糟糕。这些相同的偏差起作用，会抑制合理的回报机制。最后，心理因素也会起作用，来抑制有效的信息共享。这就是很多公司的管理者们倾向于保留有价值信息的原因所在。

富有心智的公司会作出努力，然后取得成功。他们是如何做到的？在杰克·斯塔克和博·伯林厄姆的一本书《结果人人有份》（*A Stake in the Outcome*）中，他们提供了一套原则。了解游戏的规则，得到企业运作情况的信息，在游戏规则范围内采取最佳的行动，然后收获成功的硕果。真的这么简单吗？

西南航空：他们是如何做到的？

西南航空做到了。他们经营了一个富有心智的公司，至少大多数时候是如此。他们培训自己的员工，让他们通晓财务。他们做规划。他们使用财务和非财务的混合激励。他们绝对擅长信息共享。他们使所有这一切实现了浑然一体！

真正重要的东西并不只是西南航空组织构建了会计、规划、激励和信息共享的流程这一事实。真正重要的是，西南航空已经找到了让这四种流程协同工作的方法!公司就像一辆车,在四个汽缸都点燃的情况下向前奔驰。

西南航空是在整个航空业处于深刻危机的大背景下取得成功的,这让它的成功尤其令人印象深刻。顺便提醒一下,在第四章,我指出了不识财务是如何让联合航空陷入破产的。在第七章,我又指出了通过改进激励和信息共享是如何帮助达美航空走出破产困境的。相比之下,西南航空保持了繁荣兴旺!根据有些分析师的说法,西南航空在美国境内比任何其他航空公司都输送了更多的乘客。①

让我们总结一下西南航空的财务业绩。西南航空是一家公开上市的公司,因此,我们可以跟踪其股票投资的收益。假设在1989年底,你在西南航空的股票上投资了1美元。你在绝对收益和相对收益上的业绩表现如何?相对收益可用联合航空或达美等其他航空公司作为参照,也可用标准普尔500指数作为参照(见图8.1)。

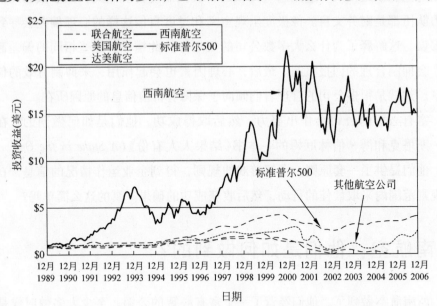

图 8.1 1989 年 12 月 30 日投资 1 美元的价值:西南航空与其他航空公司及标准普尔 500 的比较

---

① 参见 Micheline Maynard, "Another Route for Sick U. S. Airlines? Delta and Northwest May Need to Go beyond Traditional Tactics," *The New York Times*, September 29, 2005; 另见 Drew Griffen and Scott Bronstein, "Records: Southwest Flew 'Unsafe' Planes," *CNN*, March 6, 2008。

看一下图8.1。如果你投资了西南航空，你的1美元已经涨到14.79美元！对比一下，对美国航空的1美元投资到2006年底价值2.92美元。同一周期中，对标准普尔500的1美元投资涨至4.14美元。至于对联合航空和达美航空的投资，你看到的是坏消息。

西南航空是一家特殊的公司。你只要看一下公司自1971年以来盈利水平的时间路径，就能看出这一点，见图8.2。2006年，西南航空的财务表现在所有美国航空公司中排名第一，在运营表现上也排名第一，在顾客服务质量方面排名第二。西南航空自称是"9·11"事件过后立即产生了盈利增长的唯一的一家美国航空公司。它甚至在2001—2002年的衰退中都保持着盈利，尽管从图中你能看到公司2002年的盈利水平确实在2001年基础上有大幅度的下降。

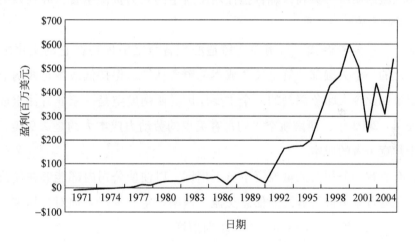

图8.2　西南航空的盈利水平：1971—2005

是什么因素使西南航空如此与众不同？答案很简单：它的文化体现了真正的浑然一体。它是一家富有心智的公司。

罗林·金和赫布·凯莱赫是西南航空的共同创立者。他们1967年第一次在一张鸡尾酒餐巾上拟定了西南航空公司的战略构想。罗林·金写草稿，赫布·凯莱赫进行回应，他说："罗林，你疯了！"稍事停顿后，凯莱赫继续道："我们动手做吧!"

凯莱赫是西南航空长期的、富有传奇色彩的董事会主席。他有一个经常挂在嘴边的咒语:"在好的时代,要像坏时代就要到来那样去管理,因为坏时代一定会到来。"①

想想这句咒语吧。脑海中会浮现什么东西吗?第一章中描述过的一些概念?还是其他管理者身上存在的一些心理偏差?是的,极度乐观主义和过度自信。凯莱赫的咒语可以用来作为告诫自己不要变得过于乐观和过于自信的经常性警示语。

在财务认知、规划、激励和信息共享方面,西南航空做得怎么样?我曾把这个问题抛给丽塔·贝莉,她曾担任西南航空的人力资源主管,并在该公司工作长达25年。②

丽塔·贝莉告诉我,西南航空铸造心理智慧之道体现在它的文化之中。③这种文化的一个关键部分就是关于成本的财务认知。保持低成本是西南航空的盈利记录如此令人印象深刻的一个主要原因。西南航空是一家非常注重成本节约的公司。2002年,西南航空平均每客英里的劳动力成本大约是2.9美元,显著低于其竞争者的成本。

富有心智的公司会大量投资于员工培训,以便使公司内部能够在使公司价值最大化的背景下进行有效的信息交流。西南航空非常严肃地对待培训,以至于它在"9·11"事件发生后还扩大了培训预算。

西南航空的培训中心是西南人民大学。该大学拥有一套培训设施,位于达拉斯一个古老的40 000平方英尺的航站楼内。达拉斯是西南航空的大本营。公司每年在培训上要花大约300万美元。

---

① "Maverick Boss Put Jobs and Fun First," *Times of London*, June 20, 2002.
② 丽塔·贝莉离开了西南航空,并创立了她自己的咨询企业——QVF咨询事务所。QVF代表质量、价值和乐趣。
③ 源自2006年4月17日的访问。

第八章 浑然一体：心智企业的行为之道

贝莉将培训项目描述成公司皇冠上的明珠，是一个来了就会感到大受鼓舞的地方！它的培训结构会将公司的文化灌输到每一位新进员工的心中。

西南航空在它的培训项目中有一些非常聪明的做法：它使用一种模拟游戏作为其培训的一部分，名叫"十二宫图"（Zodiac），用以帮助员工们理解全景图，并因此参与有效的信息共享。

我想再稍微借题发挥一下，只有一句话：如果适当地运用，模拟游戏是构建心智型公司的最有效的途径！

好了，我希望你作好了准备，来对"十二宫图"作更多的了解。"十二宫图"是由"模范学习"公司（Paradigm Learning）设计出来的。西南航空在其领导力发展项目中使用"十二宫图"。"十二宫图"的培训目标是教会其参与者如何管理西南航空的资源和使用西南航空的奖金，以最大化公司的利润。换句话说，设计"十二宫图"的目的是帮助员工们理解公司的全景：西南航空从哪里产生现金流，又把它花向何处。

"十二宫图"的参与者由西南航空中具有主管或更高头衔的员工组成。西南航空最初把这个游戏用来培训管理者，但此后则将重点转向主管们。公司将"十二宫图"整合到一个为期四周的领导力发展项目的第四周中，该项目主要用以培训公司的新主管。

"十二宫图"的参加者被分成不同的组，每一组都拥有十二宫产业公司，且每组各玩自己的游戏版本。每一组都要负责对四个年份作出模拟的商业决策。例如，玩家要在不同的负债方式中作出选择，或者要选择是否将公司的资金投到研发、生产设备、偿还债务、新管理流程、质量改进措施和员工项目上。[1] 显然，玩家学到了如何以十二宫产业公司的财务报表为基础来进行这些决策。主要的游戏变量被贴到游戏图上，以方便玩家看到全景图，并就与全景图相关的一些信息进行共享。

---

[1] 源自2006年8月18日对西南人民大学管理人员Travis Peterson的采访。

玩一遍"十二宫图"游戏大概需要花费四到五个小时。可以用它来启动一个为期两天的培训项目，大约在下午2点左右结束。下午的其余时间被称为"联系"，它将持续到4：30结束。此时，会用西南航空的游戏版替换掉之前使用的十二宫产业公司游戏版，直接关联到西南航空的财务数据。通过这种方式，培训参与人要讨论他们刚刚在"十二宫图"游戏中所学的东西与西南航空的业务有什么关联。

这种培训会帮助人们看到1美元的航空收入是如何花掉的，到结束的时候，那1美元还能剩下多少。这种培训会帮助人们理解固定成本和可变成本的区别，以及如何计算某一特定航班需卖出座位的盈亏平衡点。换句话说，这一培训不仅能帮助员工们理解他们的具体工作，还能帮助他们理解西南航空的全景并就此进行沟通。

为期两天的领导力发展培训项目的第二天被称为"教学反馈"，它主要用以找出主要的原理。此时，每一个组挑选出一个从游戏中学到的要点，并把它教给其他的参与者。教学反馈还要继续做下去，此时游戏参与者都掌握了这些原理，并将其教给他们所主管的员工。如果这项工作能做到位，就意味着培训的效应得到了扩散。

在富有心智的公司中，通晓财务的员工都能理解他们公司的整体情况。在理解整体情况的过程中，他们学会了在全景中去理解自己的角色，以及负有其他任务的员工们的角色。

持有这种交叉功能的视角是很重要的。这就是西南航空要以功能交叉分组的方式培训那些来自公司不同领域的人们的原因所在，这些领域包括：维修基地、总部、机场和机内运作等。如果你看到在培训教室里坐着一排人，你可能会看到财务主管旁边坐着的是舷梯工作主管，而再旁边坐的则是空中服务主管。西南航空发现，这种组合中产生的对话，内容丰富得难以置信。更重要的是，这种对话能让员工们在各自岗位上进行日常工作时产生更为丰富的交流。

西南航空是一家一流的规划组织。丹佛机场的管理人员在与西南航空的规

第八章 浑然一体：心智企业的行为之道

划团队就西南航空将业务拓展至丹佛地区一事进行谈判时就发现了这一点。他们认为西南航空是他们所碰到过的最佳的规划团队。①

规划是西南航空成功地成为一个低成本生产者的关键原因。过去，当燃油价格低迷时，西南航空会进行一些精明的套期保值活动，以锁定超低的燃料价格。公司于1999年开始对燃油成本进行套期保值。2007年，他们对当年所使用燃油的85%的费用都进行了套期保值。此外，他们还将低于市场的价格水平一直锁定到2010年。

在2007年下半年，当原油价格上冲至接近100美元一桶的时候，西南航空的套期保值就具有极高的价值。2006年的平均价格大约是每桶66美元左右，而2007年是72美元一桶。当达美航空2007年第四季度报出7 000万美元亏损的时候，西南航空却报告了盈利。请注意，它的套期保值策略在该季度为公司节约了3亿美元。

显然，西南航空通过规划进行套期保值，为公司赢得了巨大的成本优势。燃油成本成为继劳动力成本之后的第二大重要的成本因素。例如，2005年，联合航空的燃油成本是每英里3.32美元，边疆航空的燃油成本为每英里2.82美元。相比之下，西南航空的燃油成本仅为每英里1.54美元。这种差异是很重要的，因为实际上边疆航空的非燃油营运成本比西南航空要低。但那些更低的非燃油营运成本还不足以抵消这里的燃油成本差异。

为了防止你产生一种错觉，认为成本是西南航空唯一的优势，我有必要指出，西南航空在许多方面有着长期的优势记录，例如正点到达率、行李处理、投诉次数和航班取消等指标。你认识这个清单中的这些项目吗？你可能还记得，在第六章中，在讨论杰拉尔德·格林斯坦在达美航空所引入的奖励计划时，我也曾提到过其中某些项目。

---

① Susan Warren, "News in Depth: Southwest Switches Its Flight Plan——Losing Lock on Low Fares Amid Higher Costs, Leaner Rivals, Budget Carrier Gets Set to Enter Expensive Denver Market," *The Wall Street Journal Europe*, November 29, 2005.

在丽塔·贝莉在西南航空任职的期间内，她对激励问题作过很多的思考。在财务上，西南航空将其财务奖励与公司规划联系起来。如果公司最终是盈利的，则所有员工都可以自动地分享利润。对员工退休账户的缴款也是自动进行的。副总裁及以上级别的高管可以享受到利润分享中最顶端的那一部分奖金。奖金与管理人员们不突破预算的程度相挂钩。在20世纪90年代，西南航空在利润分享的基础上还增加了股票期权。

由于具有财务认知，员工们都理解在他们的预算内建立的目标，也知道他们的目标是与公司的净利润相联系的。他们理解，如果没有达到目标，他们就不得不面对利润分享方面的惩罚。因此，随着财政年度的进展，员工们会跟踪他们所处的位置，他们需要达到什么位置，以及他们为影响结果能够做什么。

贝莉强调说，西南航空的文化强调的是将员工像所有者一样对待。员工会持续不断地得到这种信息："你是一名所有者。正是你让企业运转，所以你必须理解我们的企业。这意味着你要理解与企业的成功密切相关的信息，包括竞争的信息，以及公司的钱去了哪里的信息。"

西南航空擅长于信息共享。公司不断发出它称为"3P"的信息：钱（pennies）、飞机（planes）和人（people）。西南航空的面向员工队伍的所有沟通、新闻稿、宣传单和邮件都在力求使公司的全景画面出现在第一视野中，以便让员工们知道公司上一年度的状况，以及公司当前年份的当前状态。

西南航空是一家四个汽缸都燃烧的富有心智的公司。你知道这是什么意思吗？它的意思是说，因为西南航空的员工们是通晓财务的，会记分，并且与经营绩效息息相关，他们就会问自己要做什么才能让公司更赚钱，而他们也知道到哪里去寻找答案。

公司对于如何与组织中不同级别的人员沟通进行了很多思考。公司中的人员不仅关注他们所发送的信息，还关心员工们查收、理解和消化信息的情况。丽塔·贝莉说，这对新员工来说尤其如此，因为他们高度关注个人问题，如支付房租和洗车费等，而这与赫布·凯莱赫一心想着公司的全景正好相反。

西南航空的其他沟通工具还有"真实交易"和"业绩通报"。"真实交易"是一个由领袖引导的视频，它强化了西南航空的领导力发展项目中强调的各种沟通与联系。"业绩通报"是一个在全公司范围内散发并与所有员工共享的月度材料。记住，业绩通报正是财务认知所要解决的全部问题。

西南航空甚至通过一个博客来与自己的客户建立沟通。[①] 西南航空的员工们会将文章和评论贴到博客中，从而使客户们有机会加入到关于这些主题的在线讨论中去。图 8.3 展示了网站的娱乐感，这也与公司寓商于乐的总体哲学相吻合。

图 8.3　西南航空网站一角

管理错觉并不是错觉！

我希望到目前为止，你已经同意管理错觉并不是错觉。我希望你能同意，使一家公司变得具有心理智慧，有着巨大的未开发的价值。然而，如果你还处于怀疑之中，我邀请你再比较一下西南航空和联合航空的经历。

在 2002 年联合航空破产之前，联合航空和西南航空都存在员工持股。与联合航空的员工相似，西南航空的员工也要在五年内作出薪酬上的牺牲，以换取

---

① 博客的地址为 http://blogsouthwest.com。

在公司的股份。然而，这两家公司的结果却形成了鲜明的对比，令人难以置信。

为什么西南航空成功了而联合航空却失败了呢？我想，答案就在于西南航空是一家富有心智的公司，而联合航空不是。

丽塔·贝莉却坚定地认为，员工关系在一家公司的运营中处于核心的位置。她说，在西南航空，员工关系总是健康的，即使在"9·11"以后的困难时期也是如此。她指出，联合航空的情况并不相同，在那里，员工关系是不健康的。她认为，因为联合航空的这些关系处理不当，联合航空并没有将员工当所有者一样对待，其结果就是员工感觉不到自己像所有者，尽管他们在公司拥有的股权份额蛮高。

在富有心智的公司中，几乎所有的员工都知道公司的关键数字。如果联合航空富有心智的话，组织中的每一个人都应该知道，每英里4.60美元是一个过高的不可持续的成本。联合航空组织中的每一个人都应该知道需要做什么来改变公司的成本结构，从而使它变得具有长期竞争力。事实上，组织中的每一个人早就应该在公司到达危机点之前就知晓这些情况——并且应该已经为此采取行动。

在富有心智的公司中，员工队伍会逐步对公司形成一个共同的愿景，并琢磨着如何协同工作。贝莉告诉我们，在过去，其他主要航空公司没有一家能学会如何让人们在一起协同工作。与之相反，西南航空擅长于让人们协同工作。

从检查中我们都能得到的一个一般性结论是，没有人能够完全对错误免疫，即使是在富有心智的公司中。西南航空的维护人员就犯了错误，他们没能共享信息，而公司的CEO一开始还忽略了公司的全景信息。我们都很容易犯错误。只有过度自信者才会相信他们自己是不会犯错的。尽管纠偏能够减轻偏差的危害，但如果预期它会完全消除偏差，那也是不现实的。因此，让每一个人都对纠偏保持高度关注是非常重要的。

与此同时，与所有的公司一样，西南航空也有不完美之处。2007年，公司就因对乘客衣着问题的处理而产生过负面报道,当时某些乘客的衣着被空乘人员判断为过于富有挑逗性。在两个不同的场合,分别有两名年轻女性被要求在机舱门口调整着装,否则就不允许其登机。一人调整了她的毛衣和衬衫,另一人则在飞行全程中披了一块毛毯。问题在于西南航空并没有关于着装要求的条款,虽然公司有权力拒绝提供服务。

两位女性都把她们的故事捅到了全国性媒体。一人把她的故事告诉了 *The Dr. Phil Show* 杂志,在此,她得到了来自西南航空 CEO 加利·凯利的道歉。另一个人把她的故事告诉了洛杉矶的 KNBC 电视台。

在第一个事件发生后,西南航空的主席柯林·巴雷特给员工们发了一封邮件,提醒他们航空公司没有着装要求。显然,她并没有充分共享信息,因为紧接着,第二件事情就发生了。然后,几周以后,又发生了第三件事,一名年轻的男性乘客被告知他不能登机,因为他穿的体恤上印有"钓鱼高手"①的字样。

如我前面说过的,西南航空的信息共享是很好的,但并不完美。顺便说一下,你知道西南航空的空姐们在 20 世纪 70 年代穿的是什么吗?她们穿着热裤。当时,公司把自己称为"爱的航空"!滑稽吧?

2008 年 3 月初,一个比"穿衣门"严重得多的问题为人所知。西南航空披露,2007 年 3 月,在自己由 520 架飞机组成的机队中,有 46 架较老的飞机没有进行足够的安全检查。这些问题飞机是波音 737 客机,该机型有机身裂缝的历史记录。1988 年,由阿罗哈航空公司运营的一架波音 737 的机身裂缝导致飞机在飞行途中外壳脱落,使一名空乘人员丧生。这一事故致使联邦航空管理局(FAA)要求对 737 飞机进行强制检查。

尽管所有其他环节都做得很好,但不管怎么说,西南航空的维护检查流程还是出了问题。至少为什么会发生这种事情,还不太清楚。部分原因可能

---

① 原文为"MASTER BAITER",意指勾引女性的高手。——译者注

在于检查的标准可能与 FAA 的指令性文件相冲突。决定是否该做检查的标准取决于一系列因素，例如飞机是否经过了改装，以及它们已经飞行了多少小时等。

最终结果表明，有六架西南航空的飞机存在裂缝。有些裂缝长达 4 英寸，尽管制造商波音公司声称，小于 6 英寸的裂缝不会影响 737 客机结构的整体性，也不会影响安全。幸运的是，这期间没有发生大的事故。西南航空保持了一个从未发生空难的记录。

2007 年 3 月 15 日，西南航空主动向联邦航空管理局披露了公司的检查过失，并在接下来的十天内完成了检查。在此期间，公司决定继续使用那些还没有经过检查和修理的飞机。显然，公司这样做是得到了 FAA 检察官的口头允许。然而，在公司与 FAA 进行的书面沟通中，西南航空表示公司做到了完全遵守，而实际上它并没有做到。作为回应，FAA 宣布将对西南航空处以 1 020 万美元的罚金，创下了针对安全问题的罚款数额纪录。

西南航空的 CEO 加利·凯利对 FAA 公告的第一反应是自卫。他争辩说，FAA 的处理是不公平的，它夸大了这些飞机的飞行风险。在这样做的同时，他忽略了几个主要的心理问题。

第一个心理问题涉及西南航空的顾客。他们可能很容易就会失去对航空公司的信任，而信任是西南航空最有价值的无形资产之一。在这方面，大多数心理学研究得到的结论都认为，人们会对风险形成不准确的估计。西南航空的顾客得知航空公司在使用外壳可能会脱落的不安全的飞行器在全国四处载运乘客。他们不会理解检查标准的复杂性，也不会理解两英寸的机身裂缝是一个大问题还是一个小问题。除此之外，国会也宣布要启动一项调查，并将举行听证。失去信任和声誉对西南航空来说可能是一个比 FAA 罚款更严重的问题，而这正是加利·凯利需要去解决的问题。

第二个心理问题是，FAA 会感到尴尬，因此必须采取有力措施来确保它自己在保护乘客安全方面的声誉。2007 年 3 月，它的一名检查员允许西南航空飞

第八章 浑然一体：心智企业的行为之道

行那些还没有通过检查的飞机。然而，FAA 收到的来自西南航空的文书显示，航空公司飞行的只是那些已经经过检查并修复的飞机。直到一年以后，FAA 才因为一位内部检举者的告密而得知事情的真相。

在最初作出过激反应以后，凯利意识到他需要解决主要的心理问题。他改变了策略，就西南航空的安全过失问题分别向顾客和 FAA 进行了道歉。他开诚布公地谈到了自己需要重新得到公众的信任，并与 FAA 继续开展有建设性的工作。他让西南航空的 41 架飞机重新落地再进行检查，让三名员工休假，并雇用了一位外部咨询师来分析公司的维护流程。他还承认，在过去的一整年间，维护人员截留了从维护部门负责人和公司高层下达的重要信息。

尽管西南航空存在上述不完美的方面，但公司的员工却具有共同的愿景。贝莉说，尽管存在着部落主义和与领地相伴而生的内斗现象，但西南航空的员工们更像是捆绑在一起迎接挑战的勇士。他们互相照顾。不管内部发生了什么，他们都知道如何求同存异，共同应对外部威胁。

你知道我们在谈论什么吗？我们谈论的是情绪智慧。我们谈论的是把关系作为黏合剂。

由于竞争日趋白热化，而西南航空的石油价格优势也正在下降，公司将需要这些优势继续保护下去。2007 年，燃料价格暴涨。原油价格从大约每桶 60 美元上升至大约每桶 100 美元。但西南航空在每桶不到 50 美元的价格上对其燃油补给的 85% 都进行了套期保值。问题在于到 2007 年以后，其燃油补给在市价以下进行套期保值的比例将大幅度下降。在 2008 年至 2010 年间，套期保值的比例将从 45% 降至 17%。此外，其他一些低成本航空公司正在努力与西南航空开展服务上的竞争，例如提供更大的脚部空间、个人电视屏幕以及准点到达等。

西南航空通过自己的文化来应对这些竞争和挑战。贝莉说，西南航空持续不断地在培训上下工夫，目标是让员工们知道他们有多重要，会多受尊重。根据她的说法，这种培训上下工夫和后续的强化使人们感觉到自己像是所有者。

她认为，激励不只是金钱的事儿。所有权并不只是事关利润分享。为什么？因为利润分享本身在满足人类的一系列需求方面是远远不够的。贝莉强调，员工们需要被承认他们是人。她猜想，如果西南航空只有利润分享，而没有对企业文化和员工关系的培育，它很可能也会与联合航空有着相同的命运。

在贝莉看来，如果员工有未得到满足的心理需求，他们就会要求通过更多额外的货币报酬来满足这些需求。他们会不断地问："我们还能多拿多少钱？"贝莉说，无论多少钱都永远不够。相反，是良好的关系，才让员工们真正感觉到自己是所有者。

作为对自己观点的支持，贝莉指出，西南航空的薪酬并不是很高。然而，在 2001 年"9·11"事件发生后，员工们愿意通过缩减工资向公司贡献出 200 万美元，以保证自己工作岗位的稳定性。为什么这种意愿如此慷慨？答案就是西南航空的员工们真正感觉自己像是所有者。

所有者并不仅仅是财务所有者：它还是一种心态。贝莉认为，如果员工们感觉受到优待，他们就会愿意回馈。如果员工们感觉自己如同草芥，则他们回敬给公司的唯一办法就是拒绝回馈。任何人如果怀疑这句箴言的智慧，那么他不妨去问一下联合航空的机械师们，为什么他们不愿意为公司回吐 7% 以救公司于破产，而宁可让他们自己的股票变得一文不值。

贝莉还讲到最后一点：需要招聘正确的人。她认为这一点是企业管理中最重要的部分，因为一个运营良好的公司的员工应该是对服务于人具有内在兴趣的人。这可能是西南航空的空乘人员能够像导游一样服务于顾客的原因。她声称，有些个人品格是你可能买到，但却不能塑造出来的。

使用模拟游戏

到了自由发挥的时间了！我是一个将模拟游戏作为构建完整企业文化的工

具的坚定支持者。一个好的模拟游戏能再现一个真实商业环境的复杂性。如果经历到沉重的打击，那是一件好事，因为在模拟环境中犯错误的代价要比在工作中犯错误的代价低得多。

本章的余下部分讲的就是如何使用模拟游戏来构建伟大的企业。在伟大的企业中，会计、规划、激励和沟通会协同工作，并相互强化。伟大的企业会进行投资，以培养员工队伍的财务认知。一个具有财务认知的员工队伍就具备制定一致规划的知识和能力。具有财务认知的员工队伍也有能力去跟踪企业相对于规划的业绩表现。一个受到激励的员工团队会去对照规划来跟踪工作业绩，并使用这些跟踪所得信息来在必要的时候采取矫正性行动。一个信息沟通流畅的员工队伍会共享对采取行动而言至关重要的信息，不管这种行动是经过规划的还是经过修正的。如果不知道右手在做什么，左手是无法做好自己的工作的；反之亦然。

模拟游戏要做的事情就是帮助人们学习如何设计一整套针对会计、规划、激励和信息共享的有效而富有心智的流程。我说的是"一整套"，我说的是"富有心智"。所有公司都会涉及会计、规划、薪酬和信息共享。挑战就在于要以一种整合的方式去做，这才是富有心智的。

在本章的其余部分，我将带领你进行一个讨论，内容是一个行为模拟练习中要涉及哪些东西。这一练习的基础是我在课堂上教学生实现浑然一体整合的材料。

我比较喜欢三到六个人为一组来进行模拟游戏，当然，五人是理想规模。这并不是由一个玩家自己用操控杆来玩的视频游戏。玩家要担任公司管理层中负责某一业务领域的角色。等待扮演的角色有首席执行官（CEO）、首席财务官（CFO）、首席运营官（COO）、首席营销官（CSM）以及首席人事官（CHR）。

本游戏的场景是取自第四章和第五章中的环保材料公司，用来阐明与财务认知和规划有关的主要问题。那些章节都是玩本游戏的主要准备工作。第六章是关于如何制定薪酬体系的准备工作。第七章则是关于信息共享的准备工作。

这些章节给你提供了如何烤一个富有心智的蛋糕所需要的原料。现在到了将这些原料混合在一起并烤制蛋糕的时候了。

玩家要在一系列年份背景中去玩这个游戏,按序号记作从 0 到 10。在玩的过程中,他们要做出的决策有采购、招人、生产、定价、存货和融资。这个游戏特别激动人心的地方是要有足够的人手,使得几个组可以同时玩这个游戏。

如果有 20 个人同时玩这个游戏,就可以分成四个组,针对相同的客户展开相互竞争。这会真正让人们热血沸腾。

一个竞争的环境会调动起游戏的情绪热度。较高的热度对于激发那种在真实商业决策时才有的心态是很重要的。拥有一个较高的情绪环境就学习目的而言是理想的,因为当玩家努力战胜心理偏差,即纠偏的时候,这些过程是最有价值的。

在游戏中,不同的环保材料公司要竞争客户。他们的竞争是通过向一名拍卖商提交竞争性标书的方式来进行的。拍卖商使用一种玩家永远不能直接看到的算法对标书进行排序,然后宣布投标结果。在教室环境中,投标结果在标书提交的一天后进行宣布。让我告诉你吧!在提交标书到宣布结果之间的时间间隔中,玩家会感到焦虑和高度紧张。

玩家使用 Excel 工作簿来玩环保材料公司的游戏。这个工作簿会包括几张工作表。每一张工作表严格对应一个企业功能:全面管理、财务、销售、运营和人力资源。每一位玩家要负责至少一张主要的工作表。

图 8.4 列出了游戏的介绍性工作表,称为"简介"。这张工作表提供了关于该游戏的一些基本信息。在屏幕的下方,你能看到一系列的标签。最右边的标签就是简介。它的左边是人力资源标签。继续往左,你就会看到销售,然后是投标。最左边的标签是运营——投资与处置,它是为运营工作表准备的,其内容主要与固定资产的购买与处置有关。继续往左,是研发、采购等一系列与运营、财务和全面管理等其他决策任务有关的标签。

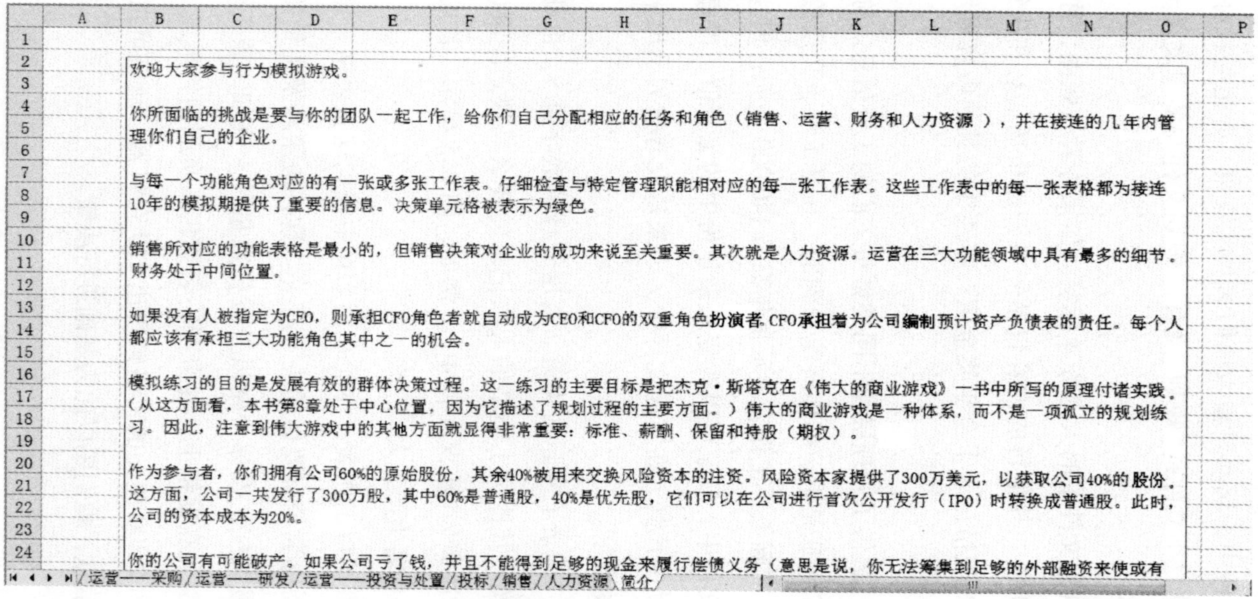

第八章 浑然一体：心智企业的行为之道

欢迎大家参与行为模拟游戏。

你所面临的挑战是要与你的团队一起工作，给你自己分配相应的任务和角色（销售、运营、财务和人力资源），并在接连的几年内管理你自己的企业。

与每一个功能角色对应的有一张或多张工作表。仔细检查与特定职能管理相对应的每一张工作表中的每一张表格都极为重要。这些工作表提供了10年的模拟数据。决策单元格有重要的信息表示为绿色。

销售所对应的功能表是最小的，但销售决策对企业的成功来说至关重要。其次就是人力资源。运营在三大功能领域中具有最多的细节。

如果没有人被指定为CEO，则承担CFO角色者就自动成为CEO和CFO的双重角色扮演者。CFO承担着为公司编制预计资产负债表的责任。每个人都应该有承担三大功能角色其中之一的机会。

模拟练习的目的是发展有效的群体决策过程。这一练习涉及诸多方面。本书第8章到《伟大的商业游戏》一书中所写的原理付诸实践，从这方面看。《伟大的商业游戏》的主要方面。）《伟大的商业游戏是一种体系，而不是一项孤立的规划练习。因此，注意事项显得非常重要：标准、薪酬、保留和持股（期权）。

作为参与者，你们拥有公司60%的原始股份。其余40%被用来交换风险资本家的注资。风险资本家提供了300万美元，以获取公司40%的股份。这次方面，公司一共发行了300万股。其中60%是普通股，40%是优先股。它们可以在公司进行首次公开发行（IPO）时转换成普通股。此时，你无法筹集到足够的外部融资来使或有的公司有可能破产。如果运营一研发工资处置一投资与运营工资／投标一购置／人力资源／底价

图8.4 行为过程模拟游戏的简介表

每一家模拟公司都要使用两个游戏文件来玩这个游戏。第一个文件是"实况"文件,在这个文件中,玩家要输入他们的真实决策,并把与投标相关的部分提交给拍卖商。第二个文件是"规划"文件。规划文件与实况文件几乎相同,但它仅用于规划目的。

图 8.5 显示了规划文件中的人力资源标签。如果你看这张图,你会在顶端第一行看到模拟的年份。其他行的内容包括一系列的市场信息和决策。例如,标记为"高管薪酬"的表格记录了全年奖金值;本表中的其他内容可用标题"模拟薪酬"来概括。

表格"全年工资"提供了管理层和不同类型员工们的工资信息。你目前不用担心这些不同的员工到底是谁。如你所能看到的,在第 1 年,高层管理者的工资是 140 000 美元。实际上,工作表显示每年都是 140 000 美元,但这只是为了说明问题。在规划文件中,玩家可以改变未来年份中的工资值,以显示他们对工资如何随时间变动的预测。在实况文件中,未来值没有被列示出来:仅有当前年份和过去年份的数字。

表格"人员编制"记录了实际的决策。高层管理的数字是 5,也就是玩这个游戏的最佳团队规模。其他员工类型的人数记录的要么是规划决策(在规划文件中),要么是实际决策(在实况文件中)。例如,图 8.5 显示,首席人事官计划在第 1 年中雇用 10 名生产工人。

首席营销官负责销售工作表,你能在图 8.6 中找到这张表格。该图中显示的大多数信息都与首席营销官要做的决策有关。这些决策涉及促销费用、不同销售区域的销售力量调配、投标价格以及投标数量等。例如,该工作表显示,公司计划花 50 000 美元在促销上,并分配一名销售人员到销售地域 1,在该地域,公司希望按每台 2 200 美元的价格销售出 220 台机器。玩家可以在"简介"工作表中找到市场信息,他们要以此为基础进行决策。

第八章 浑然一体：心智企业的行为之道

	B	C	D	E	F	G	H	I	J	K
1				0	1	2	3	4	5	6
2	人力资源		人力资源的任务包括为设计管理者的股票期权套餐以及负责每年的							
3			员工招聘。							
4			——期权10年后到期，到第5年末即可执行，共有5名管理者的薪酬							
5			在团队成员之间公开，尽管在实际的团队中不一定有这些成员。							
6			——高管的资金可以为负，以反映延迟新酬。但是，工资和资金之							
7			和永远不会为负。							
8			——工资和新酬信息显示如下。招聘和解雇在每年作出生产决策							
9			之前即已完成。							
10										
11		高管薪酬	财务/人力资源							
12			运营			以文本的形式，对年度奖励计划作一个				
13			销售			描述。				
14						一个奖励计划是一套经完整定义的规则，				
15						规则中设定每一位高管的奖金，并将其作				
16						为财务变量的函数。				
17										
18										
19										
20										
21		全年工资			$140,000	$140,000	$140,000	$140,000	$140,000	$140,000
22					$57,743	$57,743	$57,743	$57,743	$57,743	$57,743
23			高层管理者		$100,249	$100,249	$100,249	$100,249	$100,249	$100,249
24			生产工人		$80,199	$80,199	$80,199	$80,199	$80,199	$80,199
25			销售人员		$60,149	$60,149	$60,149	$60,149	$60,149	$60,149
26			工程师							
27			客户支持人员							
28										
29		人员编制								
30					5	5	5	5	5	5
31			高层管理		10	0	0	0	0	0
32			生产工人		1	0	0	0	0	0
33			销售人员		2	0	0	0	0	0
34			工程师		5	0	0	0	0	0
35			客户支持人员		5	0	0	0	0	0

图 8.5 人力资源工作表

	C	D	E	F	G	H	I	J
7		现有销售人员数量		1	0	0	0	0
8								
9		销售人员（如果该地域有人，记为1，否则为0）		1	0	0	0	0
10		地域1销售人员		0	0	0	0	0
11		地域2销售人员		0	0	0	0	0
12		地域3销售人员		0	0	0	0	0
13	你要在很多个维度上竞争：价格、质量、客	地域4销售人员		0	0	0	0	0
14	户支持、每一地域销售人员覆盖，以及促销	地域5销售人员		0	0	0	0	0
15	手段等方面。更低的价格、更高的质量、更	地域6销售人员		0	0	0	0	0
16	大的客户支持力度、每一地区更大范围的销	地域7销售人员		0	0	0	0	0
17	售覆盖，以及更高的促销水平，都有利于提	分配的销售人员总数		1	0	0	0	0
18	升我们的竞争力。当然 ，不可能在所有的	可行性检查		1	1	1	1	1
19	维度上都做到最好。这其中存在着权衡。							
20		价格决策						
21	在每一年中，你都要向拍卖师（老师）递送	地域1价格		$2,200	$0	$0	$0	$0
22	一份标书，标明你向每一地域提供的价格和	地域2价格		$0	$0	$0	$0	$0
23	数量。等所有的标书提交之后，拍卖师会知	地域3价格		$0	$0	$0	$0	$0
24	会你，你的投标本年度的成功度如何。你收取	地域4价格		$0	$0	$0	$0	$0
25	的价格就是你投标的价格。但是，你的销售	地域5价格		$0	$0	$0	$0	$0
26	量有可能小于你投标的数量。表格“出售数	地域6价格		$0	$0	$0	$0	$0
27	量”记录了你实际卖出的数量。	地域7价格		$0	$0	$0	$0	$0
28								
29	注意，拍卖师会预期你将会履行投标书。如	供货数量决策						
30	果你报出的数量高出你所能提供的数量，拍	地域1供货数量		220	0	0	0	0
31	卖师将会对你不能履约给予严厉的处罚。	地域2供货数量		0	0	0	0	0
32		地域3供货数量		0	0	0	0	0
33	“供货平均质量决策”单元格包含一个公式。	地域4供货数量		0	0	0	0	0
34	如果你发送的是你本年度生产的产品， 则	地域5供货数量		0	0	0	0	0
35	公式显示为正确。但是，如果你发送的是过	地域6供货数量		0	0	0	0	0
36	去年度生产的产品，则供货平均质量需要调	地域7供货数量		0	0	0	0	0
37	整，以反映你发货所体现的质量状况。							

运营——采购 / 运营——研发 / 运营——投资与处置 / 投标 / 销售 / 人力资

图 8.6　销售工作表

还有几张与运营有关的工作表。标签为"运营——投资与处置"的表格处理的是与新固定资产有关的决策。更左边的则与采购和生产有关。例如，图8.7显示了生产运营的工作表。这张工作表显示了生产职能，其中，生产工人使用生产机器将原材料转化成环保材料公司的产品，即环保发电机。

图8.7显示，公司规划生产224台环保发电机。为了生产出这些产品，规划要求首席运营官分配10名生产工人到两台生产设备上，并需要使用280个单位的原材料。原材料是从存货中提取的，还剩下1 120个单位的原材料。（有一张标签为"运营——采购"的工作表，其标签在图8.7中可以看到，该表显示，首席运营管计划采购1 400个单位的原材料，这些原材料在交货后将作为存货储存。）

首席财务官也要负责几张工作表。一张工作表被标记为"财务——现金与债务"。图8.8显示了这张工作表。该图显示了首席财务官负责的其中一些决策。这些决策包括现金管理、新短期债务和新长期债务。该图显示，公司预测在第1年内将能够得到短期债务和长期债务，但公司将只使用300 000美元的长期债务。表中还显示有300万美元的启动资金，这是公司从风险投资家那里拿到的钱。

首席执行官的工作表没有涉及直接的决策。相反，首席执行官主要负责汇总性表格，它充当有效报告的功能。图8.9就显示了一张这样的工作表，标签记为"汇总工作表"。

图8.9显示，对第1年的计划销售额是484 000美元。该图还显示了公司计划在这一年度如何开支的明细账。"汇总工作表"右边的标签是"输入面板"。这张工作表见图8.10，它显示了第1年的主要规划决策。这些工作表使得首席执行官能够跟踪公司内的业务活动。

你现在已经对模拟游戏有了一个整体的认识。如你所见，它是很复杂的。有很多工作表需要我们去管理。对一个单独的玩家来说可能会被搞晕，但对于一个五人团队来说则是可以拿下的。既然你已经有了认识，现在就可以看看玩家们如何卷起袖子大干一场了。

	A	B	C	D	E	F	G	H	I	J	K
1			年份		0	1	2	3	4	5	6
2			各年份生产资源								
3				分年度可供使用生产机器		2	6	6	6	6	6
4				分年度实际利用生产机器		2	0	0	0	0	0
5				生产劳动力（人年）		10	0	0	0	0	0
6				劳工可行指数		1	1	1	1	1	1
7											
8			生产资源利用情况								
9				生产劳动力（人年）		10	0	0	0	0	0
10											
11			在本表中，请指出你								
12			希望使用并雇用的劳	第1年采购当前仍处库存的原材料数		620	620	620	620	620	620
13			动力数量。产成品的	第2年采购当前仍处库存的原材料数			0	0	0	0	0
14			生产需要劳动力、原	第3年采购当前仍处库存的原材料数				0	0	0	0
15			材料和生产机器工时。	第4年采购当前仍处库存的原材料数					0	0	
16			原材料从存货中提	第5年采购当前仍处库存的原材料数						0	0
17			取。请见下面的存货	第6年采购当前仍处库存的原材料数							0
18			表。因为材料价格随	第7年采购当前仍处库存的原材料数							
19			时间而变，你需要注	第8年采购当前仍处库存的原材料数							
20			意存货的购买年份，	第9年采购当前仍处库存的原材料数							
21			以便于计算销货成本。	第10年采购当前仍处库存的原材料数							
22				合计		620	620	620	620	620	620
23											
24				第1年存货中使用于生产的原材料		280	0	0	0	0	0
25				第2年存货中使用于生产的原材料			0	0	0	0	0
26				第3年存货中使用于生产的原材料				0	0	0	0
27				第4年存货中使用于生产的原材料					0	0	0
28				第5年存货中使用于生产的原材料						0	0
29				第6年存货中使用于生产的原材料							0
30				第7年存货中使用于生产的原材料							
31				第8年存货中使用于生产的原材料							
32				第9年存货中使用于生产的原材料							
33				第10年存货中使用于生产的原材料							
34				生产中使用的原材料合计		280	0	0	0	0	0
35											
36			生产的产成品数量			224	0	0	0	0	0
37											

运营——生产 / 运营——固定资产与资源 / 运营——采购 / 运营——研发 / 运营

图 8.7 生产运营工作表

第八章 浑然一体：心智企业的行为之道

图 8.8 财务——现金与债务工作表

	C	D	E	F	G	H	I	J	K	L	M	N
2												
3		总销售额										
4		工资与薪酬总额（基本薪酬）										
5		高级管理	$0	$700 000	$700 000	$700 000	$700 000	$700 000	$700 000	$700 000	$700 000	$0
6		管理层奖金	$0	$577 430	$0	$0	$0	$0	$0	$0	$0	$0
7		生产工人	$0	$100 249	$0	$0	$0	$0	$0	$0	$0	$0
8		销售人员	$0	$160 398	$0	$0	$0	$0	$0	$0	$0	$0
9		工程师	$0	$120 298	$0	$0	$0	$0	$0	$0	$0	$0
10		客户支持人员										
11		招聘/解雇										
12		高级管理	$0	$0	$0	$0	$0	$0	$0	$0	$0	$0
13		生产工人	$0	$57 743	$57 743	$0	$0	$0	$0	$0	$0	$0
14		销售人员	$0	$10 025	$10 025	$0	$0	$0	$0	$0	$0	$0
15		工程师	$0	$16 040	$16 040	$0	$0	$0	$0	$0	$0	$0
16		客户支持人员	$0	$12 030	$12 030	$0	$0	$0	$0	$0	$0	$0
17		合计	$0	$95 838	$95 838	$0	$0	$0	$0	$0	$0	$0
18		促销	$0	$50 000	$0	$0	$0	$0	$0	$0	$0	$0
19		材料采购	$0	$140 000	$10 000	$10 000	$10 000	$10 000	$10 000	$10 000	$10 000	$0
20		总部大楼公用事业费	$0	$10 000	$20 000	$20 000	$20 000	$20 000	$20 000	$20 000	$20 000	$0
21		生产厂房公用事业费	$0	$11 626								
22		维护与修理										
23		资本性支出合计	$825 000	$750 000	$743 787	$743 787	$743 787	$743 787	$743 787	$743 787	$743 787	$0
24		处置残值合计										
25		存货价值										
26		年末应收账款	$0	$0	$0	$0	$0	$0	$0	$0	$0	$0
27		年末应付账款	$0	$15 000	$0	$0	$0	$0	$0	$0	$0	$0
28		按80%比例计算	$0	$0	$0	$0	$0	$0	$0	$0	$0	$0
29		收账费用	$0	$0	$0	$0	$0	$0	$0	$0	$0	$0

图 8.9　汇总工作表

第八章 浑然一体：心智企业的行为之道

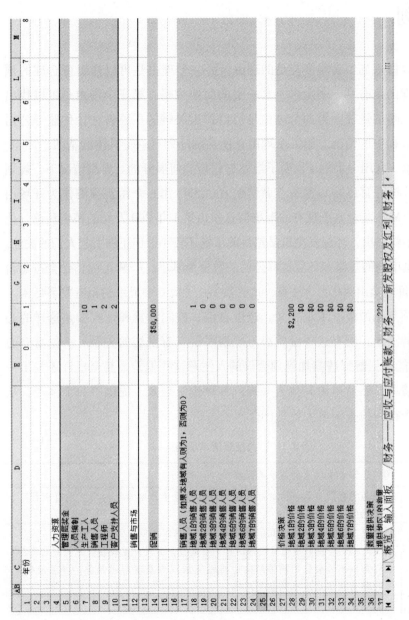

图 8.10 输入面板工作表

模拟规划

为什么要做规划？有很多充足的理由。第一个理由是可以作出更合理的预算。第二个理由是有利于制定出一套一贯的商业战略。第三个理由是可以找出系统地执行战略的途径。第四个理由是可以找出关键的里程碑，让你监督公司在计划运作过程中的情况。第五个理由是使奖励计划有一个具体的基础。

在第五章，我用一个例子说明了规划过程是如何展开的。典型情况下，规划过程是由首席执行官（CEO）邀请首席营销官（CSM）作一个销售预测作为开场白的。例如，CSM 可能会基于现有的市场信息作出第 1 年 200 万元的销售预测。他可能会一开始就指出，环保发电机虽然目前市场还较小，但正在引起人们的关注。以环保发电机市场的规模和环保材料公司的数量为基础，CSM 可能估计会按每台 5 000 美元的价格卖出 400 台。注意，这些数字比图 8.6 中显示的相应数字要高。

记住，预测是像极度乐观主义、过度自信、控制错觉和证实偏差这样的心理偏差生存的沃土，所有这些偏差都与规划谬误有着密切的关联。一位富有心智的 CEO 可能会提醒那些参加规划会议的人注意这些偏差，甚至也许还发出一个行为检查清单，然后邀请其他人来提问和评论。表 8.1 提供了一个例子，从中可看出一个行为检查清单大致是什么样子。

表 8.1　行为检查清单示例

极度乐观主义	我们是带着玫瑰色的眼镜看世界吗？
过度自信	我们真有我们自己认为的那么好吗？我们是不是对自己的观点太有把握了？我们低估了风险吗？
控制错觉	相对事情最终的结果，我们是不是高估了我们所能施加的控制？
证实偏差	我们是不是对我们不想听到的信息不予重视，而过分重视我们想听到的信息？
规划谬误	我们意识到过去我们通常倾向于推迟完成规划或者超出预算，并且没有足够的理由相信这次有明显不同吗？
内部视角	我们是否过于关注我们决策任务的具体细节？

续表

外部视角	我们是否对我们过去的成功率作过适当的考虑？
损失厌恶	我们是否因为对损失的痛苦极端敏感而变得过于保守？
确定损失厌恶	我们是否不愿意接受损失，反而为了取得成功而不惜去冒险？
锚定偏差	我们作判断时是不是从一个锚那里开始调整的？如果是，我们调整得足够充分吗？
易得性偏差	我们是不是对摆在面前或者容易唤起记忆的证据赋予过大的权重，而对那些不容易得到，或者不容易记起的信息赋予过小的权重？
后见之明偏差	当我们在事后去看发生的事情时，我们是否错误地认为实际发生的事情是不可避免的？
框架过窄	我们是不是关注的面过窄，以致忽略了问题的全景？
群体思维	作为一个群体，我们是否唱了足够多的对台戏？
信息保留	我们是否彼此之间存在着有价值信息的保留现象？

问对了问题是极端重要的。下面有一些例子。第 1 年卖出 400 台是不是过度乐观了？如果第 1 年是一个平均收成的年份，400 台是一个合理的预测吗？有什么证据？如果第 1 年是一个糟糕的年份，可能是什么因素导致这种情况出现？相反，如果第 1 年是一个成功的年份，又是什么因素导致的？CSM 是不是有点过度自信？CSM 是否认识到当年的结果有多少是要靠运气的？CSM 是否受到控制错觉的影响而低估了公司外部因素决策实际销售额的程度？5 000 美元是不是一个过高的价格，或者它会不会太低了？如果这项预测最终所得到的结果表现出过于乐观，会发生什么情况？预测误差可能会有多大？不管是在这家公司，还是在别的哪家不同的公司，CSM 过去的预测准确度有多高？生产 400 件产品需要的花费是多少？

最后一个问题最好由首席运营官（COO）来处理。并且 COO 很可能也没有一个现成的答案。相反，COO 可能必须打开游戏规划文件，计算出生产 400 台产品需要哪些资源。在这方面，游戏文件并没有为 COO 提供一种选项，让他在某处输入目标产量，就可以得出生产这一目标产量所需的资源。相反，COO 必须进行输入数据的计算，或者通过试错法，或者通过开发一个算法来完成。

COO 可能会回头来告诉整个团队，他看不出有办法可以在不花很多钱来增加固定资产的情况下生产出400台产品。或者CEO可能会担心环保发电机生产过多,从而受到存货的困扰。在对话的过程中,CSM可能会调低他的预测值。最终,团队可能在220台的预测值上达成共识。

请记住,人们心中存在着很多的心理偏差,不同的人们容易产生不同的偏差。CSM可能会有不合实际的乐观主义。但他也可能厌恶损失。如果他特别厌恶损失的话,他的预测就可能过于保守而不是过于激进。这就是持续跟踪人们预测结果的表现情况的非常重要的原因之一。

顺便说一下,CEO可能是风险厌恶的。一个富有心智的CEO要懂得群体思维的潜力。一个富有心智的CEO能够容忍来自别人的建议,即使那个人正表现出这样那样的一些偏差。

COO要负责制订一个与销售预测相一致的生产计划。生产计划必须是十分详细的,它必须具体到金额。换句话说,COO必须不仅告诉团队他如何生产出这些环保发电机,还要告诉他们自己预测要花多少钱。这样做就牵扯到对生产人员、原材料供应与价格、维护成本和机器生产率的估计。

COO还必须明确指出需要什么样的固定资产配置才能完成生产计划。换句话说,COO在提出一个营运预算的同时,还要提一个资本预算。这意味着要预计新厂房和设备上的花费。

团队成员们可能会向COO提出一些什么样的问题呢?他们可能会问及COO的生产计划是不是合理的。它所要求的生产工人数量合适吗?是太多,还是太少?第十名生产工人对公司利润的贡献值是多少?这些问题应该由首席人事官(CHR)提出来。CHR也可能在运营工作表上作一些实验,以再次检查COO回复的准确性。

与心理偏差相关的问题怎么样?机器可能会抛锚。原材料质量可能会发生改变。生产工人可能会犯错误。COO在论及生产计划的时候是否存在极度乐观主义和过度自信?

CFO所负的责任是要编制出反映规划决策和预测结果的财务报表。CFO还要负责一系列范围广泛的财务决策,包括融资、营运资本和估值。最终,CFO

第八章 浑然一体：心智企业的行为之道

情绪和直觉如何影响企业决策

编制的预计财务报表将构成公司规划的最具体的表示。

如果你回头考虑第7章中对商用家具公司的讨论，你会记得它的游戏规划体现在一个每月对应一栏的工作表中。在此处讨论的模拟游戏中，时间框架是年度，而不是月度。此外，多期规划的一般特征可以体现为在模拟游戏中要求玩家预测至少两个年度。毕竟，如果以过程的观点看，在模拟游戏中，一个两年的预测在形式上非常类似于涉及两个半年的一年期预测。

CFO还有一个责任，就是要估计出财务规划对公司价值的影响。这要求使用像净现值、自由现金流和剩余收益这样的概念。出于这一目的，管理者们至少应该预测四年的发展趋势。

模拟的财务标准

对于一家公司而言，财务标准就像是一个人健康与否的一些主要信号。体温、脉搏、血压和呼吸频率对应着公司的哪些指标？盈利能力、现金流和公司价值是很好的候选指标。一个复杂的模拟练习应该能帮助游戏的玩家形成好习惯，既能在整体上识别公司高层次的战略标准，又能识别就其自身特定职能而言的战术标准。

从本质上讲，标准都是可量化和可测量的。这就是为什么会计不仅对会计人员而且对所有员工都如此重要的原因。

考虑一下剩余收益，有时又称为经济增加值。它是一个战略标准吗？

当然是的。你还记得经济增加值度量的是什么吗？对于大多数人而言，要记住这一点可能有点困难。它度量的是净利润超出公司所有投资者所要求的预期回报值之外的部分。

会计师们都喜欢经济增加值。他们喜欢它的原因是，一家公司的价值就是其面值和一系列未来预期经济增加值的现值之和。而面值是一个资产负债表项目。在一家富有心智的公司中，每一个人都会懂得，增加公司价值，使其超过资产负债表上所显示数字的方法,就是增加未来的一系列经济增加值。

经济增加值具有一个很好的行为特征。它使投资者的预期突显出来。如果投资者预期得到10%的收益率,而公司的净值是1 000万美元,则公司必须至少产生100万美元的税后现金流(包括利息),才能使经济增加值为正。这就为制定目标设置了一个天然的标准。毕竟,负的经济增加值意味着一家公司的价值会在其面值的基础上下降。

毫无疑问,对CEO和CFO而言,经济增加值和自由现金流是极佳的标准。然而,对于那些在销售和营销、运营和人力资源部门工作的人们,这些指标还是不是好的标准呢?从理论上说,答案是肯定的。但在实践中,我们不得不担心视野的问题。员工们会理解他们的决策与公司价值之间的联系吗?对大多数人来说,这种联系是非常模糊的。

经济增加值和自由现金流是模拟游戏的一部分。玩家可以通过玩游戏来慢慢熟悉这些概念。注意,我说的是"可以"。如果你愿意的话,你可以完全看都不看一眼经济增加值和自由现金流而完成整个游戏。实际上,除非我们鼓励玩家去看一看这些项目,否则一般情况下大多数人是不会看的。为什么不看?答案是因为这些概念对大多数人来说并不是自然而然接受的概念。因为这一原因,在玩游戏时很重要的一件事就是,要让经济增加值和自由现金流进入到每一个人的视野。

另一件很重要的事情是,使用这个游戏来帮助人们学习如何确定战术标准。杰克·斯塔克将标准描述成让人们夜不能寐的项目。对有些人来说,它是销售量;对有些人来说,它是生产成本;而对另外一些人来说,它是应收账款——即要让客户对他们所收到的产品支付货款。某一个人的标准必须是他所能控制的某种东西,或者我应该讲部分地控制,因为公司的大多数经营成果都反映了运气与能力的结合。

会计师不仅可以在制定战略标准方面有所帮助,而且可以在制定战术标准方面有所帮助。我们来看生产成本。在模拟游戏中,关于生产成本的信息是可得的。问题在于,游戏文件中有如此之多的信息,以至于大多数人会忽略掉它。它并没有直接出现在明亮的霓虹灯下。

让我真正感到吃惊的是，人们是多么地不情愿将注意力放在生产成本上，甚至在他们被要求这样做时亦如此。依赖于成本的东西太多了：盈利能力、现金流、公司价值。这就好像人们更愿意像鸵鸟一样把头埋在沙子里，什么都不愿意知道。

也许生产成本是一个不透明的概念。它可能与存货如何估值密切相关。对很多人来说，为存货估值是一件很神秘的事，他们要么对它望而生畏，要么觉得很烦人。对有些人来说，它既令人生畏，也令人生烦。但是，这并不会降低它的重要性。如果你忽略这一问题，该问题并不会消失。因此，要做的事情是，找一个会计师来帮助我们清除这一概念的神秘感，并让这些信息以一种平实、清晰的方式展现出来。

图 8.11 展示了工作表《运营——存货》的上部。这张工作表中包含很多数据，尽管图 8.11 中显示的只是其中几个。我的经验是，许多玩家要下一番苦功才能理解这张工作表的重要性。他们不会对它给予足够的重视，直到他们发现自己陷入危机之中，而且这种危机通常是他们自己造成的。例如，他们可能会订购了太多的原材料，以致他们公司的存货系统根本不能承受。但如果他们不跟踪存货，可能等到他们知道这一点的时候就太晚了。

从工作表《运营——存货》往下，你会找到关于生产成本的信息（见图 8.12）。该信息隐藏在分配给产成品的成本之中。这一存货的价值反映的是进入产品制造过程的直接劳工和材料的价值，还包括生产中使用的固定资产的折旧和其他分配的管理费用。

看一下图 8.12 的底部。你会看到一个标记为"存货概览"的部分。这一概览显示，在第 1 年年末，在公司发送产品之前，它计划持有 224 件产成品的库存。概览表格显示这一存货的价值是 686 787 美元。该表格还显示了每单位产品的存货价值，为 3 043.69 美元。换句话说，制造一台环保发电机需要花费公司 3 044 美元。

如同我前文所说，有些成本是直接材料，有些是直接劳工，还有些是分配的管理费用。知道明细账是很重要的。想知道这些明细账的读者可以在图 8.13 中找到这些信息。

	C	D	E	F	G	H	I	J
1	年份		0	1	2	3	4	5
2								
3	存货模块描述							
4	一件环保发电机成品占用的货空间是一件原材料存货的两倍。一个存货模块可以对相当于500件原材料存货的容量。检查下面的存货容量监控条。如果监控值超过100%,则会发生拥塞。记住,只有在年末,你才能通过监测模拟机器和/或研发实验设备,或者采购新的生产厂房来获得存货空间。							
10	存货容量监控							
11	存货需要的模块数量填充空间被存货占用的比例(超过100%表示空间不足)			3 71%	3 71%	3 71%	3 71%	3 71%
13	存货							
14	第1年采购的原材料存货数量			620	620	620	620	620
15	第2年采购的原材料存货数量				0	0	0	0
16	第3年采购的原材料存货数量					0	0	0
17	第4年采购的原材料存货数量						0	0
18	第5年采购的原材料存货数量							0
19	第6年采购的原材料存货数量							
20	第7年采购的原材料存货数量							
21	第8年采购的原材料存货数量							
22	第9年采购的原材料存货数量							
23	第10年采购的原材料存货数量							
24	第1年采购的原材料存货价值			$62 000	$62 000	$62 000	$62 000	$62 000
25	第2年采购的原材料存货价值				$0	$0	$0	$0
26	第3年采购的原材料存货价值					$0	$0	$0
27	第4年采购的原材料存货价值						$0	$0
28	第5年采购的原材料存货价值							$0
29	第6年采购的原材料存货价值							
30	第7年采购的原材料存货价值							
31	第8年采购的原材料存货价值							
32	第9年采购的原材料存货价值							
33	第10年采购的原材料存货价值							
34	第1年生产的产成品存货数量			224	224	224	224	224

图8.11 存货工作表上部

	A	B	C	D	E	F	G	H	I	J
79			年份		0	1	2	3	4	5
80				第1年生产的产成品存货单位价值		$3 043.69	$3 043.69	$3 043.69	$3 043.69	$3 043.69
81				第2年生产的产成品存货单位价值			$0.0	$0.0	$0.0	$0.0
82				第3年生产的产成品存货单位价值				$0.0	$0.0	$0.0
83				第4年生产的产成品存货单位价值					$0.0	$0.0
84				第5年生产的产成品存货单位价值						$0.0
85				第6年生产的产成品存货单位价值						
86				第7年生产的产成品存货单位价值						
87				第8年生产的产成品存货单位价值						
88				第9年生产的产成品存货单位价值						
89				第10年生产的产成品存货单位价值						
90										
91				第1年生产的产成品存货质量		1.71	1.71	1.71	1.71	1.71
92				第2年生产的产成品存货质量			1.71	1.71	1.71	1.71
93				第3年生产的产成品存货质量				1.71	1.71	1.71
94				第4年生产的产成品存货质量						
95				第5年生产的产成品存货质量						
96				第6年生产的产成品存货质量						
97				第7年生产的产成品存货质量						
98				第8年生产的产成品存货质量						
99				第9年生产的产成品存货质量						
100				第10年生产的产成品存货质量						
101		存货概览								
102				原材料存货单位		620	620	620	620	620
103				原材料存货价值		$62 000	$62 000	$62 000	$62 000	$62 000
104				产成品存货单位		224	224	224	224	224
105				产成品存货价值		$681 787	$681 787	$681 787	$681 787	$681 787
106				存货价值		$743 787	$743 787	$743 787	$743 787	$743 787

图 8.12 存货工作表下部

	C 年份	D	E 0	F 1	G 2	H 3	I 4	J 5
46								
47	第1年生产的产成品存货的原材料单位价值		$125.00	$125.00	$125.00	$125.00	$125.00
48	第2年生产的产成品存货的原材料单位价值			$0.00	$0.00	$0.00	$0.00
49	第3年生产的产成品存货的原材料单位价值				$0.00	$0.00	$0.00
50	第4年生产的产成品存货的原材料单位价值					$0.00	$0.00
51	第5年生产的产成品存货的原材料单位价值						$0.00
52	第6年生产的产成品存货的原材料单位价值						
53	第7年生产的产成品存货的原材料单位价值						
54	第8年生产的产成品存货的原材料单位价值						
55	第9年生产的产成品存货的原材料单位价值						
56	第10年生产的产成品存货的原材料单位价值						
57								
58	第1年生产的产成品存货的劳工单位价值		$2 577.81	$2 577.81	$2 577.81	$2 577.81	$2 577.81
59	第2年生产的产成品存货的劳工单位价值			$0.00	$0.00	$0.00	$0.00
60	第3年生产的产成品存货的劳工单位价值				$0.00	$0.00	$0.00
61	第4年生产的产成品存货的劳工单位价值					$0.00	$0.00
62	第5年生产的产成品存货的劳工单位价值						$0.00
63	第6年生产的产成品存货的劳工单位价值						
64	第7年生产的产成品存货的劳工单位价值						
65	第8年生产的产成品存货的劳工单位价值						
66	第9年生产的产成品存货的劳工单位价值						
67	第10年生产的产成品存货的劳工单位价值						
68								
69	第1年生产的产成品存货分摊管理成本的单位价值		$340.88	$340.88	$340.88	$340.88	$340.88
70	第2年生产的产成品存货分摊管理成本的单位价值			$0.00	$0.00	$0.00	$0.00
71	第3年生产的产成品存货分摊管理成本的单位价值						
72	第4年生产的产成品存货分摊管理成本的单位价值						
73	第5年生产的产成品存货分摊管理成本的单位价值						
74	第6年生产的产成品存货分摊管理成本的单位价值						
75	第7年生产的产成品存货分摊管理成本的单位价值						
76	第8年生产的产成品存货分摊管理成本的单位价值						
77	第9年生产的产成品存货分摊管理成本的单位价值						
78	第10年生产的产成品存货分摊管理成本的单位价值						
79								
80	第1年生产的产成品存货单位价值		$3 043.69	$3 043.69	$3 043.69	$3 043.69	$3 043.69

图 8.13 存货工作表中部

图8.13清晰地显示，成本中最大的组成部分是：劳工成本。我提醒你一下，根据图8.6，这家公司计划按照每台2 200美元的价格来销售环保发电机。这一价格比产品的劳工成本还低，这还完全没有考虑材料费和分配的管理费。有人可能要彻夜难眠了，因为要担心这样经营还能走多远！

会计师可以帮助公司创造更多的价值，其方式是与人们共同协作，向后者展示他们的决策如何影响了如经济增加值和自由现金流这样的价值指标的终极驱动因素。会计师可以与人们共同协作，来设定合理的目标标准，尤其是成本标准。

记住，我们谈论的主题是浑然一体。规划和标准并不是相互独立的。相反，它们应该是一台运行良好的机器中相互关联的部件。在一家富有心智的公司中，规划过程就会给劳动力队伍提供努力实现的标准。这些标准将反映在最终的规划中。

模拟薪酬

首席人事官（CHR）在一家公司高级管理层的薪酬制度设计中起着领导作用。理想情况下，每一位高管都会参与，尤其是CEO和CFO。但CHR负有一种责任，要让每一个人的注意力集中于一套好的薪酬制度的作用上面。

没错，一套好的薪酬制度会为业绩出色的员工提供奖励。但这并不是事情的全部。一套好的薪酬制度会嵌入激励机制，从而诱导人们共同工作来实现成功的财务业绩。一套好的薪酬制度会帮助人们以一种富有心智的方式来共同开展工作。

玩好模拟游戏会涉及很多工作，就像是管理一家企业会涉及很多工作一样。有些人是工作狂，但大多数人不是。大多数人需要有动力源才能激发出一种超常的工作状态。一个好的薪酬制度就会为人们提供这样的动力。

一套好的薪酬制度也会让人们去努力做正确的事情，其实现途径就是使这样做符合他们自己的利益。对大多数人来说，他们并不会自然而然地去关注存货的价值。本质地看，它并不像生命中其他一些事情那样有趣。尽管关注存货的价值是极端重要的,但除非你把它置于人们的鼻子尖下,否则大多数人还是不会去关注它。一个好的薪酬制度就会使它变得引人注目。

一套好的薪酬制度会告诉人们,公司价值的驱动因素在哪里。它会把人们的注意力吸引到正确的信息上面,并对充分利用这些信息的人们提供回报。

在标准的那一节,我举了一个例子,在该例子中,劳工成本大大高于销售价格。这就是一条需要置于霓虹灯下的信息,以便让人们都知道这其中有问题。而薪酬制度也必须突出这一方面,让人们为解决这一问题而得到回报。

在模拟游戏中,有几个方法可供玩家用来降低劳工成本。有些方法是立即见效的,有些方法则需要时间。立竿见影的方法包括雇用更少的生产工人,或者购买更多的生产设备以提高劳动力的生产能力。更长期的解决办法可能是进行研究与开发方面的投资。在这方面,模拟游戏有针对研发的运营标签。公司可以雇用工程师来开发可降低生产成本的技术(见图 8.14)。

在图 8.14 中,你能看到的是涉及工程师和特殊设备的有关研发活动。通过配置这些资源,公司能够降低其未来的生产成本。例如,图 8.14 显示,第 1 年的研发投入预期会产生一个正面的影响:计划在第 1 年使用的同样多的资源预期在未来年份中会生产出 141.42% 的产出。

图 8.14 也提供了关于产品质量的信息。提高产品质量并不会降低成本。它会提高成本。然而,提供更高质量的产品可能会为公司提供一个涨价的机会。

在第六章中,你学习到了设计奖励计划和员工持股计划的一般指导方针。这些方针适用于玩模拟游戏。一个年度奖励计划应该至少具有两个目标:一个与损益表有关,一个与资产负债表有关。

奖励计划对应的变量并不一定要每年都相同。在某一年,如果最大的威胁是来自其劳工成本,则劳工成本就可以作为奖励计划的一个损益表目标。但劳工成本可能仅仅在一些年份中是一个问题。在另一些年份中,质量可能成为问题,在损益表中,质量通过销售收入反映出来。在这些年份中,奖励计划可能就会将收入和质量的混合作为目标。

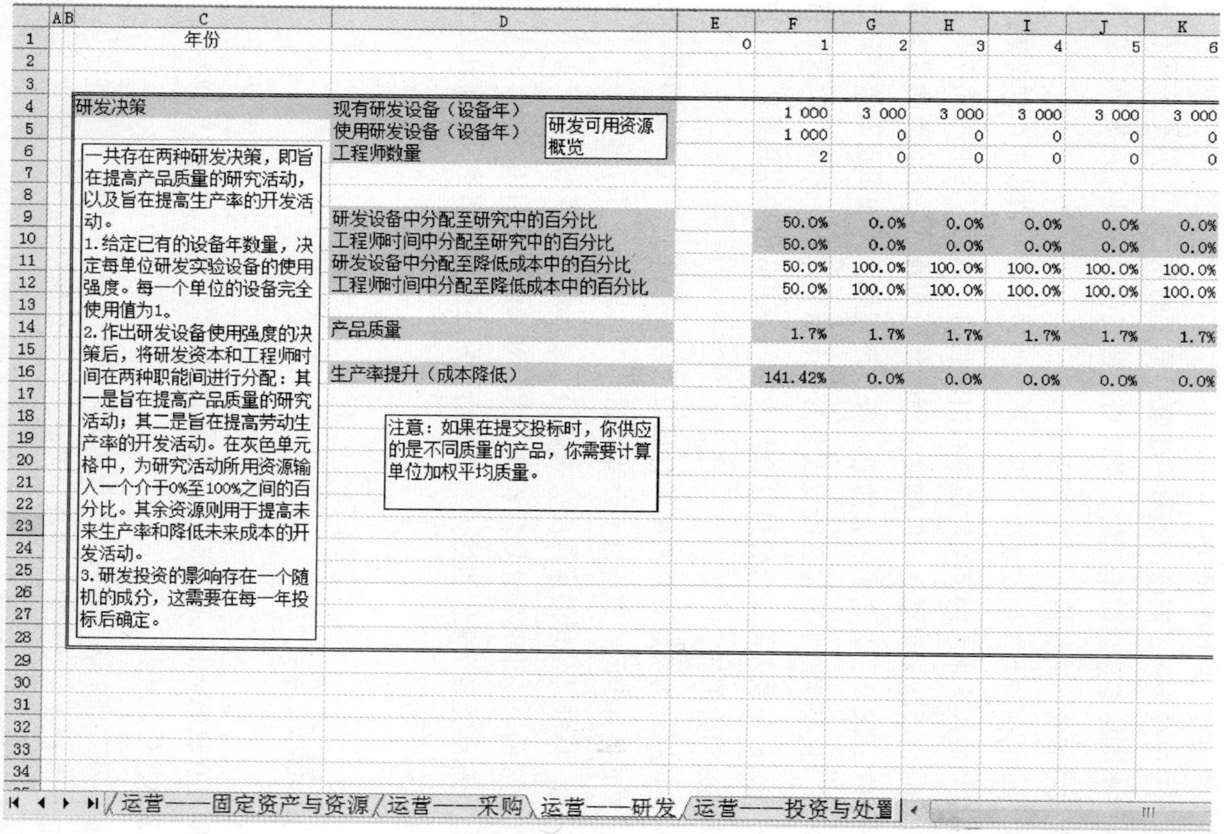
A B C D E F G H I J K
年份 0 1 2 3 4 5 6
研发决策
现有研发设备（设备年） 1 000 3 000 3 000 3 000 3 000 3 000
使用研发设备（设备年） 1 000 0 0 0 0 0
工程师数量 2 0 0 0 0 0
研发可用资源概览
一共存在两种研发决策，即旨在提高产品质量的研究活动，以及旨在提高生产率的开发活动。
1.给定已有的设备年数量，决定每单位研发实验设备的使用强度。每一个单位的设备完全使用值为1。
2.作出研发设备使用强度的决策后，将研发资本和工程师时间在两种职能间进行分配：其一是旨在提高产品质量的研究活动；其二是旨在提高劳动生产率的开发活动。在灰色单元格中，为研究活动所用资源输入一个介于0%至100%之间的百分比。其余资源则用于提高未来生产率和降低未来成本的开发活动。
3.研发投资的影响存在一个随机的成分，这需要在每一年投标后确定。
研发设备中分配至研究中的百分比 50.0% 0.0% 0.0% 0.0% 0.0% 0.0%
工程师时间中分配至研究中的百分比 50.0% 0.0% 0.0% 0.0% 0.0% 0.0%
研发设备中分配至降低成本中的百分比 50.0% 100.0% 100.0% 100.0% 100.0% 100.0%
工程师时间中分配至降低成本中的百分比 50.0% 100.0% 100.0% 100.0% 100.0% 100.0%
产品质量 1.7% 1.7% 1.7% 1.7% 1.7% 1.7%
生产率提升（成本降低） 141.42% 0.0% 0.0% 0.0% 0.0% 0.0%
注意：如果在提交投标时，你供应的是不同质量的产品，你需要计算单位加权平均质量。
运营——固定资产与资源 运营——采购 运营——研发 运营——投资与处置

图 8.14　研发工作表

至于资产负债表，如果公司出乎意料地积压了存货，则 CHR 可能会推荐使用存货水平作为资产负债表目标。

上述例子仅仅是例子而已：展示一些值得思考的东西。它们是否真值得去做，取决于薪酬体系是如何设计的。意外后果的规律是一种心理规律。薪酬体系能够有效增加公司的价值。

一家公司的价值并不仅仅取决于下一年度的经济增加值或自由现金流。它取决于一系列的预期未来经济增加值和自由现金流。人们完全有可能采取行动使下一年的业绩看起来很漂亮，但却使后面的年份很难看。不必要的成本削减就是一个例子。因此，公司中的人需要进行长期规划，才能识别出年与年之间的溢出效应。这是薪酬中要包含股权成分的一个重要原因。然而，仅仅是持有股票并不能自动导致人们追求公司价值最大化。劳工队伍需要理解他们的决策是如何影响公司价值的。

在努力识别作为奖励计划基础的合理变量时，是不是听起来我们像是在讨论标准？答案是肯定的。这应该不会感到意外。这里，我们讨论的是一个浑然一体的问题。标准是公司健康程度的关键信号。把这些标准纳入每一个人的视野是极为重要的。一个奖励计划应该提高人们对关键标准的注意力。一个奖励计划应该让标准突显出来。当然，一个奖励计划还应该对那些成功实现这些标准的员工提供奖励。

模拟信息共享

时间是有限的资源。时间有价。共享信息需要时间。一家公司的员工彼此间应该分享些什么呢？

记住，从心理上说，人们并不是天生就愿意共享信息的。如果说有什么是先天的话，人们先天就想保留信息。因此，一个功能良好的模拟游戏会诱使人们以一种结构合理的、系统的、开放的方式来共享相关的信息。

通常也是这样做的，但并不总是如此。

模拟游戏具有有益的效果。玩家们会变得对财务报表很敏感。规划、制定标准、开发一套薪酬体系和共享信息的结合，会使他们的注意力像一个激光束一样盯住财务报表。会计成为人们沟通的语言。对多数人来说，它不再是一门外语。它把盈利能力、现金流和公司价值置于团队的雷达屏幕上，永远处于最前方和最中央的位置！

秘密已水落石出

如果说在构建一个富有心智的公司过程中存在什么秘密的话，我希望我已经把它共享给大家了。

富有心智的公司会认识到人类的弱点。它们会把处理极度乐观主义、过度自信、控制错觉和证实偏差的程序制度化。他们理解情绪智慧以及相互关系的重要性。

富有心智的公司使用聪明的直觉推断法来处理人们的弱点，特别是他们易犯的规划谬误、对会计的恐惧、在激励上的天真，以及不愿意共享信息。此外，聪明的直觉推断法都集中在一些基本的方面：会计、规划、激励和信息共享。

最重要的是，富有心智的公司会把这些基本因素实现完全的整合。他们不喜欢不彻底的整合。他们的公司文化要的是浑然一体的整合效果。